Über dieses Buch »Die folgende Untersuchung verzichtet von vornherein auf ästhetische Wertungen und verfolgt nur wissenschaftliche Zwecke. Sie behandelt die Gestalten der Dichtungen Arthur Schnitzlers als Objekte psychologischer Analyse, so, als wären sie wirklich lebende Menschen. Und das sind sie ja auch gewissermaßen: gelöste Teile seines Ichs, Abspaltungen seiner Persönlichkeit. Sie betrachtet diese Gestalten unter den Gesichtspunkten einer neuartigen angewandten Seelenkunde: der Psychoanalyse... Sollte diese psychoanalytische Arbeit geeignet sein, ein vertieftes Verständnis eines so bedeutenden Dichters, wie Arthur Schnitzler es ist, zu ermöglichen, wen sollte das mehr freuen als uns, die wir in ihm nicht nur den Künstler, sondern auch den Kenner der Höhen und Tiefen der menschlichen Seele verehren?«

Theodor Reik

Der Autor Theodor Reik, 1888 in Wien geboren, studierte Psychologie, Literaturwissenschaft, Philosophie und Religionswissenschaft. 1910 lernte er Sigmund Freud kennen und wurde einer der ersten Schüler des Psychoanalyse-Begründers, der ihn nachdrücklich unterstützte und förderte. Von 1918 bis 1934 arbeitete Reik zusammen mit Hanns Sachs und Otto Rank an den Psychoanalytischen Instituten von Wien und Berlin. 1934 emigrierte Reik nach Holland und 1938 in die Vereinigten Staaten. Er starb 1969 in New York, wo er bis zuletzt als psychoanalytischer Praktiker tätig war. – Weitere Titel des Autors im Fischer Taschenbuch-Programm: ›Aus Leiden Freuden‹ (6768), ›Ferne Stimmen‹ (6794), ›Mann und Frau‹ (6769), ›Hören mit dem dritten Ohr‹ (6766), ›Von Liebe und Lust‹ (6785) und ›Der unbekannte Mörder‹ (6767).

Der Herausgeber Bernd Urban, Dr. phil., geboren 1941, studierte Germanistik, Katholische Theologie, Philosophie und Psychoanalyse in Frankfurt am Main. Zahlreiche Veröffentlichungen zum Verhältnis von Literatur, Literaturwissenschaft und Psychoanalyse (zuletzt als Fischer Taschenbuch: Thomas Mann: Freud und die Psychoanalyse. Reden, Briefe, Notizen, Betrachtungen, Bd. 10898). Lebt als Studiendirektor in Mainz.

Theodor Reik

Arthur Schnitzler als Psycholog

Mit einer Einleitung und Anmerkungen herausgegeben
von Bernd Urban

Fischer Taschenbuch Verlag

Ungekürzte Ausgabe
Veröffentlicht im Fischer Taschenbuch Verlag GmbH,
Frankfurt am Main, Dezember 1993

Lizenzausgabe mit freundlicher Genehmigung
des Verlags Farrar, Straus & Giroux, Inc., New York
Die Originalausgabe erschien 1913 im
Verlag J. C. C. Bruns, Minden

Lektorat Willi Köhler
Umschlaggestaltung: Buchholz / Hinsch / Hensinger
Gesamtherstellung: Clausen & Bosse, Leck
Printed in Germany
ISBN 3-596-11638-4

Gedruckt auf chlor- und säurefreiem Papier

Inhalt

Einleitung
von
Bernd Urban

I

Der am 12. Mai 1888 in Wien geborene Theodor Reik studierte dort Germanistik, Romanistik, Psychologie und wurde als »Laie« im November 1911 Mitglied der 1902 gegründeten Psychologischen Mittwoch-Gesellschaft bei Freud.[1] Dort hielt er im selben Monat als »cand. phil.« einen Vortrag »Über Tod und Sexualität«. Das Protokoll vermerkt, daß der Vortragende seine Ausführungen an Beispielen aus der Literatur erläutert habe, »wobei er insbesondere auf Flauberts ›Versuchung des heiligen Antonius‹, dann auf die Dichtungen Schnitzlers und Beer-Hofmanns näher«[2] eingegangen sei. In der Diskussion kam man auf Schnitzlers »Der Weg ins Freie« und »Der Schleier der Beatrice« zu sprechen.

Drei Monate später, Ende Februar 1912, trug Reik erneut vor: »Der Elternkomplex als Kulturferment«[3] mit Bezügen zu Schiller, Flaubert, Heine, zum Don-Juan-Komplex und zur Religion. Im selben Jahr veröffentlichte er in der Zeitschrift *Pan* einen kleinen Aufsatz über »Dichtung und Psychoanalyse«.[4] Im Frühjahr schickte Reik, inzwischen promoviert, einen kleinen Essay über Richard Beer-Hofmann[5] mit einem Brief an Schnitzler, in dem er von dem Versuch spricht, »das Bild eines Dichters zu entwerfen, den Sie, sehr geehrter Herr Dr., ebenso lieben wie ich es tue«.[6] Das Tagebuch Schnitzlers vermerkt dann unter dem 5. März 1912, nach einem Spaziergang mit Beer-Hofmann: »Eben hatt

1 s. Nunberg/Federn, 1979, S. XV
2 ebd., S. 299
3 Nunberg/Federn, 1981, S. 47ff.
4 Reik, 1912a
5 Reik, 1912f.
6 Aus einem bisher unveröffentlichten Brief Reiks an Schnitzler vom 4. März 1912, auf den mich Jeffrey B. Berlin aufmerksam machte, der nicht sämtliche Briefe Reiks an Schnitzler veröffentlicht hat; s. Berlin/Lindken, 1983, und Urban, 1975.

ich eine kleine Brochure über Richard von Reik gelesen. Nett, insbesondre die beginnende Reaction gegen den ›Erdgeruch‹.«[7] Reik übersendet wenig später auch seinen ersten Aufsatz über Schnitzler[8], dessen Tagebuch festhält: »Im Pan von Reik eine nicht uninteressante Studie über A. S. vor Anatol – nur gegen Schluß in die fixen psychoanalytischen Ideen auslaufend.«[9] Schnitzler bedankt sich brieflich und lädt Reik zu einem Besuch ein[10], schickt ihm zuvor noch seine

[7] Schnitzler, 1981, S. 308

[8] Reik, 1912b

[9] Schnitzler, 1981, S. 339. – Reik spricht darin über »Mein Freund Ypsilon«, »Amerika«, »Der Andere«, »Alkandis Lied«, »Der Schleier der Beatrice« und schließt mit folgenden Überlegungen:
»Bewußt war vielleicht nur der Gegensatz von König und Sänger, vom Mann der Tat und Mann des Träumens. Doch unbewußt stellt der Dichter den Konflikt der eigenen Kinderzeit dar. Im Traume und in der Dichtung kommen ja die geheimsten Triebfedern unseres Seelenlebens verkleidet an die Oberfläche. Und da erringt der Dichter trotz allem Untergang doch den Sieg über den so geliebten und beneideten Vater: er trotzt der Vergänglichkeit, die jenem droht; er wird länger, er wird ewig leben. Hier liegt die Wunscherfüllung, die Traum und Dichtung immer verborgen enthalten.
Aus zwei entgegengesetzten, psychischen Strömungen resultierende, ambivalente Einstellung des Kindes zum Vater in ihrem unbewußten Wirken.
Daß dasselbe Verhältnis in vielen Werken des Dichters eine Rolle spielt, beweist ein Blick. Man erinnere sich: wie Professor Losatti (›Vermächtnis‹) in den Beziehungen zu seinem Sohne geschildert wird; wie der Dichter Heinrich in den ›Lebendigen Stunden‹ dem Geliebten der Mutter entgegentritt. An das denkwürdige Gespräch, das Felix mit seinem Vater Julian Fichtner führt: ›Ihr Sohn... Es ist nichts als ein Wort. Es klingt ins Leere... Sie sind mir fremder geworden, seit ich es weiß.‹ An den Vatermord im ›Ruf des Lebens‹; an die Entschleierung eines Familientages in ›Komtesse Mizzi‹; an manches tiefe, doppelbodige Wort im ›Weg ins Freie‹. In allen möglichen Verkleidungen wiederholt sich bei Schnitzler dieses Motiv; es wurde nur verborgener, verarbeiteter seit ›Alkandis Lied‹. Doch es wurde auch stärker. Denn man wird älter und erkennt, wie unlöslich man mit dem Vater durch Ähnlichkeit und Gegensatz verbunden ist. Man denkt mehr an seinen Verlust, welcher für das Leben des einzelnen von der einschneidendsten Bedeutung ist. Und aus Söhnen werden Väter. Es ist kein Zufall, daß Michael Hofreiter in Schnitzlers letztem Stück – nachdem die Vergänglichkeit aller irdischen Beziehungen ans Licht getreten – dem Sohn als der letzten, der stärksten Hoffnung entgegeneilt.
Während man einen sanften Hügel bei Pötzleinsdorf nachdenklich hinabgeht, klingen alle Motive wieder, die in diesen Jugendversuchen zuerst sich regten. Umgeben vom Duft der Wiesen, fühlt man, während man im Gedanken Schnitzlers Werke durcheilt, wieviel er uns gegeben. Man fühlt erst jetzt, wie lieb man ihn hat. Denn wir jungen Österreicher lieben ihn anders als sonst ein Publikum einen großen Dichter. Mit einer innigeren, dankbareren Liebe: wie einen älteren, wohlvertrauten Freund. Er hat soviel ausgesprochen, was wir stündlich fühlen. Er hat unsere Freuden und unsere Schmerzen, unseren Zweifel, unsere Wirrnisse gestaltet; das, worüber wir lächeln und worüber wir weinen möchten, – wenn wir nicht gar so vernünftig, so skeptisch, so analysierend wären.«

[10] s. Reiks Antwortbrief vom 2. Juli 1912 (Berlin/Lindken, 1983, S. 187)

Erzählungen »Der Sohn: Aus den Papieren eines Arztes« und »Die kleine Komödie« – »nicht der Rede und des Lesens werth«[11] – und notiert am 17. September 1912 im Tagebuch: »Dr. Theodor Reik (Psychoanalytiker, hatte mir allerlei, auch über mich, voll Sympathie geschickt). Anregendes Gespräch über Traumdeutung und Psychoanalyse. Überschätzung des ›Oedipuscomplexes‹ von Seiten der Freud Schule (der Reik angehört). Wir analysirten gemeinsam Georgs Traum (Weg ins freie, 7. Cap.).«[12]

Mit dieser Begegnung beginnt ein jahrzehntelanger, intensiver, von gegenseitiger Hochachtung und Wertschätzung getragener Gedankenaustausch, der sich in Briefwechsel und Tagebuch niederschlägt und dessen Basis die Lektüre der von beiden jeweils verfaßten Werke ist. Reik wird für Schnitzler zum Hauptinformant in Sachen Psychoanalyse und verfolgt auch durch ihn die Forschungen Freuds.[13]

Im März 1913 trägt Reik erneut in der Psychologischen Mittwoch-Gesellschaft »Psychologische Bemerkungen zu Schnitzlers Dichtung« vor und hebt – so das Protokoll – als »typisches Motiv... das Sterben des Mannes (Vorgängers) hervor, der damit einem andern den Platz räumt. Es zeigt sich darin die *Allmacht der Gedanken* oder das Prinzip der Wunschkraft wirksam, das überhaupt einen innigen Zusammenhang mit dem Künstlertum hat«.[14] Ein weiteres Hauptmotiv sei der Fatalismus, der einen Ausweg aus dem Konflikt »selbstsüchtiger und sexueller Wünsche mit dem sozialen Leben« biete: »Wollte man aus (der) Dichtung schließen, welcher Neurose der Dichter durch sie entgangen sei, so müßte man die Zwangsneurose für Schnitzler nennen.«[15]

---

11 s. Schnitzlers Brief vom 14. September 1912 (Urban, 1975, S. 236f.)

12 Schnitzler, 1981, S. 354. – Zur Kritik der Theorie vom Ödipuskomplex s. Schnitzler, 1976, S. 278

13 Im bisher unveröffentlichten Brief Reiks vom 11. Juni 1913 (s. Anm. 6) teilt er Schnitzler z. B. – auf dessen Bitte hin – das Inhaltsverzeichnis des Jahrbuchs für psychoanalytische Forschungen (Bd. 1–5, 1909–1913) mit, in dem von Freud erschienen war: Analyse der Phobie eines fünfjährigen Knaben, Bemerkungen über einen Fall von Zwangsneurose; Beiträge zur Psychologie des Liebeslebens; Psychoanalytische Bemerkungen über einen Fall von Paranoia.
Ferner finden sich im Jahrbuch Aufsätze von Riklin, Ferenczi und Jones über Paranoia und Zwangsneurose.
Schnitzler kennt auch die Freud-Schüler – entweder durch Lektüre oder persönlich – Stekel, Sachs und Winterstein, was das Beziehungsfeld zu Freud und zur Psychoanalyse erheblich erweitert; s. auch Urban, 1974.

14 Nunberg/Federn, 1981, S. 161

15 ebd., S. 162

Alfred Freiherr von Winterstein hielt in der Diskussion die Ausführungen Reiks für zutreffend »aus seiner persönlichen Kenntnis des Dichters«. Hanns Sachs ergänzte das Motiv des Sterbens, »damit ein anderer lebe«, mit dem Hinweis auf den »Ruf des Lebens« und die Beobachtung, daß an dem »alternden Schnitzler« die für die »Mythenbildung bedeutsame Wandlung zum Standpunkt des Vaters« wahrzunehmen sei. Und schließlich kam man noch auf die Todesfurcht in der Novelle »Sterben« zu sprechen, die man nur so hätte darstellen können, »wenn man sie selbst an sich erlebt«[16] habe.

Reik arbeitete diesen Vortrag aus für einen Aufsatz in der Zeitschrift *Imago*, schickt Schnitzler die Korrekturbogen und erinnert im Brief vom 26. Mai 1913[17] daran, daß dieser Aufsatz ein Kapitel in einem Buch, »von dem ich Ihnen einmal sprechen durfte und dessen erster Entwurf nahezu fertig ist«, bilden solle. Zugleich bedankt er sich für »Frau Beate und ihr Sohn«, die er »voll Bewunderung« gelesen habe.[18]

Schnitzler ist in »gewissen Details« nicht ganz der Meinung Reiks, findet aber den Aufsatz »sehr schön« und freut sich, bald Gelegenheit zu haben, »mehr über die Sache zu reden«.[19] Laut Tagebuch sprechen sie miteinander »über Psychoanalyse« am 30. Mai; am 22. Juni 1913 notiert Schnitzler:

»Imago: Aufsätze von Sachs und Reik über mich, sich sehr erfreulich von dem üblichen Literatengeschwätz unterscheidend, ins tiefere deutend.«[20]

Reik schickt sofort Separatabdrucke und gibt Schnitzler im Brief vom 28. Juni 1913[21] ein vorläufiges Inhaltsverzeichnis seines Buches und bittet um Einverständnis für Motto und Widmung.[22]

»ins tiefere deutend«: Schnitzler ist von Lektüre und Gesprächen bewegt, davon zeugt die Traumaufzeichnung im Tagebuch vom 8. Juli 1913:

16 ebd., S. 162f.
17 s. Anm. 6
18 Reik besprach später die Erzählung (1914 d) und wies darin auf bereits dargestellte verborgene Beziehungen im Kapitel »Formen des Inzestmotivs« seines Schnitzler-Buches von 1913 hin.
19 Brief Schnitzlers vom 25. Mai 1913 (Urban, 1975, S. 237)
20 Schnitzler, 1983, S. 45; s. Sachs, 1913, und Reik, 1913 a. Im selben Jahrgang der *Imago*, Heft 1, S. 1–21, war das dritte Kapitel von Freuds *Totem und Tabu*: »Animismus, Magie und Allmacht der Gedanken« erschienen; s. auch Urban, 1986.
21 s. Anm. 6
22 Warum es dann dem »verehrten Lehrer« Freud gewidmet wurde, ist nicht zu erfahren.

»Nun bin ich mit Dr. Reik irgendwo, er wird witzig-intim, was ich ärgerlich ablehne, sogar handgreiflich; als er gekränkt ist, thuts mir leid, bin gleich gut zu ihm; auch ein gescheidterer ist da (Dr. Sachs?, unsichtbar) ich spreche aus: ›Der nächste große Mann wird der sein, der der Psychoanalyse ihre genauen(?) Grenzen anweist‹, was, zu meiner Verwunderung auch Reik's Beifall findet [...]
Deutungen: [...] die Intimität Reiks – Eigenheit der Psychoanalytiker die intimsten Details zu erforschen. – Der gescheidtere Dr. Sachs... Meine Kritik der Psychoanalyse: braucht keiner Deutung mehr... Zustimmung Reiks: – Der ›Psychoanalytiker‹ Winterstein erwiderte mir auf eine Bemerkung: ›Ich bin nicht mit allem in Ihrem Artikel einverstanden – ‹ ›Ich auch nicht – ‹.«[23]

Im Dezember 1913 schickt Reik sein Buch *Arthur Schnitzler als Psycholog* mit einem Brief an Schnitzler, in dem es heißt:

»[...] ich bin mir mit der üblichen Wehmut bewußt, daß mein Buch [...] nicht das, was mir vorschwebte, erfüllt hat. Immerhin habe ich mit heißem Bemühen darnach gestrebt, über die gewöhnliche feuilletonistische Betrachtungsweise hinauszukommen.
Ich glaube, daß Sie, sehr verehrter Herr Doktor, manche Ansicht des Buches nicht teilen werden; hoffe aber sehr, daß Sie am Ende in Freundlichkeit gedenken

Ihres Sie verehrenden Theodor Reik.«[24]

Das Tagebuch vermerkt unter dem 23. Dezember 1913: »Reiks Buch über mich mit Interesse zu lesen begonnen«, am 25. Dezember setzt Schnitzler die Lektüre fort[25], und am 31. Dezember 1913 schreibt er an Reik:

»Vielen Dank, lieber Herr Doktor, für Ihre freundlichen Neujahrswünsche, die ich herzlich erwidere. Im Laufe der nächsten oder übernächsten Woche hoffe ich Sie zu sehen und mit Ihnen über Ihr Buch zu reden, das ich mit wirklichem starken Interesse, gar nicht selten auch mit sachlicher Zustimmung natürlich keineswegs ohne lebhaften Ein-

23 Schnitzler, 1983, S. 50. – Die nie gelöste Spannung Schnitzlers zu Psychoanalyse und Traumdeutung kommt auch in anderen Traumaufzeichnungen zum Ausdruck; s. Urban, 1986.
24 Brief vom 20. Dezember 1913 (Berlin/Lindken, 1983, S. 187)
25 Schnitzler, 1983, S. 86

wand gelesen habe. Sie haben insbesondere Beziehungswerthe in meinen Arbeiten gesehen, geschaut, erkannt, an denen die meisten Berufskritiker achtlos vorbeigegangen sind; und wo Sie innerhalb des Bewussten bleiben, gehe ich oft mit Ihnen. Über mein Unbewusstes, mein halb Bewusstes wollen wir lieber sagen –, weiss ich aber noch immer mehr als Sie, und nach dem Dunkel der Seele gehen mehr Wege, ich fühle es immer stärker, als die Psychoanalytiker sich träumen (und traumdeuten) lassen. Und gar oft führt ein Pfad noch mitten durch die erhellte Innenwelt, wo sie – und Sie – allzufrüh ins Schattenreich abbiegen zu müssen glauben.
Dies in Kürze und flüchtig, aber mit Dank und Sympathie

Ihr Arthur Schnitzler.«[26]

[26] In: Urban, 1975, S. 240f., auch in Schnitzler, 1984, S. 35f. – Kritisch gegenüber dem Modell des Unbewußten hat sich Schnitzler mehrfach geäußert, so in »Psychologische Literatur«: »Man entdeckte ferner – und dies war vielleicht das Wesentlichste – eine Art fluktuierendes Zwischenland zwischen Bewußtem und Unbewußtem. Das Unbewußte fängt nicht sobald an, als man glaubt, oder manchmal aus Bequemlichkeit zu glauben vorgibt (ein Fehler, dem die Psychoanalytiker nicht immer entgehen). Die Begrenzungen zwischen Bewußtem, Halbbewußtem und Unbewußtem so scharf zu ziehen, als es überhaupt möglich ist, darin wird die Kunst des Dichters vor allem bestehen« (Schnitzler, 1967, S. 455); ferner: »Die psychoanalytische Methode biegt ins Unbewußte oft ohne Nötigung, lange, ehe sie es dürfte, ein. Manchmal aus Bequemlichkeit, manchmal aus Borniertheit, manchmal aus Monomanie... Eine Einteilung in Bewußtsein, Mittelbewußtsein und Unterbewußtsein käme den wissenschaftlichen Tatsachen näher.
Das Mittelbewußtsein wird überhaupt im Ganzen zu wenig beachtet. Es ist das ungeheuerste Gebiet des Seelen- und Geisteslebens; von da aus steigen die Elemente ununterbrochen ins Bewußte auf oder sinken ins Unbewußte hinab.
Das Mittelbewußtsein steht ununterbrochen zur Verfügung. Auf seine Fülle, seine Reaktionsfähigkeit kommt es vor allem an. Darauf auch, ob der Verkehr zwischen dem Mittelbewußtsein und dem Bewußtsein einerseits, dem Mittelbewußtsein und dem Unterbewußtsein andererseits, sich ohne Störung, ob es sich rasch oder langsam vollzieht usw.
Das Mittelbewußtsein verhält sich zum Unterbewußtsein wie der Schlummer zum Scheintod. Der Schlummernde läßt sich immer ohne Mühe erwecken, der Scheintote nicht (wenigstens nicht immer). Die Psychoanalyse wirkt viel öfter auf das Mittelbewußtsein als (wie sie glaubt) auf das Unterbewußtsein.
Manches, vielleicht das Meiste, was sie in das Unterbewußtsein verlegt, ist im Mittelbewußtsein zu suchen.
Sowohl Elemente des Überich, wie auch Elemente des sogenannten Es finden sich im Mittelbewußtsein wie im Unterbewußtsein. Wo sich die verschiedenen Elemente befinden, das macht zum Teil die Unterschiede von Individualitäten aus.
Es wird viel öfter ins Mittelbewußte verdrängt als ins Unbewußte. Und die Psychoanalyse gräbt in den seltensten Fällen so tief, als sie glaubt.
Die Elemente des Mittelbewußtseins sind in steter Bewegung und der leiseste Anreiz kann ein solches Element ins Bewußtsein hinauftreiben.

Reik antwortet umgehend:
»Ihr Brief [...] hat mir viel Freude gemacht. Es kann nicht darauf ankommen, ob ich überall Recht habe. Meine Absicht war, die Tiefe und Weite Ihrer Probleme, welche die Kritiker in einen engen Kreis bannen wollen, zu zeigen.«[27]
Reiks Buch gerät sofort in den Sog der Wiener Antipathie gegen Freud und die Psychoanalyse, die sich auch im engsten Bekanntenkreis Schnitzlers zeigt: »Über das Reik'sche Buch« – so z. B. das Tagebuch vom 9. Januar 1914[28] – »wurde viel gesprochen (feindselig), über Freud überhaupt, und Psychoanalyse.« Wenige Tage später notiert Schnitzler: »Gegen Abend Dr. Reik, der gern eine Stellung haben möchte; dann über sein Buch; erzählte ihm Träume.«[29]
In der beruflichen Frage ist Schnitzler immer wieder behilflich; noch einmal aber muß er zu Reiks Buch Stellung nehmen, denn er erhielt einen Brief von Hans Henning, Dozent am Seminar für Philosophie und Pädagogik des Psychologischen Instituts in Frankfurt am Main. Der Redakteur der *Zeitschrift für Psychologie* hatte am 31. März geschrieben:

Wäre das nicht der Fall, so gäbe es weder ein Denken noch eine seelische Entwicklung« (Schnitzler, 1976, S. 282 ff.).

27 Brief vom 4. Januar 1914 (Berlin/Lindken, 1983, S. 188). – Beharriell bemerkt die Begrenztheit der frühen Schnitzlerkritik: »Immer wieder erfährt man, daß Schnitzler nur eine Stimme zeichnet, nur eine Personenkonstellation bietet, nur ein Milieu beschwört, nur sein ›eines Problem‹, die Psychologie frivoler Liebe, abhandelt« (1951, S. 301).
Perlman weist darauf hin, daß bereits zu Schnitzlers Lebzeiten die Diskussion seines Werkes in der »wissenschaftlichen Literatur« beginnt: »Die ersten Monographien von Salkind (1907), Kapp (1912), Roseeu (1913) und Kappstein (1922) wollen noch lediglich den zeitgenössischen Leser und Theaterbesucher für Schnitzler gewinnen. Mit Theodor Reik (1913) und Josef Körner (1921) setzt dann die Forschung im engeren Sinne ein« (1987, S. 11).
Salkinds Buch nennt Schnitzler übrigens eine »oberflächliche Brochure« (Tagebuch, 18. Januar 1907; Schnitzler, 1991, S. 249), Kapps Buch ist »platt und albern«, »über das novellistische noch dümmer als übers dramatische« (Tagebuch, 28./29. Februar 1912; Schnitzler, 1981, S. 307), und Roseeus »Brochure« ist »gut gemeint, und – im Grund dasselbe, was überall steht. Ich geb's auf, von der Gegenwartskritik (im allgemeinen) ein Verstehn zu erwarten« (Tagebuch, 15. Dezember 1913; Schnitzler, 1983, S. 83).
Reik plante übrigens, ein zweites Buch über Schnitzler »›wie Schlenther über Hauptmann‹ zu schreiben (nach seinem schon erschienenen psychoanalyt.). Ich warne vor Einseitigkeit seiner Auffassung«, so die Tagebuchnotiz vom 9. November 1914 (Schnitzler, 1983, S. 148). (Paul Schlenthers Buch *Gerhart Hauptmann. Sein Lebensgang und seine Dichtung* war 1898 in Berlin erschienen.)
28 Schnitzler, 1983, S. 91
29 12. Januar 1914 (Schnitzler, 1983, S. 91)

»An und für sich hätte ich den Unsinn, der in dem Buche steht, nicht besprochen, allein da dieses Buch ein Präzedenzfall ist, lebende Dichter in pseudowissenschaftlicher Manier zur sexuellen Neurose umzudichten, liegt mir viel daran, Ihnen Gerechtigkeit zukommen zu lassen. Sie sind ja, verehrter Doktor, selbst Arzt. Hätten Sie gewissermaßen nur als Illustration und nach dem Rezept der Freud'schen sexuellen Theorie gedichtet, so wären Sie selbst doch der Nächste gewesen, der uns das hätte im einzelnen schildern können [...] Dichter sein, zumal in dem Sinne, in dem Sie schreiben, heißt doch ganz etwas anderes, als in dichterischer Sprache ein bißchen Freudsche Theorie treiben.«[30]

Schnitzler bleibt seiner im Brief Reik gegenüber geäußerten Meinung treu und erwidert am 2. April 1914:

»Sehr geehrter Herr Doktor.
Über Schriften, die mich selbst betreffen, rede ich begreiflicherweise nicht sehr gern. Diesmal wird es mir umso schwerer, vor allem weil ich Herrn Dr. Theodor Reik persönlich kenne, ihn sehr schätze und ihm sowohl vor als nach Erscheinen seines Buchs aus meinen Bedenken gegenüber der Einseitigkeit der von ihm und anderen Freud-Schülern geübten psychoanalytischen Methode, zu so interessanten und gelegentlich auch richtigen Resultaten sie führen mag, kein Hehl gemacht habe; – und ferner weil ich mich gerade Ihnen gegenüber, sehr verehrter Herr Doktor, zu äußern aufgefordert werde, der eben selbst die Absicht hat über das Reik'sche Buch und bei dieser Gelegenheit wohl oder übel auch über mich zu schreiben. So lassen Sie mich denn lieber nur das aussprechen, was mir an Theodor Reik's Untersuchungen von meinem Autorenstandpunkt aus sympathisch und wohl auch in weiterem Sinne wertvoll erscheint: Daß hier nämlich, was von Seiten einer gewissen zünftigen Kritik so selten geschieht, auf meine Darstellung menschlicher Beziehungen nichterotischer Art wie zwischen Geschwistern, zwischen Eltern und Kindern, zwischen Freunden und auf allerlei tiefere seelische Zusammenhänge hingewiesen wird, über die nun freilich nicht gerade das letzte und manchmal wohl auch nicht das absolut richtige Wort gesprochen sein dürfte. Auch habe ich aus Gesprächen mit Reik (es waren bisher nicht mehr

30 Schnitzler, 1984, S. 845

als zwei oder drei) die Überzeugung, (er selbst allerdings noch nicht) daß ihm später einmal die Freud'schen Deutungsmethoden (aus einer so tiefen Kenntnis der menschlichen Natur in ihren Grundeinfällen sie auch entstanden sein mögen) nicht den einzigen und allein selig machenden Weg, sondern einen unter anderen bedeuten wird der in das Geheimnis dichterischen Schaffens, zuweilen aber auch daran vorbei in Vagheit oder Irrtum führt.

Sie werden gewiß die Freundlichkeit haben, verehrter Herr Doktor, mir seinerzeit Ihr Referat zuzusenden; heute lassen Sie mich Ihnen nur für Ihr liebenswürdiges Interesse aufs Herzlichste danken.

Ihr Sie hochschätzender

[A. S.][31]

Reik bewarb sich u. a. mit seinem Buch um die Dozentur für Religionsphilosophie und Völkerpsychologie – »hoffnungslos«, wie Schnitzler am 28. Oktober 1915 notiert.[32] Und Olga Schnitzler, die Ehefrau, liest 1918 »auf Reiks Buch hin« den »Weg ins Freie« und sagt »allerlei sehr kritisches und einleuchtendes darüber. Über ›Taktfehler‹ in meinen Büchern«.[33]

Im letzten Lebensjahr – symbolisch genug – erwähnt Schnitzler das Buch Reiks im Brief vom 26. Januar 1931 an Suzanne Clauser noch einmal; er schreibt:

»Es bleibt immer eine sonderbare Vorstellung, daß indeß ein gewisser Expreßzug unaufhaltsam weiterfährt und ich es thatenlos geschehen lassen muß. In dem psychoanalytischen Buch ist u. a. ein nicht dummes Kapitel über die Allmacht des Gedankens, ein Problem, das in meinen Sachen vorgeblich eine bedeutungsvolle Rolle spielt. – Wenn das stimmt – oder vielmehr wenn meine Gedanken gelegentlich allmächtig sind –, so haben Sie keineswegs ein Coupê allein.«[34]

Und wenige Monate vor seinem Tod heißt es an dieselbe:

»Am Donnerstag Vormittag abgereist. Im Zug... Dr. Reik, der Mann, der das psychoanalytische Buch über mich geschrieben hat; – ich hatte

31 Schnitzler, 1984, S. 37f.
32 Schnitzler, 1983, S. 233
33 Schnitzler, 1985, S. 105
34 Schnitzler, 1984, S. 756f.

ihn seit Jahren nicht gesehn, und hielt ihn im ersten Moment für Friedell. (Er hat seinen Sohn mir zu Ehren Arthur genannt; trotzdem aber ist er, der Sohn nämlich, erst sechzehn Jahre alt.)«[35]

II

Reiks Aufsätze und sein Buch von 1913 hatten eine intensive Beziehung, einen geistigen Austausch mit Schnitzler begründet, der nach dem Krieg lediglich in der persönlichen Begegnung abebbt. Am 13. September 1914 notierte Schnitzler im Tagebuch:

»Neulich Reiks Artikel ›A. S. und der Krieg‹ im Berl. Tagbl.; sehr hübsch, wo er auf die vielen Kriegsbeziehungen, – ja – ›ahnungen‹ in meinen Sachen hinweist; – es fällt mir ein dass in fast all meinen nächsten in Betracht kommenden Stoffen der Krieg mit- oder doch im Hintergrunde spielt. (Verführer, – ein Glas zu viel – Weiher – Geschwister.)«[36]

Schnitzlers Dankesbrief beantwortet Reik am 15. September 1914:

»... wenn mein Artikel ein wenig dazu beitragen konnte, daß man auch in unserem alten Österreich Ihre Werke, die ich so sehr liebe, anders betrachten lernt, würde ich mich aufrichtig freuen. Einige Ihrer Probleme gehen mir im eigenen Leben so sehr nach, daß ich mich beständig mit ihnen beschäftigen muß.«[37]

Am 7. Dezember 1914 findet wieder eine Begegnung statt:

»Dr. Reik; recht anregend. Schade dass er psychoanalytisch doch ziemlich verbohrt. Ich spreche von dem späten Erwachen meines ›Natur und Kunstsinns‹. Er führt es auf ›Verdrängung des Schautriebs‹ in der Kindheit zurück.«[38]

Ein Monat später, im Januar 1915, wird das Gespräch fortgesetzt:

[35] Brief vom 18. Juli 1931 (Schnitzler, 1984, S. 796)
[36] Schnitzler, 1983, S. 135, und Reik, 1914e
[37] in: Berlin/Lindken, 1983, S. 189
[38] Schnitzler, 1983, S. 156

»Dr. Reik, der am 15. einrücken muss. – Über verschiedene meiner Sachen. Früher ›Sentimentalität‹, jetzt ›Zärtlichkeit‹. – Stärkre Beziehung zum Vater. Das Bedürfnis der Leute (besonders draußen) meine Arbeiten leichter zu nehmen als sie sind. – Über Psychoanalyse. Ich versuche wieder ihm die Einseitigkeit der Methode klar zu machen; insbesondre die Fehlerquellen bei der therapeut. Anwendung.«[39]

Am 12. Mai 1915 sprechen sie über »Angstvorstellungen, Philosophie, Träume (erzählte ihm einige)«[40], dann rücken der »Dienst« (der »einen völlig verkommen« läßt und »immer mehr zu einem Gipfelpunkt geräuschvoller Zeitverschwendung«[41] wird), Kriegs- und Fronterlebnisse in den Vordergrund. Reik sorgt sich um Frau und Kind, reitet an der Front »halbe Tage lang« und hat als einzige Lektüre Schnitzlers »Der Weg ins Freie« und Beer-Hofmanns »Der Graf von Charolais« bei sich.[42] Den Fronturlaub nutzt er zum Besuch, Schnitzler notiert am 28. Oktober 1916: »Dr. Reik, aus dem Feld, Sanit.-Fähnrich. Kriegserlebnisse, Gefahren, Langeweile, Gemeinheiten.«[43] Eineinvierteljahr später heißt es:

»Dr. Reik; erzählt von seinen milit. Erlebnissen in Montenegro. Vor kurzem ein Streifschuss aus dem Hinterhalt. Wohnt bei einer Nichte des Königs Nikita, einem verlausten alten Weib, in einem Gelass, mit ihr, Kindern, einer Kuh. – Zustände dort. Geiseln, Hinrichtungen. – Frauen. Unversöhnlichkeit, Blutrache. Jetzt ist Reik im Kriegsarchiv; erzählt mir von der Clichéansicht der Leute dort über mich, die er zu bekämpfen sucht.«[44]

Im Herbst desselben Jahres besucht Reik erneut Schnitzler, der im Tagebuch festhält:

»Dr. Reik. Urlaub. Sanit.-Ltnt. War im Spital Feltre, während des Luftangriffs. – Vom psychoan. Congress in Budapest. – Persönlichkeit Freuds. Reiks größtes Erlebnis. Er ist eine Art Secretair bei ihm. – Übers ›Weite Land‹. Über ›Kritik‹.«[45]

39 11. Januar 1915 (Schnitzler, 1983, S. 166)
40 Schnitzler, 1983, S. 196
41 Brief Reiks vom 13. Oktober 1915 (Berlin/Lindken, 1983, S. 190)
42 s. Reiks Brief vom 18. Mai 1916 (Berlin/Lindken, 1983, S. 191)
43 Schnitzler, 1983, S. 324
44 1. Februar 1918 (Schnitzler, 1985, S. 113 f.)
45 2. Oktober 1918 (Schnitzler, 1985, S. 185)

Im Brief vom 11. Dezember 1918 bedankt sich Reik für die Übersendung von »Casanovas Heimfahrt«, die er »zum zweiten Male mit hohem Genuß namentlich am Stil«[46] gelesen habe, und informiert Schnitzler über seine Redakteur-Tätigkeit, der am 23. Januar 1919 notiert:

»Dr. Reik; der nun bei der Zeit untergekommen; psychoanalytisch journalistisch sehr beschäftigt und interessirt; sich über eine Dichter-Sondernummer der Imago mit mir besprach. Ich rathe zu Veröffentlichung von Entwürfen, Vorarbeiten.«[47]

Im selben Jahr erschien Reiks Buch *Probleme der Religionspsychologie*, das Schnitzler liest[48]; ebenso liest er die 1923 erschienene Studie *Der eigne und der fremde Gott; Zur Psychoanalyse der religiösen Entwicklung*, wie er Olga Schnitzler berichtet: »Doctor Reik war gestern, nach langer Zeit, bei mir –; klug, unterrichtet; – hat in der letzten Zeit einige Bücher von profundem Wissen, – religionspsychologisches, – geschrieben; – aber er hat leider den Complexen-Complex wie alle Psychoanalytiker.«[49]

Reik wiederum liest Richard Spechts Buch *Arthur Schnitzler: Der Dichter und sein Werk* (Berlin 1922) und die von Schnitzler übersandte Novelle »Die Frau des Richters«, deren »ruhevolle Sprache« und »unausgesprochene Weltanschauung« bei ihm »einen starken Eindruck«[50] hinterlassen.

Im Frühjahr 1926 wurde gegen Reik ein Gerichtsverfahren eingeleitet wegen Kurpfuscherei, weil er Patienten ohne medizinische Ausbildung behandelte. Freud hatte sich schon Jahre zuvor für Reik und die Laienanalyse eingesetzt und intervenierte jetzt erfolgreich beim Gericht. In der *Neuen Freien Presse* erschien am 18. Juli 1926 sein Brief »Dr. Reik und die Kurpfuschereifrage«, und im September lag sein Pamphlet »Die Frage der Laienanalyse. Unterredungen mit einem Unparteiischen vor«[51]. Wohl auch wegen Mangels an Beweisen wurde das Verfahren gegen Reik eingestellt. Auch eine Reaktion darauf ist sein

46 Berlin / Lindken, 1983, S. 192
47 Schnitzler, 1985, S. 223
48 s. die Tagebucheintragungen vom 8. November und 1. Dezember 1919 (Schnitzler, 1985, S. 306 u. 313)
49 Brief vom 9. Dezember 1923 (Schnitzler, 1984, S. 334)
50 Brief vom 11. Dezember 1925 (Berlin / Lindken, 1983, S. 193)
51 Freud, 1926 e

Buch *Wie man Psychologe wird*, das Schnitzler im März 1927 liest.[52] In diesem Jahr übersendet Schnitzler sein Buch der *Sprüche und Bedenken*, das Reik mit »großem intellektuellen und ästhetischem Genuß«[53] aufnimmt. Schnitzler hatte dazu auch Notizen aus Reiks *Geständniszwang und Strafbedürfnis. Probleme der Psychoanalyse und Kriminologie* (1925) vorgesehen, aber dann »zurückgelegt«.[54]

Zwei Jahre vor der oben erwähnten letzten Begegnung schreibt Reik aus Berlin – er ist seit einem Jahr am dortigen Psychoanalytischen Institut tätig –, wie sehr ihn Schnitzlers Bücher »auch jetzt gedanklich beschäftigen«, und kündigt die Übersendung seines Aufsatzes »Warum verließ Goethe Friederike? Eine psychoanalytische Monographie« an, in der er auch auf »Das Schicksal des Freiherrn von Leisenbogh« zu sprechen kommt.[55]

Nach Schnitzlers Tod schrieb Reik im *Almanach der Psychoanalyse* von 1934 die Gedenkworte »Der Tod und die Liebe«; er greift manches aus dem Kapitel »Das Problem des Todes« seines Buches von 1913 auf und schließt mit den Worten: »Der Dichter, der so scherzen konnte, wenn es den letzten Ernst galt, wußte wie wenige andere in unserer Zeit, daß alles Denken und Tun der Menschen von jenen zwei mächtigen Urregungen bestimmt ist: von der Sehnsucht, geliebt zu werden, und von der Angst, zu sterben.«[56]

1933 emigrierte Reik nach Holland, 1938 nach New York. Als Nichtarzt wurde der Freud-Schüler kein Vollmitglied der amerikanischen psychoanalytischen Gesellschaft. Er gründete 1947 die eigene »National Association for Psychoanalysis«, die auch Nichtärzte ausbildete. Auf diesem Lebensabschnitt sind zahlreiche weitere Bücher Reiks entstanden, und immer wieder ist von Schnitzler und seinen Werken darin die Rede.[57] Als 1961 die »International Arthur Schnitzler Research Association« gegründet wurde, trat Reik sofort als Mitglied bei und blieb es bis zu seinem Tod im Jahr 1969.

52 Tagebuchnotiz vom 19. März 1927 (noch nicht veröffentlicht)
53 Brief vom 28. Dezember 1927 (Berlin/Lindken, 1983, S. 194)
54 z. B.: »Die Tiefe eines Leids vermögen wir erst in der Erinnerung zu ermessen, wenn sich die psychischen Folgen dieses Leids auf irgendeine Weise bemerkbar zu machen Gelegenheit gehabt haben« (Schnitzler, 1967, S. 337).
55 Brief vom 17. November 1929 (Berlin/Lindken, 1983, S. 194); s. Reik, 1929c
56 Reik 1934, S. 84
57 Eine Übersicht geben Berlin/Lindken, 1983, S. 195, Anm. 7; s. a. Feldman, 1953

III

Weit mehr und vielfältiger als Schnitzler selbst wahrnahm, wurde über Reiks Buch *Arthur Schnitzler als Psycholog* gesprochen und diskutiert. In der von Siegfried Jacobsohn herausgegebenen Zeitschrift *Schaubühne* hieß es:

»Über den Geschmack läßt sich nicht streiten. Der illegitime Liebhaber der Psychoannaliese Reik hat ein tiefgründiges Werk über Arthur Schnitzler geschrieben, wie wenn dieser Schnitzler zu ihm in die Sprechstunde gekommen wäre, um geheilt zu werden. Gut. Aber böse ist, daß Schnitzler geäußert hat: ›Es ist das Beste, was ich je über mich gelesen habe.‹ Und da dies wiederum das Beste ist, was Reik je über sich gelesen hat, so gehen wir blühenden Zeiten entgegen.«[58]

Max Koch sah gar in seiner Besprechung ein Zeichen des »Verfalls der Rasse«, eine »Vergiftung von Leben und Kunst«, alle »Seelenvorgänge und Handlungen im Traum und Wachen auf geschlechtliches Verlangen zurückzuführen«: »...hier handelt es sich eben um die Zurückweisung von Grundsätzen, die unser ganzes Volksleben wie unsere deutsche Kunst zu verwirren drohen... Nicht Stein, das wäre noch erträglich, sondern Gift wird unserer deutschen Jugend mit solchen Theorien für Brot geboten.«[59]

Im psychoanalytischen Kollegenkreis sah man das anders. Hanns Sachs schrieb in seiner Rezension – und kam damit der Schnitzlerschen Einschätzung nahe –, daß mit Vergnügen festgestellt werden könne, wie sehr sich seit dem letzten Buch Reiks – über Flauberts *Tentation*[60] – »sein Auge geschärft, sein psychologisches Gesichtsfeld« erweitert habe:

»Er begnügt sich nicht mehr mit den ungefähren Umrißlinien des unbewußten Seelenlebens, sondern folgt ihm durch seine Windungen und Entstellungen, Schichtungen und Kompromisse hindurch und weiß die feinsten Ausläufer, die zartesten Details seiner Deutungskunst dienstbar zu machen.«[61]

[58] Charlottenburg, Bd. 9, 1913, S. 1239
[59] in: *Die schöne Literatur*, Nr. 10, 9. Mai, S. 185 f.
[60] Reik, 1912 e
[61] in: *Imago*, Bd. 3, 1914, S. 302

Sachs bemerkte auch Mängel:

»Wir dürfen von dem Autor, dem wir ein neues Verständnis Schnitzlers und der von seinen Werken ausgehenden Wirkungen verdanken, nicht Abschied nehmen, ohne ihn aufzufordern, sich ein paar kleine Schwächen abzugewöhnen, die sein Buch ganz unnötigerweise verunzieren. Dahin gehört vor allem die an manchen Stellen unterlaufende Vernachlässigung des im übrigen durchaus lobenswerten und lebendigen Stils. Ferner die Gewohnheit, eine eigene Wendung hie und da, wo der Inhalt es zu erlauben scheint, in ein klassisches Zitat auslaufen zu lassen, und dadurch beiden den Charakter unpersönlicher Gemeinplätzigkeit zu geben.«[62]

Im Nachlaß Robert Musils befinden sich zwei Rezensionsentwürfe zu Reiks Buch, die auch den Konflikt andeuten, in dem der Autor Musil mit der frühen Psychoanalyse stand.[63] Sie lauten:

[1]

»Dieses Buch ist interessant und lächerlich. Es psychoanalysiert Personen Schnitzler'scher Dichtungen. Es zeigt unterbücherliche Zusammenhänge auf, verbindet entlegene Stellen der Werke. Man gewinnt dabei *einen* starken Eindruck: Arthur Schnitzler sei kein ganz unwürdiges Objekt für psychoanalytische Betrachtung. Dieser durch vieles liebenswerte und wertvolle Dichter enthält überraschend viel Sentimentalität. Spezies Beischlaf und Totenkopf oder Liebesnacht und Duellmorgen oder Passioniertsein von verrucht komplizierten Bösewichten und Verwandtes. Man fühlt es, wenn er melancholisch wird; wenn eine Welle von Stimmung heraufkommt; wenn er bedeutsam wird. Im – auch bei andren immer – trüben Schaffensgrund fühlt man es, wo das Werk nicht ganz über ihm zugewachsen ist. Auf diese Stellen legt Rank [sic!] unerbittlich den lobenden Finger. Denn er zeigt uns die tiefere Psychologie eines großen Dichters.

[2]

Dieses Buch psychoanalysiert Personen Sch[nitzler]'scher Dichtungen. Es nimmt ihre Seele heraus, ersetzt sie durch die der ps[ychoanalytischen] Theorie u.[nd] siehe die Folgerungen stimmen. Die Ge-

62 ebd., S. 303

63 s. Cremerius, 1979; die Entwürfe in Baur/Goltschnigg, 1973, S. 123ff.

stalten des Dichters tun u[nd] sprechen manchmal das gleiche auch mit dieser. Manche entlegenen Stellen der Werke erhalten dabei Verbindungen, und unterbücherliche Zusammenhänge tauchen auf.
Der Irrtum ist: Gestalten eines Dichters haben keine Seele. Keine kausale. Keine in sich selbst verständliche. Das ganze Unterfangen geht von einer falschen Voraussetzung aus. Personen eines Dichtwerks wie lebende Menschen behandeln ist die Naivität des Affen, der in den Spiegel greift. Was man im Dichtwerk Psychologie nennt [,] scheidet sich an diesem Punkt von der wissenschaftlichen. Nie sind diese Personen kausal erklärbar. Andre Interessenzusammenhänge schieben sich in den psychologischen. Insgesamt: Ästhetische. Es ist auffallend, wie unempfindlich Reik für deren Vorhandensein ist, wenn er sich eine Stelle zu erklären sucht. Damit fällt der argumentative Wert Schnitzlers für Reik. Nicht ganz umgekehrt, denn Reik demonstriert wider Willen etwas bei Schnitzler[.]«

Musil sieht und formuliert grundsätzliche Probleme und Schwierigkeiten der frühen psychoanalytischen Literaturdeutung.[64] Maßgeblich war die bis dahin ausführlichste Interpretation eines literarischen Werkes: *Der Wahn und die Träume in W. Jensens ›Gradiva‹* von Sigmund Freud. Die 1907 erschienene Arbeit lag 1912 in zweiter Auflage vor.[65] Auch Freud spürte das Befremden der Leser, wenn er die Figuren des Textes »in allen ihren seelischen Äußerungen und Tätigkeiten« behandelte,

»als wären sie wirkliche Individuen und nicht Geschöpfe eines Dichters, als wäre der Sinn des Dichters ein absolut durchlässiges, nicht ein brechendes oder trübendes Medium. Und um so befremdender muß unser Vorgehen erscheinen, als der Dichter auf die Wirklichkeitsschilderung ausdrücklich verzichtet, indem er seine Erzählung ein ›Phantasiestück‹ benennt. Wir finden aber alle seine Schilderungen der Wirk-

[64] s. dazu Schönau, 1991, S. 128ff.
[65] Leipzig und Wien; s. auch Urban/Cremerius, 1973, und Urban, 1994: hier die Darstellung der Freudschen Literaturpsychologie seit den Anfängen mit Fliess, die Briefdiskussion der »Gradiva« mit C. G. Jung und die in der Psychologischen Mittwoch-Gesellschaft sowie sämtliche Randnotizen und Anstreichungen Freuds in seinem »Gradiva«-Exemplar, was eine Rekonstruktion der »theoriegeleiteten« Interpretation Freuds Schritt für Schritt zuläßt.

lichkeit so getreulich nachgebildet, daß wir keinen Widerspruch äußern würden, wenn die ›Gradiva‹ nicht ein Phantasiestück, sondern eine psychiatrische Studie hieße.«[66]

Aber damit erweise man dem Dichter einen schlechten Dienst, denn der solle doch der Berührung mit der Psychiatrie aus dem Wege gehen und die »Schilderung krankhafter Seelenzustände den Ärzten überlassen«. Freud fährt aber fort: »In Wahrheit hat kein richtiger Dichter je dieses Gebot geachtet. Die Schilderung des menschlichen Seelenlebens ist ja seine eigentlichste Domäne; er war jederzeit der Vorläufer der Wissenschaft und so auch der wissenschaftlichen Psychologie.«[67]

Das sieht Reik genauso, weshalb er im »Schlußwort« eine »neue Literaturbetrachtung« fordert, der »Stoffgeschichte, literarische Tradition usw. nur als Präludien zur seelischen Analyse dienen«.[68]

Die Ästhetik wird zunächst ausgeblendet, und der »nur wissenschaftliche Zweck« – so im »Vorwort«[69] –, der wissenschaftliche Diskurs scheint den poetischen ein- und überholen zu wollen.[70] Und Reik folgt an dieser Stelle nochmals Freud, wenn er von den Figuren Schnitzlers als »lebenden Menschen« spricht – und das seien sie ja auch gewissermaßen »gelöste Teile seines Ichs, Abspaltungen seiner Persönlichkeit«.[71]

In seinen Ausführungen über »Dichtung und Psychoanalyse« von 1912 zeigt sich Reik problembewußt und zukunftsweisend, wenn er schreibt:

66 in: Urban/Cremerius, 1973, S. 119

67 ebd., S. 121

68 s. S. 232

69 s. S. 29

70 Dies zeigt auch das zweimalige »Noch nicht« einer Textstelle in Freuds »Gradiva«-Interpretation: »Wertvolle Bundesgenossen sind aber die Dichter und ihr Zeugnis ist hoch anzuschlagen, denn sie pflegen eine Menge von Dingen zwischen Himmel und Erde zu wissen, von denen sich unsere Schulweisheit noch nichts träumen läßt. In der Seelenkunde gar sind sie uns Alltagsmenschen weit voraus, weil sie da aus Quellen schöpfen, welche wir noch nicht für die Wissenschaft erschlossen haben« (in: Urban/Cremerius, 1973, S. 90).

71 s. S. 29. – In Freuds kleiner Arbeit »Der Dichter und das Phantasieren« heißt es: »Noch in vielen der sogenannten psychologischen Romane ist mir aufgefallen, daß nur eine Person, wiederum der Held, von innen geschildert wird; in ihrer Seele sitzt gleichsam der Dichter und schaut die anderen Personen von außen an. Der psychologische Roman verdankt im ganzen wohl seine Besonderheit der Neigung des modernen Dichters, sein Ich durch Selbstbeobachtung in Partial-Ichs zu zerspalten und demzufolge die Konfliktströmungen seines Seelenlebens in mehreren Helden zu personifizieren« (1908e, S. 177).

»Die Arbeit des Literarhistorikers sei seelische Tiefbohrung. Er wird oft suchen müssen nach dem, was sich hinter der Fassade eines Werkes verbirgt; er wird aufzeigen müssen, warum es sich verbirgt.
Viele neue Fragen drängen sich hier, neue Horizonte werden von hier sichtbar. Geschlechtsleben und Kunst scheinen sich zu fliehen und sind erstaunt, einander immer wieder zu begegnen, und vielleicht ist Liebe und Kunst, das, was zeugt, und das, was schafft, nichts als ein Hendiadyoin unserer besten Menschenkräfte.
Bei aller methodischen Verschiedenheit, die Wissenschaft und Dichtung scheidet, steht der Dichter dem Psychoanalytiker nahe. Er hat im wesentlichen dieselbe Aufgabe: er wecket der dunkeln Gefühle Gewalt, die im Herzen wunderbar schliefen.«[72]

1985 formulierte das der Psychoanalytiker Frederick Wyatt in seinem Vortrag »Literatur in der Psychoanalyse« folgendermaßen:

»Ich kann mir [...] Analyse ohne Literatur nicht vorstellen [...] Literatur steht... in einer besonderen Beziehung zur Psychoanalyse: Beide betreiben Bewußtmachung. Hinter ihren vordergründigen, spezifischen Absichten bemühen sich beide um die Gestaltung des Erlebten, wollen beide ›was in schwankender Erscheinung schwebt‹ in dauernden Gedanken befestigen. Analysand und Analytiker auf der einen, der Dichter auf der anderen Seite ringen darum, Erlebtes in Erfahrung umzusetzen, zuletzt, um mit dem Geschäft des Lebens fertigzuwerden, um zu überleben. Es kommt dabei nicht darauf an, ob sich hier ein Analytiker in seinen Bemühungen öfter an die Literatur hält oder nicht; ob dort ein Analysand sich von Anbeginn dem literarischen Ausdruck zugänglich erweist, weil Sprachgestaltung eine größere oder geringere Rolle in der Bildung seines Charakters spielte. Das Literarische bleibt von der Psychoanalyse unabtrennbar. Es ist, sozusagen, in ihr mitenthalten, ebenso wie es das Analytische in der Literatur ist. Als Analytiker jedenfalls haben wir nur die Wahl, uns blind zu stellen, oder uns auf die gemeinsamen Wurzeln der beiden in unserer Zivilisation zu besinnen und demgemäß zu verfahren.«[73]
Das Geschwisterpaar Literatur und Psychoanalyse, das in Freuds Brief

[72] Reik, 1912a, S. 18
[73] Wyatt, 1986, S. 42

an Wilhelm Fließ vom 15. Oktober 1897[74] auftaucht und eine »merkwürdige Zwillingsgeburt«[75] erfuhr, ist in Rezeption, Interpretation und Methode inzwischen vielfältig erforscht worden[76], und Reiks Vorgehen in seinem Buch *Arthur Schnitzler als Psycholog* hat seine Fortentwicklung auch in Charles Maurons »Psychokritik«[77] erfahren, die bei Schnitzler »Grundakkord« und Leitmotiv, die »Urmodelle« im »Themen- und Figurenarsenal« der Dramen und Erzählungen und die »immer neue Schattierung der vorgegebenen Muster«[78] untersucht hat.[79]

74 Freud, 1986, S. 291 ff.
75 Lorenzer, 1986, S. 21
76 s. Pfeiffer, 1989 u. 1991
77 s. Urban / Kudszus, 1981, S. 3
78 Jens, 1992, S. 166
79 s. Anm. 76

(Literaturverzeichnis zur Einleitung am Schluß des Bandes)

(Als Druckvorlage diente die Erstausgabe von 1913 [Bruns-Verlag, Minden]; in die Orthographie wurde behutsam korrigierend eingegriffen; in eckigen Klammern [] stehen Anmerkungen des Herausgebers, der auch das Verzeichnis der genannten Werke Schnitzlers am Schluß des Bandes besorgte.)

Meinem verehrten Lehrer
Professor Dr. Sigmund Freud
in Dankbarkeit gewidmet

»Und laß Dir raten, habe
die Sonne nicht zu lieb und nicht die Sterne.
Komm, folge mir ins dunkle Reich hinab!«
Goethe

Vorwort

Die folgende Untersuchung verzichtet von vornherein auf ästhetische Wertungen und verfolgt nur wissenschaftliche Zwecke. Sie behandelt die Gestalten der Dichtungen Arthur Schnitzlers als Objekte psychologischer Analyse; so, als wären sie wirklich lebende Menschen. Und das sind sie ja auch gewissermaßen: gelöste Teile seines Ichs, Abspaltungen seiner Persönlichkeit. Sie betrachtet diese Gestalten unter den Gesichtspunkten einer neuartigen angewandten Seelenkunde: der Psychoanalyse.

Es sei mit einigen Worten erläutert, in welcher Art die psychoanalytische Methode in der Untersuchung gehandhabt wurde. Man wird bemerken, daß die einzelnen Teile des Buches ähnlich aufgebaut sind. Sie gehen von psychischen Details, von scheinbar unwesentlichen Besonderheiten im Erleben der Schnitzlerischen Personen aus und bemühen sich, von hier aus zu deren tiefsten, kompliziertesten und verborgensten Regungen vorzudringen. Professor Freud hatte die Liebenswürdigkeit, mich auf ein analoges Verfahren in der Kunstwissenschaft aufmerksam zu machen. Der Kunstforscher Giovanni Morelli, bekannter unter seinem Pseudonym Iwan Lermolieff (1816–1891) erkannte, daß in vielen Galerien alte Bilder Meistern zugeschrieben wurden, die den Gemälden seiner Überzeugung nach völlig ferne standen. Er fand eine sehr geistreiche Methode, zugleich die Unrichtigkeit der von den Kunstgelehrten gemachten Angaben und den wirklichen Ursprung der Bilder zu erweisen. Seine »Kennzeichenlehre« geht davon aus, daß man die Bilder nach dem »Totaleindrucke« beurteile, und so kommt es, daß man oft irre und das Werk eines Fra Sebastiano del Piombo von den Gelehrten und dem Publikum als Bild Raffaels angesehen werde. Es ergab sich für Morelli daraus die Forderung, daß dem Totaleindruck nicht die Entscheidung über die Autorschaft zufallen dürfe, und er ersetzte ihn durch ein methodisches und minutiöses Studium der Bilderdetails. Er suchte die persönliche Art eines Malers nicht aus der Stoffwahl, aus der

Farbengebung und Linienführung zu erkennen, sondern aus der jedem eigentümlichen Manier, die Fingernägel, die Ohrläppchen usw. zu gestalten. Er studierte die charakteristische Differenzierung in der künstlerischen Behandlung des Fingeransatzes, der Mittel- und Hinterhand, des Nasenflügels. Durch strenge Prüfung und Vergleichung dieser und ähnlicher Details gelang es ihm, bei vielen Bildern die Maler unwiderlegbar festzustellen. Morellis Methode, die sich so fruchtbar erwies, hatte eine heuristische Grundlage; sie behauptete nämlich, daß sich gerade in der Zeichnung der Details das Charakteristische und Kennzeichnende des Künstlers verrate. Dabei ist es in den meisten Fällen nicht anzunehmen, daß der Maler sich dieser seiner speziellen Art, etwa das Metacarpium zu gestalten, bewußt wäre. Es geschieht vielmehr ohne sein Wissen und Wollen – wir würden sagen: unbewußt.[1]

Von ähnlichen leicht übersehbaren und doch verräterischen Details geht diese Untersuchung aus, und gleich dem Kennzeichenverfahren Morellis beruft sie sich auf ein Prinzip. Es ist dies die Grundansicht der psychoanalytischen Forschung, nämlich die durchgängige und ausnahmelose Determiniertheit des Seelenlebens und seiner Äußerungen, auch der kleinsten und unscheinbarsten.

Sollte diese psychoanalytische Arbeit geeignet sein, ein vertiefteres Verständnis eines so bedeutenden Dichters, wie Arthur Schnitzler es ist, zu ermöglichen, wen sollte das mehr freuen als uns, die wir in ihm nicht nur den Künstler, sondern auch den Kenner der Höhen und Tiefen der menschlichen Seele verehren?

Wien, Ende August 1913 Theodor Reik

[1] Morelli hat die Entstehung und Entwicklung seiner Kunstansichten in sehr anregender Weise selbst geschildert (Kunstkritische Studien über italienische Malerei. Leipzig, F. A. Brockhaus, 1890).

Die »Allmacht der Gedanken«

»Wir müssen einen Dolch blitzen sehen, um zu begreifen, daß ein Mord geschehen ist.«
Der Weg ins Freie

Es gibt eine Regel der Traumdeutung, welche sagt, daß das anscheinend Nebensächliche, das Detail des manifesten Trauminhaltes für die Aufdeckung der latenten Traumgedanken von eminenter Bedeutung ist. Ja, es kommt häufig genug vor, daß gerade von einem solchen, vom Träumer höchst unwichtig genommenen Detail die Traumdeutung ausgeht. In diesem Sinne läßt sich das *Swift*sche »Vive la bagatelle!« rechtfertigen.

Bei der weitgehenden Verwandtschaft von Traum und Dichtung läßt sich vermuten, daß auch bei der Analyse eines poetischen Werkes von solchen Details, die sich oft als Episoden oder Motive bescheiden geben, und denen der Zuhörer oder Leser nur wenig Aufmerksamkeit im Verhältnis zur Haupthandlung schenkt, helleres Licht auf das Ganze fallen wird. So wird die Röntgenisierung eines kranken Organismus den Arzt auf eine bisher unbeachtete Stelle aufmerksam machen, von wo die Schmerzen irradiieren.

Es soll hier ein Weg eingeschlagen werden, der in der Psychoanalyse oft zum Siege geführt hat: Wir wollen kleine Motive prüfen und vergleichen, um sie zur psychoanalytischen Aufklärung des Ganzen zu verwenden. Ich möchte an einem Beispiel zeigen, wie ich das meine. Die kleine Episode Dr. Rank in *Ibsens* »Nora« wird sicherlich zur Deutung der »Gespenster« desselben Dichters viel beitragen können. Dort ist das Thema als kleine Episode behandelt, die mit der Haupthandlung nur lose verknüpft ist, hier als Hauptkonflikt. Wir wissen, daß das psychische Material, dem wir eine Dichtung verdanken, einer sekundären Bearbeitung unterliegt. Diese Bearbeitung aber wird um so intensiver sein, je größer das Interesse des Dichters ist, seine Seelenregungen in einem einzigen Konflikt zusammenzufassen. Wir müssen annehmen, daß der Hauptkonflikt eines Dramas einer größeren Verdrängung entstammt und daß an ihm eine stärkere Verarbeitung, Verschiebung und Umordnung der Elemente stattfand, als an irgendeinem kleinen Motiv. Es kommt ja auch vor, wie im Falle Rank–Oswald Alwing, daß ein Motiv, das zuerst nur oberflächlich behandelt wurde, zum Hauptthema eines Werkes wird, auf dem dann der ganze seelische Akzent ruht. Es rückt sozusagen von der Peripherie ins Zentrum des Bewußtseins. Wir wollen mit einem solchen unscheinbaren, aber typischen Motiv beginnen und zu zeigen versuchen, welche Phantasien unbewußter Art es birgt. Im »Einsamen Weg« kommt ein Arzt vor, der lange auf eine Berufung nach Graz gewartet hat. Schließlich verzichtet er auf seine Chancen aus einem eigentümlichen Grunde, wie aus folgendem Gespräch erhellt:

FELIX Ist also richtig ein anderer nach Graz berufen worden?

DR. REUMANN Das nicht, aber der andere, dem die Stelle so gut wie sicher war, hat sich auf einer Bergtour den Hals gebrochen.

FELIX Da wären doch jetzt Ihre Chancen die allerbesten? Wer außer Ihnen käme denn noch in Betracht?

DR. REUMANN Meine Chancen wären jetzt gewiß nicht übel. Aber ich habe es vorgezogen, zu verzichten.

FRAU WEGRAT Wie?

DR. REUMANN Ich nehme die Berufung nicht an.

FRAU WEGRAT Sind Sie so abergläubisch?

FELIX Sind Sie so stolz?

DR. REUMANN Keines von beiden. Aber der Gedanke, irgendeinen Vorteil dem Malheur eines anderen zu verdanken, wäre mir außerordentlich peinlich. Meine halbe Existenz wäre mir vergällt. Sie sehen, das ist weder Aberglaube noch Stolz, es ist ganz gemeine, kleinliche Eitelkeit.

Wenn wir im praktischen Leben eine Stellung erhalten wollen, so wird es uns kaum einfallen, einen Verzicht in dieser Art zu begründen. Es würde uns wohl gleichbleiben, wenn ein uns unbekannter Nebenbuhler uns durch seinen Tod den Platz räumt. Leute, die ihren natürlichen Egoismus einzugestehen den Mut haben, würden sogar eine mehr oder minder große Genugtuung nicht leicht unterdrücken können. Handelt es sich hier also um eine Hyperempfindlichkeit einer vereinzelten Gestalt, um eine außerordentliche Feinheit des sittlichen Gefühls? Doch wir wollen uns die Beantwortung dieser Frage aufheben, bis wir durch Häufung ähnlicher Motive mehr Material zur Verfügung haben. Auch Georg im »Weg ins Freie« erhält einen Kapellmeisterposten, als sein Vorgänger stirbt. Eine Person des Romans bemerkt ausdrücklich dem Helden gegenüber: »Ein Unschuldiger, Ihnen Unbekannter, mußte sterben, damit Sie dort den Platz frei finden durften.« In einem eigentümlichen Zusammenhange steht die Handlung des »Weiten Landes« mit einem ähnlichen Motiv. Ein Freund des Hauses, der junge Korsakow, hat sich erschossen, weil Frau Genia seine Liebeswerbungen ablehnte. Im Gespräche erzählt Genia auch, daß ein früherer Freund ihres Mannes, ein gewisser Dr. Bernhaupt, vor einigen Jahren bei einer Bergtour direkt von der Seite ihres Gemahls abgestürzt und auf der Stelle tot geblieben sei. Eine junge Dame äußerte darauf, daß Friedrich Hofreiter nicht viel Glück mit seinen Freunden habe. Wie im Falle Dr. Reumann handelt es sich auch hier um den Tod durch Abstürzen bei einer Bergtour. Die Motive des Selbstmordes Korsakows und des Abstürzens des Dr. Bernhaupt scheinen sich zu verschlingen; sie stehen in irgendeinem, uns noch verborgenen Zusammenhang. Diese geheimnisvolle Verknüpfung wird klarer, wenn wir annehmen, daß es sich in beiden Fällen um den Tod eines Nebenbuhlers Friedrich Hofreiters handelt. Eine rasch vorüberziehende Dialogstelle im selben Drama, allerdings in einem anderen Zusammenhang, fällt uns dabei ein. Der Dichter Albertus Rhon bemerkt zu dem allmählich alternden Bergsteiger und Don Juan Aigner: »Das muß doch ein recht eigentümliches Gefühl sein, so zu Füßen eines Turmes zu sitzen, den man als Erster bestiegen hat, und selbst nicht mehr in der Lage zu sein... Man könnte hier einen Vergleich wagen... den ich aber lieber unterlassen will...« Aigner antwortet etwas gereizt: »Wollen wir dieses Thema nicht lieber fallen lassen, Herr Rhon?« Es ist kein Zweifel möglich, daß hier eine Anspielung auf das Liebesleben des Direktors vorliegt, und der Dichter durch seinen Vergleich auf eine Impotenz seines Gesprächspartners hinzielen wollte.[1] Es wären demnach die beiden Motive (Tod Korsakows – Absturz Dr. Bernhaupts) im Unbe-

[1] Das Symbol des Bergsteigens für den Sexualverkehr ist dem Psychoanalytiker wohlbekannt. Es findet sich in allen Produkten des Unbewußten. *Freud* konnte das Steigen als sicheres Koitussymbol in Träumen aufdecken. »Traumdeutung«, 3. Aufl., S. 210f. [1900a, S. 291f. u. ö.], Volkslied, Sage und Dichtung zeigen dieselbe Symbolisierung. Ebenso die Sprache (vgl. »Steiger«, »nachsteigen«, »un vieux marcheur«) und der Witz.

wußten des Dichters verknüpft, sie sind psychologisch identisch (Motivdoublierung).[2]

Es ist nicht zu verkennen, daß alle diese Motive ähnlich sind. Ihr Gemeinsames läßt sich in einer geheimnisvoll erscheinenden Verknüpfung finden, die zwischen zwei Menschen besteht, von denen der eine etwas intensiv wünscht, was der andere durch seinen Tod erfüllt. Wir sind nicht abergläubisch genug, an einen tatsächlichen Zusammenhang, eine metaphysische Beeinflussung zu glauben, und so erhebt sich die Frage nach den seelischen Wurzeln solcher Zusammenhänge, nach der Realität des psychischen Erlebens. Wir sind gewöhnt, Verknüpfungen dieser Art in der Analyse gewisser Neurotiker, vornehmlich Zwangsneurotiker, zu finden. Es werden von ihnen aufgrund weitverzweigter Assoziationen die sonderbarsten Zusammenhänge hergestellt. *Freud* hat nachgewiesen, daß solche Assoziationen von einem geheimen Wunsche getrieben werden, dem starke moralische Bedenken gegenüberstehen. Wir würden demzufolge im Falle Dr. Reumanns vermuten, daß dieser intensiv gewünscht habe, die Berufung nach Graz zu erhalten, und daß in ihm der Gedanke, sein Nebenbuhler möchte ihm die Bahn frei lassen, auftauchte. Dieser Gedanke verdichtete sich zum Todeswunsch gegen den Rivalen. Sein später Verzicht stellt sich also als eine Sühnung, als eine moralische Reaktionsbildung dar. Die Eitelkeit, irgend etwas dem Malheur eines anderen nicht verdanken zu wollen, ist demnach eine Rationalisierung dieses Verzichtes im Sinne der Verdrängung seiner feindlichen Regungen.

Noch immer scheint uns diese Deutung nicht ausreichend zu sein. Denn der Affektaufwand Dr. Reumanns steht in keinem Verhältnis zu dem Objekt, dem er gilt. Früher haben wir die Abwehr des Arztes mit den Zwangshandlungen der Neurotiker in Beziehung gesetzt. Es ist nun eine Eigentümlichkeit der Zwangsneurose, daß sie ihre Vorwurfsaffekte verschieben kann, d. h., daß sie Gefühle, die ursprünglich einer für den Kranken sehr wichtigen Sache oder einer für ihn wichtigen Person galten, im weiteren Verlauf auf ganz unwesentliche Dinge oder gleichgültige Personen zu übertragen vermag. Der Dichter hat uns

2 Einen Hinweis auf den geheimen Sinn des Todes Korsakows (und, wie wir jetzt annehmen können, auch Bernhaupts) liefert eine Bemerkung Dr. Mauers: »Ich habe nämlich die Überzeugung, daß Korsakow von der Vorsehung bestimmt war, gleichsam als Opfer zu fallen.« Er denkt nämlich daran, daß durch diesen Tod das Eheglück Genias und Hofreiters, das in Brüche zu gehen droht, wieder hergestellt wird.

einen Fingerzeig gegeben, daß auch bei Dr. Reumann eine ähnliche Affektverschiebung stattfand.[3] Herr von Sala, der herzleidend ist, hat Dr. Reumann konsultiert. Der Künstler ist der begünstigte Nebenbuhler des Arztes, der ebenfalls Johanna Wegrath liebt. Dr. Reumann will das Haus Wegrath nicht mehr betreten; er nimmt Abschied von Felix, und dieser sagt: »Nun weiß ich... warum Sie in dieses Haus nicht mehr kommen wollen... Es hat sich wieder einmal ein anderer den Hals gebrochen.« Er spielt damit unter Beziehung auf das Verhältnis von Dr. Reumann zu Herrn von Sala auf jene Episode an, welche den Ausgangspunkt unserer Analyse bildete. Unsere Deutung wird vertieft, wenn wir den Vorwurfsaffekt, den wir hinter jenem sonderbaren Benehmen Dr. Reumanns aufdecken konnten, auf seinen Ursprung zurückleiten. Wir nehmen an, daß es sich in der Ablehnung der Stelle und in dem Abschied Dr. Reumanns von Wegrat um ein Hysteron Proteron handle. Dr. Reumann hat seinem Patienten, Herrn von Sala, den Tod gewünscht, weil dieser sein Nebenbuhler in der Liebe Johannas war. Die Versuchung, den Rivalen aus dem Wege zu räumen, war vielleicht Dr. Reumann, als seinem Arzt, näherliegend, als es sonst unter gleichen Umständen der Fall ist. Natürlich war dieser Gedanke von der zensurierenden Instanz des Seelenlebens sofort unterdrückt worden, und Dr. Reumanns Resignation, als er seine geheimen Wünsche durch die Aussicht auf Herrn von Salas bevorstehendes Ende sich der Erfüllung nähern sieht, erweist sich so als Reaktion auf die feindseligen Regungen.[4] Die ganze Einstellung des Arztes zu dem Rivalen in der Liebe aber wurde später durch die Stellung zu dem Rivalen im Beruf wieder aufgenommen. Dieselben seelischen Mechanismen sind bei Dr. Reumann auch in dieser Entscheidung wirksam.

3 Ich verdanke den Hinweis auf die folgende Dialogstelle Herrn Dr. Hanns *Sachs*.

4 Wir lassen uns gerne die Bestätigung unserer Deutung durch eine direkte Charakteristik, welche Dr. Reumann von sich gibt, gefallen. Sie ist geeignet, uns in unserer Auffassung zu bestärken, weil sie zeigt, wie nahe dem Arzt Wünsche der Art, wie wir sie in seinem Seelenleben als wirksam vermuteten, liegen. Frau Wegrat spricht ihm gegenüber aus, daß sie und ihre Familie ihm verächtlich erscheinen müssen. Dr. Reumann antwortet: »Was Sie, gnädige Frau, Verachtung nennen – wenn ich überhaupt etwas davon verspürte – wäre ja doch nichts anderes als maskierter Neid. Oder denken Sie, daß es mir an dem guten Willen fehlte, mein Leben so zu führen, wie ich es die meisten anderen führen sehe? Ich habe nur nicht das Talent dazu. Wenn ich aufrichtig sein soll, gnädige Frau – die Sehnsucht, die am tiefsten in mir steckt, ist die: ein Schurke zu sein, ein Kerl, der heuchelt, verführt, hohnlacht, über Leichen schreitet. Aber ich bin durch Mängel meines Temperamentes dazu verurteilt, ein anständiger Mensch zu sein – und, was vielleicht noch schmerzlicher ist, von allen Leuten zu hören, daß ich es bin.«

Unsere Deutung dieses typischen Motivs aber setzt voraus, daß Dr. Reumann seinen Gedanken eine solche Macht zuschreibt, daß sie fähig sind, den Lauf fremder Schicksale zu beeinflussen. Wir wissen, daß dieses Phänomen bei den Neurotikern immer zu finden ist, meistens gegen ihre bessere Einsicht, die solche Beeinflußbarkeit ablehnt. Doch können sie sich gegen die »neurotische Währung«, welche die Denkrealität der Realität des Geschehens gleichsetzt, nicht auflehnen. Wir nennen dieses Prinzip, das eine magische Wunschkraft anerkennt, die »Allmacht der Gedanken«. Den Neurotiker trennen vom Gesunden nur schwankende Grenzen: Er wird mit der Bewältigung seiner Komplexe nicht fertig, die jenem gelingt. Es ist anzunehmen, daß auch wir Gesunden in manchen Augenblicken geneigt sind, gegen die Instanz unseres Intellektes solchen fiktiven Zusammenhängen Glauben zu schenken.[5]

Wenn unsere Vermutung richtig ist, daß dieses typische Motiv in letzter Linie auf die Allmacht der Gedanken zurückgeht, dann werden wir dem Ausdruck dieser Wunschkraft wohl noch deutlicher in den Werken des Dichters begegnen können. So spricht der Herzog in »Der Schleier der Beatrice«, als Filippo Loschi trotz seiner Bitte nicht zu ihm kommen will:

»So haben meine Wünsche keine Kraft mehr!
Und gab doch eine Zeit, da kaum gedacht,
Nicht ausgesprochen, jeder ward erfüllt.
Nicht Wunder nähm's mich, wär' Filippo Loschi
Mir auf dem Weg begegnet, den ich kam –
Nein, früher in Neapel oder Rom –.«

[5] Als Prototyp geistiger und seelischer Gesundheit erscheint uns *Goethe*. Und doch gibt es bei ihm zahlreiche Belege dafür, daß er von solchem Aberglauben, der sich auf eine zwanghafte Gedankenverknüpfung aufbaut, nicht gänzlich frei war. Er erzählt z. B. (»Dichtung und Wahrheit«, 2. Teil, III. Buch), er habe als Kind im Theater einen sehr anmutigen, hübschen Knaben einen Solotanz ausführen sehen. Der kleine Wolfgang äußerte darauf, ohne dabei etwas zu denken: »Heute rot, morgen tot.« Die Mutter jenes Knaben war zufällig in seiner Nähe. »Auf diese Worte schien die Frau zu verstummen. Sie sah mich an und entfernte sich von mir, sobald es nur einigermaßen möglich war. Ich dachte nicht weiter an meine Worte. Nur einige Zeit hernach fielen sie mir auf, als der Knabe, anstatt sich nochmals sehen zu lassen, krank ward und zwar sehr gefährlich...«
Goethe setzt hinzu: »dergleichen Vorbedeutungen durch ein unzeitlich, ja unschicklich ausgesprochenes Wort standen bei den Alten schon in Ansehen, und es bleibt höchst merkwürdig, daß die Formen des Glaubens und Aberglaubens bei allen Völkern und zu allen Zeiten immer dieselben geblieben sind.«

In »Frau Berta Garlan« stellt die Heldin einen Zusammenhang zwischen der Erkrankung ihrer Freundin und ihren eigenen Hoffnungen her, die sich auf einen fernen Geliebten beziehen. Und zwar ist das Wesen dieses Zusammenhanges eine gegenseitige Beeinflussung: »Wieder war ihr, als würden durch die Erkrankung Annas ihre eigenen Hoffnungen beeinflußt: wenn Anna gesund wäre, müßte auch der Brief schon da sein. Sie wußte, daß das ganz unsinnig war, aber sie konnte sich nicht dagegen wehren.« An einer andern Stelle: »Ob Anna auch hätte sterben müssen, wenn heute ein anderer Brief von Emil gekommen wäre.« Höhepunkt und Peripetie des Romans »Der Weg ins Freie« sind solchen Zwangsgedanken und Vorwürfen gewidmet, die eine Allmacht der Gedanken unzweideutig zur Voraussetzung haben. Georg hat Beziehungen zu einem jungen Mädchen angeknüpft, und dieses ist schwanger geworden. In den letzten Wochen hat Georg eine kleine Erholungsreise gemacht und kehrt zurück, knapp bevor die Wehen bei Anna einsetzen. Das Kind stirbt sofort nach der Geburt; es ist von der Nabelschnur erdrosselt worden. An den Tod seines Kindes schließen sich für Georg Reflexionen, die immer mehr einen unlustbetonten Charakter annehmen. Das Resultat dieser Gedankenreihen wird in einem Gespräch offenbar, das Georg mit seinem Freunde Heinrich Bermann führt. »Ich will Sie was fragen, Heinrich, aber lachen Sie mich nicht aus. Halten Sie es für möglich, daß ein ungeborenes Kind daran sterben kann, daß man es nicht so herbeisehnt, als man es sollte, an zu wenig Liebe gewissermaßen?« Namentlich im Sommer während eines Aufenthaltes an einem schönen See hat er des Kindes und der Mutter vergessen – so vergessen, daß er eine tiefe Leidenschaft für eine andere Frau faßte: »Es gibt Momente«, gesteht er, »da kann ich mich des Gedankens nicht erwehren, daß zwischen jenem Vergessen und dem Tod meines Kindes irgendein Zusammenhang bestehen müßte. Halten Sie so was für vollkommen ausgeschlossen?«

Ein solcher Zusammenhang ist nach unserer psychoanalytischen Einsicht wohl da; er ist nur kein realer, sondern ein psychischer, eine Ver-

Wir wissen jetzt, daß der Schein dieser Merkwürdigkeit sich löst, wenn wir uns sagen, daß alle diese Erscheinungen durch denselben seelischen Mechanismus zustande kommen.

Vgl. *Freud*: »Animismus, Magie und Allmacht der Gedanken«, Imago 1913, und »Bemerkungen über einen Fall von Zwangsneurose«, Jahrbuch für psychoanalytische Forschungen 1909, I. Bd. [1912–13, S. 93 ff. und 1909 d].

knüpfung des seelischen Lebens. Bevor wir aber diesen Zusammenhang des näheren zu erklären versuchen, müssen wir eine literarische Reminiszenz erledigen, die sich uns hier aufdrängt.

In *Ibsens* »Baumeister Solness« ist eine ähnliche Situation. Auch dort Gewissensbisse des Baumeisters, der das Hinsiechen und Sterben seiner beiden Kinder seinem ungebändigten Ehrgeiz zuschreibt. Noch schärfer ist die durch ähnliche Vorwürfe entstandene seelische Stauung in desselben Dichters »Klein Eyolf« geschildert. Allmers sieht in der Hingabe an den Sexualgenuß die tiefere Wurzel für die Verkrüppelung seines Kindes, und der Wunsch Ritas, Allmers' Liebe für sich allein zu haben, ohne sie mit Eyolf teilen zu müssen, geht in grauenhafter Weise in Erfüllung. Schwere Vorwürfe, als hätte ihr Wunsch ihr Kind getötet, bedrücken sie. Diese Motivwiederkehr geht wohl über das Verhältnis literarischer Anlehnung, wie es Literarhistoriker hier konstatieren würden, hinaus und greift über in das der Ähnlichkeit psychischer Konstellationen und Mechanismen. Hier wie dort handelt es sich um den Tod von Kindern, und hier wie dort hat ein geheimer Wunsch, ihrer ledig zu werden, die schwersten Gewissenskämpfe zur Folge.

Daß der Todeswunsch aber nicht nur dem Kinde, sondern auch der Geliebten gelten kann, zeigen Georgs Gedanken während Annas Niederkunft. »Und jetzt liegt sie da unten und stirbt... Er erschrak heftig. Er hatte denken wollen... sie liegt in Wehen, und auf die Lippen gleichsam hatte es sich ihm gestohlen: sie stirbt. Aber warum war er denn erschrocken? Wie kindisch. Als gäbe es Ahnungen solcher Art.«

Auch dieses Versprechen ist durch einen unbewußten Wunsch, Anna möge sterben und ihn so aller Sorgen und aller Verantwortungen entheben, determiniert. Es ist uns in hohem Grade wahrscheinlich geworden, daß jede starke erotische Bindung an eine Person solche Unterströmungen von Haß und Feindseligkeit in sich birgt. Schnitzler hat wiederholt diese Zusammenhänge geschildert. Doch schon *Larochefoucauld* waren sie bekannt: »Plus on aime une maîtresse, plus on est prêt de la haïr.«

Den Grund dieser Wünsche liefert der Mutterboden der Sexualität; sie ist es, die vom Fortpflanzungszweck befreit, Selbstzweck werden will, und gerade das rächt sich und wird gebüßt.[6] Es steckt also hinter allen

[6] Im »Weg ins Freie« ist dieser Wunsch des Helden oft genug mit unzweideutiger Klarheit

diesen Phantasien der Wunsch nach Sexualgenuß ohne Verantwortung, ohne nachfolgende Übernahme von Pflichten. Die Personen dieser Dichtungen benehmen sich, als wäre ihr Wunsch Befehl im Weltenraume. Ihr Wunsch ist nicht nur der Gedanken, er ist auch der Wirklichkeit Vater. Ihre Stellung ist – von dieser Seite gesehen – eine fast göttliche zu nennen. Wir wissen jetzt aus *Freuds* Ausführungen über »Animismus, Magie und Allmacht der Gedanken«[7], daß diese Einstellung tatsächlich den psychischen Ersatz einer ähnlichen Selbsteinschätzung der primitiven Menschen und der Kinder darstellt. Ist nun so die Machtsphäre, die solche Personen sich zuschreiben, eine ungemein große, eine fast göttliche, so zeigen sie durch ihr »sieches Gewissen« (*Ibsen*), daß sie dem Menschlich-Allzumenschlichen nahe genug sind. Denn für die Götter gibt es weder Gut noch Böse, sie plagen weder Skrupel noch Zweifel, nur die Menschen kennen die Hemmungen der Moral und fühlen sich ihr gegenüber für die unheilbringende Macht ihrer Wünsche verantwortlich.

Ein neues Beispiel für die »Allmacht der Gedanken«, das wir den »Marionetten« entnehmen, soll uns tiefere Aufschlüsse über den Zusammenhang dieses sonderbaren Glaubens mit der Dichtung gewähren. In dem Einakter »Der Puppenspieler« erzählt Georg einem Freunde von einer Eisenbahnfahrt: »Es war früh um sechs, ein Wintermorgen. Mir gegenüber sitzt ein Mensch, lehnt in der Ecke und schlummert. Ich kenn ihn nicht, ich hab ihn nie gesehen, er interessiert mich nicht im allergeringsten. Plötzlich geht mir der Gedanke durch den Kopf: ›Stirb!‹ und mit diesem Gedanken seh ich ihn geraume Zeit an. Er schläft weiter und rührt sich nicht. Ich blicke wieder zum Fenster hinaus in die beschneite Landschaft, wie es meine Art ist, und vergesse den Kerl vollkommen. Wir kommen in Wien an. Ich erhebe mich, steige aus, der andere nicht. Der andere bleibt sitzen, regungslos. Ich rufe Leute herbei – man trägt ihn hinaus – er war tot... tot. Die Ärzte nannten es ›Herzschlag‹.« Der zuhörende Freund bemerkt dazu: »Jedenfalls

ausgesprochen. Klingt es nicht wie eine Bestätigung der hier vertretenen Anschauung, wenn von Grace gesagt wird, daß sie nie eine Spur Grauen empfunden habe. »Aber etwas, das diesem Gefühle ähnlich sein mochte, so erzählte sie Georg, hatte sie in der Umarmung von Männern kennen gelernt. Zuerst war ihr das selbst rätselhaft gewesen, später glaubte sie es zu verstehen. Sie war nach der Aussage von Ärzten zur Unfruchtbarkeit bestimmt, und darum mußte es wohl geschehen, daß der Augenblick der höchsten Lust durch dieses Verhängnis gleichsam sinnlos geworden.«

[7] Imago 1913 [1912–13, S. 93ff.].

ein sonderbarer Zufall.« Georg weist diesen Ausdruck als deplaciert ab. »Zufall? – Weißt du denn, wieviel Tag für Tag auf der Welt geschieht, weil es jemand insgeheim wollte? oder auch nur leichtfertig aussprach? Ahnst du etwas von der geheimnisvollen Macht, die in schöpferischen Naturen steckt?«

Der Akzent liegt hier auf den Worten »schöpferischen Naturen«. Freilich ist in diesem Sinne jeder Zwangsneurotiker, der an die »Allmacht der Gedanken« glaubt, eine schöpferische Natur. Doch Georg ist ein Dichter und schon als solcher ein Schaffender. Er ist ein kleiner Gott, der Menschen erstehen, sich lieben, sich vernichten läßt. »Marionetten« sind die Gestalten seiner Phantasie in seiner, des Puppenspielers, Hand.

Er erklärt uns selbst, wie diese Gabe der Phantasieschöpfung mit dem Glauben an die »Allmacht der Gedanken« zusammenhängt und wie sie nur einen schwachen Ersatz für jenen ursprünglicheren Wunsch bildet. Denn einst hat er Eduard und Anna einander zugeführt. »Ihr wart Puppen in meiner Hand. Ich lenkte die Drähte... Und so hab ich – wie es Leuten meiner Art wohl gegeben sein mag – vielleicht noch tiefer gewirkt, als ich wollte... und ich darf wohl sagen: es ist ein edleres Vergnügen, mit Lebendigen zu spielen, als Lustgestalten in poetischem Tanze herumwirbeln zu lassen.« Ähnlich äußert sich Paracelsus:

»Ein anderer spielt mit tollen Abergläubischen,
Vielleicht mit Sonnen, Sternen irgendwer,
Mit Menschenseelen spiele ich.«

So stellt sich uns also die Dichtung als der Wunschausdruck dar, eine versagte Macht, nämlich die, über Menschenschicksale zu gebieten, zurückzuerobern. Wir wissen, daß dieser Wunsch und der geheime Glaube an seine Kraft einem eigentümlichen Stadium der kindlichen Libidoentwicklung, dem Narzißmus, entstammt. Wir alle haben ein Stück dieser kindlichen Einstellung, der die eigene Person als Liebesobjekt gilt, mit ins Leben genommen, und es macht sich auch dann noch geltend, wenn wir unsere Liebe anderen Personen zuwenden. Der Dichter aber hat dem Narzißmus eine besondere Rolle in seinem Seelenleben eingeräumt. Denn sein Gedanke ist wirklich allmächtig; er entscheidet Menschenschicksale, und andere Menschen lachen oder weinen darüber, sind fröhlich oder betrübt durch des Dichters Macht;

andere Menschen glauben an seine Macht – wenigstens von ½8 bis 10 Uhr, solange eben Theatervorstellungen zu dauern pflegen.[8]
Einem so feinen Beobachter wie Arthur Schnitzler konnte das auffällige Phänomen des Narzißmus nicht entgehen. Seine Gestalten, die in ihrer Mehrzahl Künstler sind und die Selbstanalyse meisterhaft ausüben, werden sich dieses Zuges oft bewußt. Der Zyklus »Lebendige Stunden« zeigt in heiterster Weise die Selbstliebe und Selbstbewunderung und kleinliche Eitelkeit der Künstler. Ich erinnere nur an den jungen Dichter im ersten Einakter, der vom Opfertod seiner Mutter hört und darüber nicht für sein Leben gebrochen ist, sondern diesen Tod fast als einen berechtigten empfindet, an die Erzählung Hausdorfers von seinem Amtskollegen, der bei der Leiche seines Kindes Klavier spielen kann, an die satte Zufriedenheit Weihgasts (»Die letzten Masken«), an das par nobile Margarete und Gilbert (»Literatur«).
Durch diesen starken Einschlag von Narzißmus wird auch manches vom Liebesleben Schnitzlerscher Gestalten erklärt. Die Ichbesetzung der Libido ist bei ihnen so mächtig, daß sie anderen Objekten nur Quantitäten kleineren Maßes zu leihen vermag, die sie aber sofort zurückzieht, sobald die Gefahr herantritt, größere Libidomengen verausgaben zu müssen. So wird ein vorsichtiger Börsenspieler geringere Summen riskieren, sich aber sehr besinnen, einen größeren Einsatz zu wagen, wenn er sich nicht bedeutenden und sicheren Vorteil verspricht. Die Übertragung einer dauernden Neigung auf andere Objekte wird ihnen so schwer, daß sie immer mehr und mehr brutale Egoisten zu sein scheinen. Denn alle Erotiker, um die Schnitzler seine Vorgänge abspielen läßt – von dem leichtsinnigen Melancholiker Anatol bis zu Hofreiter –, gehören niemand ganz. Und die Tragik, die in Schnitzlers Werken alternde Lebenskünstler umwittert, besteht eben darin, daß sie den Weg hinab allein gehen müssen.
Hören wir, was ein Künstler, Herr von Sala, im »Einsamen Weg« seinem Freunde, der ebenfalls Künstler ist, vorzuwerfen hat: »Haben wir

8 Bezeichnend genug spricht der Dichter Albertus Rhon seine Meinung darüber aus, wieviel mehr die ihm gewährte »Allmacht der Gedanken«, wie sie sich durch seine Dichtungen realisiert, bedeutet als das Leben mit seinen Zufällen und Hemmnissen. »Mein Lieber, was diese lächerliche Wirklichkeit mit euch vor hat, die sich ohne Regie und Souffleur behelfen muß – diese Wirklichkeit, in der es manchmal nicht zum fünften Akt kommt, weil dem Helden schon im zweiten ein Ziegelstein auf den Kopf fällt, das interessiert mich gar nicht. Ich lasse den Vorhang aufgehen, wenn es anfängt, amüsant zu werden, und lasse ihn fallen in dem Augenblicke, wo ich Recht behalte.«

jemals ein Opfer gebracht, von dem nicht unsere Sinne oder unsere Eitelkeit ihren Vorteil gehabt hätte... Haben wir je unsere Ruhe oder unser Leben aufs Spiel gesetzt, nicht aus Launen oder Leichtsinn... nein, um das Wohlergehen eines Wesens zu fördern, das sich uns gegeben hatte...? Und glauben Sie, daß wir von einem Menschen – Mann oder Weib – irgend etwas zurückfordern dürften, das wir ihm geschenkt hätten? Ich meine keine Perlenschnur und keine Rente und keine wohlfeile Weisheit, sondern ein Stück von unserem Wesen – eine Stunde unseres Daseins, das wir wirklich an sie verloren hätten, ohne uns gleich dafür bezahlt zu machen, mit welcher Münze immer.« Die Künstler in Schnitzlers Werken empfinden eine dauernde erotische Bindung als unverträglich mit ihrem Künstlertume, und ihre Ichbesetzung ist so groß, daß sie auch über ihre Pflichten gegen die Geliebte hinweg ihren Weg gehen, den Weg ins Freie (Georg im »Weg ins Freie«, Heinrich Bermann, Julian Fichtner im »Einsamen Weg«). Die Objekte ihrer Liebe sind ihnen oft nur gerade genug, um Material für ihr Werk zu liefern (Remigio in »Die Frau mit dem Dolche«). Sie fühlen aufs stärkste ihr Bedürfnis nach Unabhängigkeit und Unverantwortlichkeit. So kommt ein Gefühl der Befreitheit beinahe jedesmal über Georg, wenn er von der Geliebten Abschied nahm. »Selbst als er Anna an ihrem Haustor verlassen hatte, vor drei Tagen, an dem ersten Abend vollkommenen Glückes, war er sich früher als jeder anderen Regung der Freude bewußt geworden, wieder allein zu sein.« In einem Gedichte Schnitzlers aus dem Jahre 1893 heißt es: »In uns zog nie ein Selbstvergessen ein, und uns're Lust hat niemals uns entgeistert.«

Wir kehren zur »Allmacht der Gedanken«, wie sie sich uns in vielen Motiven der Schnitzlerschen Dichtung gezeigt hat, zurück. Wir sagten, sie sei aus der Bewahrung der narzißtischen Einstellung zu erklären. Unser Ergebnis muß geeignet sein, uns einige dunkle Punkte in Schnitzlers Werken zu erklären. In »Die Weissagung« prophezeit ein jüdischer Taschenspieler einem Offizier sein ferneres Schicksal, er zeigt es ihm im Bilde. Der Offizier sucht auf jede mögliche Weise seinem frühen Tod zu entgehen und meidet jede Gelegenheit, die ihn in die von dem Bilde gezeigte Situation bringen könnte. Schon glaubt er dem unheilvollen Geschick entgangen zu sein, da er in einem Theaterstück auftreten soll, in dem er das Bild realisiert sieht, ohne für sein Leben fürchten zu müssen. Doch alle Vorsicht ist vergebens: Der Arme wird während der Aufführung vom Schlag getroffen. Es handelt sich hier um einen typischen Fall von »Allmacht der Gedanken«. Das zeigt klar die Vorgeschichte, welche der Unglückliche erzählt. Denn jener Taschenspieler war von einem Kreis von Offizieren verhöhnt worden. Marco Polo – so sein Name – hat darauf einem von ihnen, dem Obersten, gewahrsagt, er werde den Winter nicht erleben. Nach vierzehn Tagen stürzt der Offizier wirklich vom Pferde und bleibt tot. Hier und im zweiten Falle, dem des Freiherrn von Umprecht, hat Marco Polo also mit seiner Weissagung eine Rache genommen für die demütigende Behandlung, die ihm zuteil wurde. Die Prophezeiung reduziert sich im Grunde auf einen unheilbringenden Wunsch Marco Polos, der sich gegen seine Feinde richtet und wirklich in Erfüllung geht. In letzter Linie ist also auch hier der Glaube an die »Allmacht des Gedankens« wirksam. In dieser Erzählung hat der Dichter eine eigentümliche Rolle inne. Ohne Wissen schafft er durch sein Theaterstück jene geweissagte gefährliche Situation. Er selbst ist geneigt, so ungeheuerlich ihm der Bericht des Freiherrn erscheint, ihn für wahr zu halten; »irgend etwas verlangte sogar danach, ihm glauben zu dürfen, es mochte die törichte Eitelkeit sein, mich als Vollstrecker eines über uns waltenden Willens zu empfinden«.[9] Der Dichter teilt also in gewissem Maße den Glauben an die »Allmacht der Gedanken«, sollte er nicht auch die Gefühle, welche jenen jüdischen Taschenspieler zu dem unheilbringenden Wunsche bewegten, bewußt oder unbewußt teilen? Hier ist der Wunsch seines Affektcharakters dadurch entkleidet, daß er sich in die Voraussicht kommender Ereignisse verkleidet. Auch Johanna im »Einsamen Weg« behauptet von sich, sie wisse, daß ihre Mutter bald sterben werde. Ihr Bekenntnis, sie habe die Mutter nicht mehr so lieb, seit diese krank ist, wird psychologisch damit zusammengehalten werden müssen.

In der Analyse von Zwangsneurotikern findet man, daß Wünsche, hinter denen sich feindselige Regungen verbergen, als abstrakte Gedanken, Voraussagungen und Betrachtungen in ähnlicher Weise dargestellt werden. Im »Tagebuch der Redegonda« wird ein Herr im Duell erschossen, weil er in der Phantasie mit der Frau eines anderen alle Phasen einer stürmischen Liebe erlebte. Er fühlt sich für alle Sünden, die er hätte begehen wollen, verantwortlich. Die »Allmacht der Gedanken« tritt besonders dadurch in dieser Novelle hervor, daß auch jene Frau in ihr Tagebuch Aufzeichnungen über das Verhältnis mit dem Herrn, den

[9] Die Verbindung des Allmachtsglaubens mit dem Narzißmus ist hier klar ausgedrückt.

sie in Wahrheit nie gesprochen, schrieb. Es ist so, als hätte der Wunsch des Liebenden auch sie alles Glück und Leid mit ihm erleben lassen. Ich möchte nicht versäumen, hier noch einen schönen Fall der Wunschkraft anzuführen, der im »Leutnant Gustl« zu finden ist. Durch diese Macht wird der dicke Bäckermeister, der das ganze Lebensglück des Leutnants zu zerstören droht, vom Schlage getroffen. Daß dieser Ausgang dem Leutnant so überraschend kam, wird uns nicht daran hindern anzunehmen, daß er ihn unbewußt gewünscht hat.

Ist es dem Dichter möglich geworden, seine Gedanken im Spielraum seiner Werke allmächtig werden zu lassen, so könnte es verwunderlich erscheinen, daß diese Macht sich manchmal dämonisch gegen ihn selbst kehrt. 1889 erschien eine Novelle Schnitzlers »Mein Freund Ypsilon. Aus den Papieren eines Arztes«. Ein studiosus philologiae steht im Mittelpunkte, dem als Dichter die selbstgeschaffenen Gestalten zur drohendsten, lebenzerstörenden Realität werden. Sein Mädchen, eine holde Choristin, kommt weinend zum Erzähler. Der Geliebte ist entflammt für Türkisa, die schönste der Frauen, die irgendwo, von einem Prinzen geliebt, auf einer Insel des Indischen Ozeans lebt. Türkisa muß sterben. Der Dichter kann den Lauf der Dinge, die seine Phantasie gebar, nicht hemmen. Tage- und nächtelang leidet er unter der Voraussicht dieses Todes. Vergebens führt man ihn ins Freie. Gesellschaft und Natur bedeuten ihm nichts. Er muß nach Hause, sein Werk zu vollenden. Am Morgen findet man ihn tot auf der Treppe. Ein Zettel sagt: »Türkisa ist tot. Alles vorüber.« Noch Heinrich Bermann in Schnitzlers letztem Roman sieht sich von den Gestalten eines projektierten Dramas in so lebendiger Weise umringt. Die Phantasiegeschöpfe werden übermächtig.[10] Vergebens schreit der Dichter wie im »Großen Wurstel«:

> Das Spiel ist aus! Was für ein toller Spuk!
> Wer schützt mich vor den eignen Scheingestalten?
> Hinweg mit euch. Es ist genug!
> Wagt nicht, selbständig hier im Raum zu walten.
> Und wenn ich so viel Seel euch eingeblasen,

[10] Es ist dies ein häufiges Phänomen bei Dichtern. Auch *Flaubert, Balzac, Dickens, Poe, Kleist, E. T. A. Hoffmann* berichten davon. Vgl. »Introjektion und Projektion« von S. *Kovacs* im »Zentralbl. f. Psychoanal.« 1912 [S. 253–263, S. 316–327] und *Reik* »Dichtung und Psychoanalyse«, »Pan«, 1912 [Nachdruck in: Urban, 1973, S. 11–18].

Daß ihr nun euer eignes Dasein führt,
Ist dies höchst frech' und unvernünft'ge Rasen
Der Dank, der meiner Schöpferkraft gebührt?

Wie ist nun die »Allmacht der Gedanken«, wie wir sie als richtunggebend in der Dichtung erkannt haben, mit der Macht, die des Künstlers selbstgeschaffene Gestalten auf ihn ausüben, zu vereinen? Ich vermute, daß hier die Grenze zu suchen ist, an der Dichtung und Neurose zusammenstoßen. Wir wissen, daß der Dichter eigene Regungen, denen sein Bewußtsein den sonstigen Ausgang sperrt, durch den seelischen Mechanismus der Projektion nach außen stellt, objektiviert. Auch die Paranoiker tun dasselbe, auch sie sehen sich von den eigenen Regungen, die Personen geworden sind, umringt. Nur fehlt ihnen die intellektuelle Kritik, die Personifizierungen als solche zu erkennen. Bei dem Dichter, dem die eigenen Gestalten bedrohlich werden, wehrt sich die Kritik gegen dieses Lebendigwerden und sucht es als »Spiel der Einbildungskraft« – wie *Kant* sagen würde – zu erkennen. Dennoch läßt sich der Pfad, der von solcher Selbstherrlichkeit der Phantasiegeschöpfe zum Wahne der Paranoiker führt, nicht verkennen. Hier ruhen, wie mir scheint, die seelischen Wurzeln jenes Schwankens zwischen Wirklichkeit und Phantasie, zwischen Schein und Realität, zwischen Wachen und Traum, das den Dichtungen Arthur Schnitzlers so oft die charakteristische Note gibt.
Wir wissen auch, daß die Regungen, welche den Dichter zum Personifizieren zwingen, selbstsüchtige und sexuelle sind, die mit seinem moralischen Bewußtsein unverträglich sind. Das Lebenannehmen, das Schwinden des Scheincharakters bedeutet nichts anderes, als das Übermächtigwerden dieser unbewußten Strebungen. Es zeigt, daß sie gegen den Willen des Dichters Macht über ihn gewinnen wollen. Mit einem Wort: daß die Dichtung als seelische Abzugsquelle nicht mehr genügt und sie sich dennoch durchsetzt.
Wir sind von eigentümlichen typischen Motiven der Schnitzlerschen Dichtung und ihrer Analyse ausgegangen und haben uns fast in ihr zentrales Gebiet vorgewagt, das die Unverträglichkeit selbstsüchtiger und sexueller Wünsche und der Selbsterziehung zu sozialem Leben zeigt. Konnten wir die »Allmacht der Gedanken« auf narzißtische Einstellung des Dichters, auf die Libidobesetzung des Ich zurückführen, so bleibt uns die Aufgabe, zu zeigen, welche Mittel zur Überwindung die-

ses Glaubens und dieser Einstellung herangezogen werden. Wir haben zu beweisen gesucht, daß sich hinter der »Allmacht der Gedanken« sogenannte »böse« Regungen verbergen. Als ein Versuch, sich mit diesen Regungen auseinanderzusetzen, sie als allgemein menschliche zu erkennen und der bewußten Verurteilung zum Zwecke der Sublimierung zu unterwerfen, stellt sich der Determinismus dar, der die größere Hälfte der Schuld den unglückseligen Gestirnen zuwälzt.

Georg im »Weg ins Freie« hat sich die schwersten Vorwürfe gemacht, als ihm das Kind – wie er glaubte durch seinen eigenen Wunsch – entrissen wurde. Er beruhigt sich durch die Erkenntnis:

»Irgendein Gesetz ist wirksam, unbegreiflich, unerbittlich, an dem wir Menschen nicht rütteln können. Wer darf klagen: warum gerade mir das? ... Ein bis zwei Prozent trifft es eben, das ist die himmlische Gerechtigkeit. Die Kinder, die da drüben im Garten lachten, die durften leben. Durften? Nein, sie mußten leben, so wie das eine hat sterben müssen nach dem ersten Atemzug, bestimmt, von einer Dunkelheit durch ein sinnloses Nichts hindurch einzugehen in eine andere.« Mit ungleich größerem Scharfsinn versucht Georgs Freund, Heinrich Bermann, sein eigenes Schuldbewußtsein, das sich auf einen ähnlichen Wunsch bezieht, abzuwälzen: »Ja, ich hab mich ohne Schuld gefühlt. Irgendwo in meiner Seele. Und wo anders, tiefer vielleicht hab ich mich schuldig gefühlt... und noch tiefer wieder schuldlos. Es kommt immer nur darauf an, wie tief wir in uns hineinschauen. Und wenn die Lichter in allen Stockwerken angezündet sind, sind wir doch alles auf einmal: schuldig und unschuldig, Feiglinge und Helden, Narren und Weise.« Dieses Schuldbewußtsein loszuwerden, zurückzukehren in die allgemeine soziale Ordnung – dafür bietet der Fatalismus einen Ausweg. Einige Beispiele mögen zeigen, wie oft Schnitzlers Personen diesen Ausweg aus den sie bedrängenden Konflikten betreten.

»Nicht wir sind's, die unser Schicksal machen, sondern meist besorgt das irgendein Umstand außer uns, auf den wir keinerlei Einfluß zu nehmen in der Lage waren« (»Weg ins Freie«). »Niemand hat die Wahl – es fällt uns zu« (»Frau mit dem Dolche«). »Ist denn ein Mensch je eines andern Schicksal? Er ist immer nur das Mittel, dessen sich das Schicksal bedient« (»Ruf des Lebens«).

Wenn hier überall das Schicksal die Verantwortung für die Taten der Menschen übernehmen muß, so erklärt sich das als eine psychische Verschiebung, die das eigene Schuldbewußtsein bewirkt hat, um Erleichterung zu finden. Die Struktur der Werke des Dichters zeigt jenen tiefen Glauben an ein Fatum, das unberechenbar und unerbittlich über den Menschen waltet. Es scheint, als wäre auch die Verfolgung dieser seelischen Wege Aufgabe einer Metapsychologie im Sinne *Freuds*.

Wir werden vermuten, daß die Probe auf die Fruchtbarkeit unserer bisherigen psychologischen Erkenntnisse darin liegen wird, daß sie uns tiefere Einsicht in das Wesen der Dichtung Arthur Schnitzlers gewähren werden. Es müßte durch die Aufklärung, die wir ihnen verdanken, auch manches dunkel Scheinende in seinen Werken erhellt werden. Ein kleines Beispiel dieser Art: Etzelt redet dem jungen Medardus zu, er möge seine Waffe ablegen. Doch Medardus erklärt, er werde sich wohl hüten, dies zu tun, »denn dann geschähe etwas grausam Törichtes. Ein Kind fände meinen Dolch und erstäche seine Geschwister im Spiel, oder eine glückliche Braut ritzte sich aus Versehen die Hand... und es träte ein Brand zu der kleinen Wunde«. Erinnern wir uns eines sonderbaren Phänomens, das mit der »Allmacht der Gedanken« im engsten Zusammenhang steht und erst jetzt durch Professor *Freuds* Ausführungen seine Dunkelheit verloren hat: des Tabuglaubens.[11] Ebenso wie der junge Medardus würde ein Maori oder ein Zwangsneurotiker, dem diese Waffe Tabu ist, sich benehmen. *Freud* führt in seiner letzten Arbeit eine Tabuvorschrift an, die verbietet, scharfe Waffen im Hause zu halten. So wie dieses Verbot, so wird sich auch die Antwort des jungen Helden auf unbewußte feindselige Regungen stützen und seine Weigerung, die Waffe fortzuwerfen, auf die Furcht, daß diese unbewußten Wünsche realisiert werden könnten.

Eine Novelle »Das Schicksal des Freiherrn von Leisenbogh« scheint mir in der Verbindung der Tabueigentümlichkeiten und des Glaubens an die »Allmacht der Gedanken« die letzten Wurzeln zu haben.

Ein reicher Adeliger wartet acht Jahre auf Erhörung seiner Liebe, die er einer jungen, heißblütigen Schauspielerin geschenkt. Doch sie zieht ihm eine Menge Liebhaber vor, immer ist ein Grund vorgeschoben, warum sie diesen und nicht ihm ihre Gunst gewährt hat. Endlich schenkt sie dem überraschend geduldigen Verehrer eine Liebesnacht. Zu seiner Bestürzung aber ist sie am nächsten Morgen abgereist. Lange Zeit hernach erfährt er von einem der späteren Geliebten des Mädchens, daß ein Fürst, mit dem Kläre innige Beziehungen verbanden, in

11 Imago 1912 [1912–13].

seiner Sterbestunde den verflucht habe, der zum erstenmal nach ihm das Mädchen umarmt. Der Freiherr von Leisenbogh war dieser Unglückliche, und die ihm gewährte Nacht sollte ein Schutzmittel für einen späteren Seladon sein. Bei dieser Nachricht stürzt der Freiherr vom Schlage getroffen vom Sessel. »Die Allmacht der Gedanken« zeigt sich in jener Nachwirkung des Fluches. Kläre ist eben Tabu gewesen. Das beweist nicht nur der Tod des Freiherrn, sondern auch das Sterben ihres früheren Geliebten und ihr langes Zögern dem Freiherrn gegenüber. Psychologisch werden wir den Tatbestand so rekonstruieren, daß wir annehmen, der *Freiherr* habe den früheren und späteren glücklicheren Liebhabern des Mädchens den Tod gewünscht und erleide ihn nun selbst als Buße seines feindseligen Wunsches. Wie stark aber bei geistig hochstehenden Menschen der Glaube an das Fortwirken eines Fluches (und an die »Allmacht der Gedanken«) ist, das beweist die reizvolle Episode, die *Goethe* von den beiden Straßburger Tanzmeistertöchtern Luzinde und Emilie erzählt.[12] Beide liebten den jungen Dichter, und die eine von ihnen küßt ihn und verflucht diejenige, welche nach ihr seine Lippen berühren wird, um der Schwester jede Liebesmöglichkeit abzuschneiden. Die Wirkung jener erregten Szene bei *Goethe* war eine tiefe und nachhaltige: »Seitdem jenes leidenschaftliche Mädchen meine Lippen verwünschet und geheiligt (denn jede Weihe enthält ja beides), hatte ich mich, abergläubisch genug, in acht genommen, irgend ein Mädchen zu küssen, weil ich solches auf eine unerhört geistige Weise zu beschädigen fürchtete.«

Eine kurze, aber, wie mir scheint, bedeutungsvolle Skizze Schnitzlers, »Die dreifache Warnung«, enthält eine geradezu klassische Darstellung des Tabumotives.

Dem Jüngling prophezeit eine dunkle Gewalt, er werde, wenn er einen Felsenaufstieg wagte, einen Mord begehen, über sein Vaterland Verderben bringen und den Tod erleiden.[13]

12 »Dichtung und Wahrheit«, 3. Teil, 4. Buch.

13 Wir haben schon vorher auf diese Symbolik bei Schnitzler hingewiesen. Es scheint, daß auch hier die Besteigung des Felsens dem Geschlechtsakte gleichzusetzen ist und das Verbot des Geistes also einen sexuellen Wunsch des Jünglings betrifft. Während der Korrektur dieser Arbeit erschien Schnitzlers »Frau Beate und ihr Sohn«. Auch dort ist in einem Gespräch zwischen der Heldin und Dr. Bertram von einem Felsenaufstieg, seinen Gefahren und Reizen, die Rede, und der Dichter hat uns über den Sinn desselben nicht im Zweifel gelassen, da er das Gespräch den Charakter einer Verführungsszene tragen ließ.

Diese Prophezeiungen erfüllen sich auch. Die dreifache Warnung würde etwa dem entsprechen, was wir Bewußtsein zu nennen pflegen. Sie ist die zensurierende Gewalt der Moral, die den ungestümen Wünschen des Jünglings Halt gebietet. Beachten wir das System, das den Aufstieg des Kühnen mit den vorhergesagten unheilvollen Wirkungen verknüpft, so ergibt sich beispielsweise folgendes: Der Jüngling hat durch seinen wilden Atem einen Schmetterling verjagt, von dem die Raupe stammen wird, die übers Jahr über den Nacken der jungen Königin kriechen und sie so jäh aus dem Schlummer wecken wird, daß das Kind, das sie unter dem Herzen trägt, hinsiechen muß und statt des rechtmäßigen Erben des Königs lasterhafter Bruder die Regierung übernimmt und das Vaterland des Jünglings ins Verderben stürzen wird. Ich gebe hier ein Beispiel der Symptomhandlungen eines Zwangsneurotikers, um den Vergleich des Geisterausspruches und der früheren Weigerung des Medardus zu ermöglichen. Ein Patient erzählt: »Ich wasche mir die Hände, weil ich sie früher in die Tasche gesteckt habe, in der ein Taschentuch war, welches ich am Tage vorher mit der Hand berührt hatte, die am Winterrock angekommen war, den ich mit einem Handschuh berührt hatte, den ich getragen, als ich einem jungen Mann die Hand gereicht, der eben von der Waffenübung aus Czernowitz zurückgekehrt war und dort mit syphilitischen Offizieren verkehrt haben könnte.«

Die Analogie zwischen Aufbau und System der Verbote und Wirkungen in beiden Fällen ist frappant. Doch sie geht weiter: Sowohl im Symptomenkomplex des Zwangsneurotikers als in den Folgen des Felsenaufstieges erscheint im Mittelpunkte die Berührung. Der Jüngling hat einen Mord auf dem Gewissen, denn er hat einen Wurm zertreten; er hat Unheil über sein Vaterland gebracht, denn sein Atem hat den Unglück bringenden Schmetterling ostwärts zum königlichen Garten getrieben, und er geht selbst zugrunde, weil er einen Felsen betreten, von wo es keinen Abstieg gibt. Der ganze Vorgang, wie die Sorgen des jungen Medardus in bezug auf seinen Dolch erinnern an die Erscheinungen des délire de toucher.

Unheil bringt der Jüngling über andere, weil er das Tabuverbot, die Warnung des Geistes, nicht beachtet. Psychologisch ist der Hergang umgekehrt wie in der »Dreifachen Warnung«. Dort steht der eigene Tod in der letzten Reihe und die fürchterlichen Folgen für das Vaterland in erster. Auch beim Zwangsneurotiker gelten die Befürchtungen, welche

sich auf die Folgen seines Handelns beziehen, bewußterweise den anderen. Doch läßt sich regelmäßig zeigen, daß der Neurotiker diese Folgen ursprünglich als ihm selbst drohende abwehrt.[14]
Wir wissen aus dem seelischen Mechanismus der Zwangsneurose, daß solchen Verboten immer die Abwehr von Unheilsvorstellungen zugrunde liegt. Ich werde noch zu zeigen haben, welcher Art die Unheilsvorstellungen in der Dichtung Arthur Schnitzlers sind und wo sie ihren verborgenen Ursprung haben. Ich möchte nur auf das große, alles überschattende Problem des Todes und seine ständige Verknüpfung mit dem der Sexualität wie auf einen Wegweiser aufmerksam machen.

[14] Die Skizze würde demnach dem dichterischen Ausdruck einer zwanghaften Befürchtung gleichkommen, die etwa so dargestellt werden kann: Wenn du diese Frau berührst, wirst du Unheil über dich und alle bringen.

Das Problem des Todes

> JOHANNA Warum reden Sie denn vom Sterben?
> SALA Gibt es einen anständigen Menschen, der in irgendeiner guten Stunde in tiefster Seele an etwas anderes denkt?
>
> *Der einsame Weg*

Es ist wiederholt ausgesprochen worden, daß alle Werke Schnitzlers sich um Tod und Liebe drehen. Bei näherem Zusehen enthüllen sich diese Bestimmungen als Banalitäten. Tod und Liebe sind ewige Probleme; es gibt keinen Dichter, den sie nicht beschäftigten. Besser als solche literarische Rubrizierungen, die nur den Zweck haben, Werke mit Etiketten zu versehen, wäre es, in die besondere Art der Verknüpfung und Gestaltung der Probleme bei dem einzelnen Dichter einzudringen. Dieser Versuch wurde bisher nicht gemacht. Es scheint mir, als wären die folgenden Ausführungen geeignet, Beiträge zum psychologischen Verständnis des Problems zu bringen, wenn ich mir auch bewußt bin, nicht seine ganze Tiefe erschöpft zu haben.

Die Beschäftigung mit dem Thema des Todes, welches alle Werke unseres Dichters durchzieht, zeigt vornehmlich ein intellektuelles Gepräge. Die gemütliche Seite tritt – namentlich in seinen späteren Arbeiten – dahinter zurück. In dem Abschnitt über die »Allmacht der Gedanken« glauben wir bewiesen zu haben, daß die Gedankenreihen, welche sich auf dieses Thema bezogen, von unbewußten Todeswünschen ausgehen. Diese Wünsche richten sich gegen teure, ja geliebte Personen ebensosehr wie gegen Fremde. Diese auf den ersten Blick befremdende Erscheinung konnten wir dann – durch die Aufklärung des Glaubens an die »Allmacht der Gedanken« – auf eine besondere Einstellung zurückführen, welche dem zwangsneurotischen Seelenzustand nahekommt. Das Grübeln über den eigenen herannahenden Tod und über den der andern macht einen großen Teil des Gedankenlebens jener Psychoneurotiker aus. Als die letzten Wurzeln dieser übermäßigen Be-

schäftigung mit dem Thema des Todes sind jedesmal böswillige Rachewünsche aufzufinden. Als Kompensation stellt sich bei ihnen erhöhtes Leid über den Tod anderer oder ernsteste Besorgnisse – sogar bei der Krankheit völlig Fremder – ein.
Die Todeswünsche der Neurotiker haben ihren Hauptgrund darin, daß der Tod ihre seelischen Konflikte (mancherlei Art) zur Lösung bringt. Es gibt wohl für uns Gesunde einen andern Weg, um uns aus schwierigen Situationen zu führen: das Handeln. Doch diese Nervösen müssen auf den Tod einer sie hindernden Person lauern, weil sie der Entscheidung durch die Tat (besonders in Beziehungen der Liebe) nicht fähig sind.
Wir wollen nun an der Hand eines jener wiederkehrenden Motive, an deren seelische Determiniertheit in dichterischen Werken wir glauben müssen, beweisen, daß das Thema des Todes mit feindseligen Wünschen gegen eine geliebte oder mindestens nahestehende Person zusammenhängt.[1]
In Alfred, dem Helden der Novelle »Der Mörder«, taucht der Wunsch auf, sich seiner sanften Geliebten zu entledigen, um frei für die bevorstehende Heirat zu sein. Er kauft Gift, und sie trinkt es ohne Argwohn. Schon hier bestätigt der Dichter unsere Einsicht, daß Todeswünsche dann aufzutauchen pflegen, wenn man der Entscheidung durch die Tat nicht fähig ist. Denn Alfred hat die Wahl zwischen zwei Liebesobjekten zu treffen und kann sich nicht dazu entschließen, sich von dem klugen und liebenden Geschöpf, das nichts von seinem Verrat weiß, auf andere Art zu trennen. Auch Marie im »Ruf des Lebens« gibt ihrem Vater Gift, weil sie keinen andern Ausweg weiß, um sich aus dem sie beengenden Konflikt zwischen der Pflicht ihrem Vater gegenüber und dem eigenen Lebenswillen zu befreien. Heinrichs, des jungen Dichters, Mutter nimmt freiwillig Morphium, um ihrem Sohn wieder zur Arbeit und zur Lebenslust zu verhelfen – obwohl sie noch manches Jahr ruhig und sorglos an der Seite eines Freundes hätte weiterleben können. Wir werden aus dem Geständnisse Heinrichs, daß er sich oft gefragt, warum denn die kranke Mutter soviel Martern dulden müsse, wenn sie ihnen doch selbst ein Ende setzen kann, schließen müssen, daß er diesen Aus-

1 Dr. Hanns Sachs hat in seinem Aufsatze über die »Motivgestaltung bei Schnitzler« viele dieser Motive gesammelt und auf ihre psychische Determiniertheit hingewiesen. Imago, II. Jahrg., Heft 3 [Nachdruck in: Fischer, 1980, S. 85–103].

gang als erwünschten anerkannt. Ja, als er erfährt, die Mutter sei seinetwegen gestorben, will er nur den Beweis versuchen, daß sie nicht umsonst gestorben. Wie Alfred im »Mörder«, so will auch Filippo Loschi der Geliebten Gift in den Becher schütten. Auch Marie in »Sterben« fürchtet, daß der Geliebte sie durch Vergiftung mit in den Tod nehmen könnte.

Es ist sicher, daß alle diese Beispiele mit Phantasien ihres Dichters irgendwie zusammenhängen, in denen der Giftbecher eine große Rolle spielt. Gedanken und Wünsche, die im Seelenleben des Dichters auftauchen, werden zu Taten – allerdings nur in seinen Werken. Auch der Zwangsneurotiker ersetzt die Tat durch den Gedanken. Doch der wesentliche Unterschied zwischen dem Dichter und dem Neurotiker wird erst aus dem verschiedenen Verhältnis, das beider Phantasien ihrer Wirkung nach haben, klar. Während das Zwangsdenken, welches ebenso wie die Beschäftigung des Dichters mit seinem Stoff regressiv Taten vertritt, völlig unsozial ist, ja als ein Mißbrauch des Denkens bezeichnet werden muß, ist das in feste Formen gebrachte Phantasiegebilde des Dichters oder Philosophen geeignet, auf uns zu wirken, uns die Illusion des Lebens und der Notwendigkeit zu geben, ja alle unsere latenten Gefühle zu entbinden. Ein Zug in unseren Beispielen zeigt uns noch mehr oder weniger deutlich, daß der seelische Akzent bei den Vergiftungen mehr auf dem Wunsch als auf der Ausführung ruht. Das Gift wird im Schlaftrunk genommen, und es wird ein natürliches Ende vorgetäuscht, was auch den Mördern oder Selbstmördern gelingt. Noch ein Zug fällt uns auf: daß an dem Tode dieser Personen mittelbar oder unmittelbar solche Schuld tragen, die mit ihnen durch Bande der Liebe und der Freundschaft verknüpft sind. Wir verweisen auf das über die Ambivalenz Gesagte, um das erklärlich zu machen.

Wir haben schon darauf hingewiesen, daß in Georg (»Weg ins Freie«) Todeswünsche gegen die Geliebte und sein Kind aus den Tiefen der Verdrängung emporsteigen. Ein unscheinbares Detail zeigt auch im »Einsamen Weg«, daß Herr von Sala ähnliche Wünsche gehegt, die sich auf seine Frau bezogen. Irene spricht nämlich mit Bestimmtheit die Ansicht aus, daß der Dichter seine junge, schöne Frau umgebracht hat. Psychologisch hat wohl dieses Gerücht – wie bei Schnitzler immer – recht: denn es kann sich auf die starken feindseligen Unterströmungen stützen, welche jeder erotischen Bindung eigen sind. Wir nähern uns dem wahren Zusammenhang, wenn wir uns erinnern, daß Herr von

Sala zu jenen Gestalten gehört, welche den Wunsch verspüren, das geliebte Wesen mit in den Tod zu nehmen. Lauernd fragt er Johanna, ob sie mit ihm die lange Reise, die seiner wartet, mitmachen will. Filippo fordert dasselbe von dem lebensfreudigen Mädchen, das sich ihm gegeben. Oft taucht in dem Schwindsüchtigen der feinen psychologischen Studie »Sterben« eine Regung auf, die ihn dazu verleiten will, die Geliebte (und Gehaßte) mit sich in das sichere Ende zu nehmen.
Noch der Held im »Großen Wurstel«, der wie eine parodistische Selbstironie des Filippo Loschi erscheint, richtet an sein süßes Mädel die Frage, ob sie Mut zum Sterben hat.
Auch in Frau Beate keimt der Entschluß, den geliebten Sohn mit sich zu führen in das dunkle Land, in dem sie vergessen will, wohin die dunkle Triebgewalt geführt.
Gewiß tritt hier überall die unbewußte Haßregung gegen die Geliebte nicht so sehr hervor als die Angst, allein zu sterben. Und diese Angst erweist sich als berechtigt. Zum letzten Male, knapp vor dem Ende, fragt Felix die Geliebte, ob sie mit ihm gehen will. »Nein, nein«, schreit sie und läuft hinaus, in wahnsinniger Furcht. (»Sterben«.) So verläßt, von Angst gepeinigt, die Frau in jener Novelle vom Wagenunfall den toten Geliebten, um zurück zum Leben, zum Glück zu fliehen. Von derselben Angst und erwachenden Lebenslust wird Beatrice an der Leiche Filippos ergriffen. Nur ein Gedanke ist in ihr: Leben! Die Beatrice in Miniaturgestalt, Liesl im »Großen Wurstel«, weist das fürchterliche Ansinnen ihres Geliebten ohne weiteres zurück: »Nein – fällt mir nicht ein – ich bring mich nicht um.«
Die Angst, allein sterben zu müssen, hat ihre psychischen Gründe: das Bewußtsein, mit keinem menschlichen Wesen ganz verbunden zu sein, sich niemand ganz gegeben zu haben. Diese Liebenden werden allein im Tode gelassen, weil sie selbst die geliebten Personen allein gelassen haben. Wir werden so wieder zur narzißtischen Einstellung zurückgeführt, die wir als eine Grundtendenz im Seelenleben der Schnitzlerischen Gestalten angenommen haben. Herr von Sala, der für gemessene Entfernungen in allen menschlichen Beziehungen ist, dem selbst die Geliebten, Frau und Kind und Freund, nicht soviel bedeuten als anderen Menschen, erklärt uns selbst diese Stimmung (mit Worten, die ebenso tief wie wahr sind). »Es graut Ihnen vor der Einsamkeit«, ruft er dem Freunde zu. »Und wenn Sie eine Frau an Ihrer Seite hätten, wären Sie heute nicht allein? ... Und wenn Kinder und Enkel um Sie lebten,

wären Sie es nicht? ... Und wenn Sie sich Ihren Reichtum, Ihren Ruhm, Ihr Genie bewahrt hätten – wären Sie es nicht? ... Und wenn uns ein Zug von Bacchanten begleitet – den Weg hinab gehen wir allein... wir, die selbst niemandem gehört haben.«

Immer wieder erhebt sich in den Gestalten Schnitzlers dieser Vorwurf. Auch Georg Wergenthin fühlt es stark, daß er Anna nicht genug geliebt. Sie könnte ihm vorwerfen, daß auch die glühendsten Küsse, die schönste Zeit ihres Seligseins, ihre gemeinsamen Erlebnisse und Eindrücke, daß das alles nichts bedeutet, »da du mich doch immer allein gelassen hast, ... allein auch in dem Augenblick, da mein Leib den Keim des Wesens eintrank, das ich neun Monate in mir getragen...« Ein großes Stück des kindlichen Liebeslebens hat sich bei diesen Personen als der Sublimierung und Verdrängung unzugänglich erwiesen. Selbst in der glühendsten Liebe spüren sie noch immer, daß sie sich nicht ganz geben können, daß der größte Teil ihrer Libido dem eigenen Selbst gilt. Zu den Schuldgefühlen, die aus anderen Quellen stammen, kommt dieses verstärkend hinzu, das oft sich zum Bewußtsein durchringt. Es hat schon früh seine Wirksamkeit in den Gestalten Schnitzlers begonnen. Denn schon Anatol behauptet, daß das seltsame Gefühl der Schuld das Geheimnis der Schmerzen ist, welche er bei dem Abschied von einer Geliebten empfindet. Er spürt nicht so sehr die Trennung selbst tragisch, sondern das Nichteinhalten eines unausgesprochenen Versprechens: »Hatten wir nicht die Verpflichtung, die Ewigkeit, die wir ihnen versprachen, in die paar Jahre oder Stunden hineinzulegen, in denen wir sie liebten? Und wir konnten es nie, nie! Mit diesem Schuldbewußtsein scheiden wir von jeder – und unsere Melancholie bedeutet nichts als ein stilles Eingeständnis.« Neben der Einstellung zwischen Liebe und Haß mußten wir auch die eigene Angst vor dem Alleinsterben für die Todeswünsche dieser Personen verantwortlich machen. Wir konnten zeigen, daß ihre Todesangst zu einem großen Teil auf einem Schuldbewußtsein basiert, das der unbewußten oder bewußtgemachten Selbstliebe entstammt.

Nehmen wir dieses Schuldbewußtsein als den Ausgangspunkt unseres weiteren Weges, der uns zunächst von den Sterbenden weg zu den Überlebenden führt.

Auch die Personen, welche an der Leiche einer teuren Person stehen oder später der Toten gedenken, fühlen undeutlich oder stärker Unlustgefühle, die wir nur als mißverstandene Schuldgefühle auffassen müssen. Wir könnten uns sonst die tiefe Trauer nicht erklären, welche Ferdinand Neumann über den Tod eines nur flüchtig Bekannten erfaßt, so daß er vier Wochen in stillster Zurückgezogenheit verlebt hat (»Der tote Gabriel«). Er fühlt es als Schuld, daß Gabriel sterben mußte, und nicht einmal eines Freundes Aufklärung, daß ihm in dieser ganzen Sache nur die Rolle eines Prinzips zufalle, kann ihn davon befreien. Und wohl dasselbe Schuldgefühl zeigt sich auch bei Irene, dem seltsamen Wesen, welches Gabriel so sehr geliebt hat. Zeigt sich darin, daß sie vergnügt und wie mit einer Überwindung innerer Vorwürfe auf einem Balle leise sagt: »Er ist tot – und wir zwei sind da.« Ein schönes Beispiel der Verschiebung des Affektes auf ein Kleinstes, welcher Vorgang uns aus der Neurosenlehre hinlänglich bekannt ist, bietet die Reue und Trauer des Helden in »Blumen«. Er wird von den Blumen, welche seine von ihm verlassene Geliebte ihm vor ihrem Tode geschickt hat, seltsam angezogen. Sie scheinen ihm von einem Spuk umgeben, ein Rufen aus dem Grabe zu sein. Sie wollen reden und klagen. Wie die Schilderung eines Symptomes von Zwangsneurose klingt es, wenn er erzählt: »Sie machen mich krank, diese toten Blumen. Ich kann es zuweilen nicht aushalten. Ich stürze davon. Und mitten auf der Straße packt es mich dann, und ich muß zurück, muß nach ihnen sehen.« Bei der Zwangsneurose wird der eigentliche Grund des eigenen Schuldbewußtseins verdrängt und die daraus stammenden Affekte auf einen anscheinend ganz disparaten Inhalt bezogen. Es lassen sich aber immer die Assoziationen und Gefühlsbahnungen durch die Psychoanalyse wieder aufdecken, welche bei dieser Verschiebung entscheidend waren. Der Neurotiker in dieser Novelle z. B. hat vor den Blumen geweint, »wie man auf einem Grabe weint und habe gar nicht an die gedacht, von der sie eigentlich kommen«. Tiefe Scham ergreift den Liebhaber in »Ein Abschied«, denn immer sieht er das fremde, verächtliche Lächeln auf dem Gesicht der toten Frau vor sich. Es ist ihm, als habe die Geliebte ihn von ihrem Sarge gejagt, weil er sein Verhältnis nicht ihrem Manne gestanden, weil er sie verleugnet hatte. Der Frau in »Die Toten schweigen« ist es, als hielte sie etwas bei dem Geliebten zurück, »der Tote ist es, der sie hier behalten will, und es graut ihr vor seiner Macht... Es ist ihr, als ob sie vor dem bleichen Mann fliehen müßte, der dort weit hinter ihr, neben dem Straßengraben liegt.« Als Georg Wergenthin ein Gespräch mit dem Arzte Stauber über seine Beziehungen mit Anna hat und der Arzt von Georgs Vater spricht, erscheint sich Georg dem Dahingeschiede-

nen gegenüber »seltsam schuldvoll« und schwört sich selbst, dessen Andenkens würdig zu werden.
An einem Abend stehen Felician und Georg vor dem Fenster ihrer Wohnung, und es durchschauert sie beide bei dem Gedanken, »daß sie heute den ganzen Tag so lebensfroh hingebracht hatten, ohne sich mit Schmerzen des geliebten Mannes zu erinnern, der nun unter der Erde lag«. Auch die tiefe Wirkung des Todes Korsakows auf Hofreiter und sein steter Vorwurf, daß Korsakow nicht hätte sterben müssen, wenn Genia weniger tugendhaft gewesen wäre, deutet auf ein verstecktes Schuldbewußtsein hin. Diese Personen kommen nicht zum Genusse der Gegenwart, weil die Schuld böser Wünsche der Vergangenheit auf ihnen lastet. Wie ein Vorwurf wirkt ihre eigene immanente Lebenslust auf sie. Wie Gespenster schleichen sie durch die Welt, mit Grauen vor sich selbst in der Seele. Marie (»Ruf des Lebens«) muß sich selbst fragen, wie sie nur den Duft der Wiese einsaugen, auf blühender Wiese liegen und das Ungeheure, was sie verbrochen, auf Minuten nur vergessen kann. Wenn aber wieder die schrecklichen Bilder der Vergangenheit aufsteigen, da schreit's ihr in der Seele: »Was bist du für ein Wesen, das aus einem solchen Schicksal wieder emportaucht wie aus einem wilden Traum? Und wacht und lebt? – sich sehnt, zu leben?« Dieselben Vorwürfe, welche hier die Tage Mariens stören, dasselbe Staunen klingt uns manchmal bei Schnitzler aus dem Munde anderer Menschen entgegen, denen Teuerste gestorben, und die dennoch weiterleben können, Freude an ihrem Leben finden. Und dasselbe Schuldbewußtsein liegt für den Überlebenden in diesen Fragen: in denen z. B. die Hausdorfer Heinrich stellt, dem seine Mutter starb und der wie befreit sich der Arbeit zuwendet. Helene und Nerina (»Medardus«) spielen mit den Federbällen an dem Tage, da der junge Prinz von Valois begraben wurde. Die Herzogin bemerkt ruhig: »Und heute morgen begruben sie deinen Bruder!« Unbegreiflich findet es Johanna, daß Sala sich ein Haus baut und seltsame Verse schreibt, da »Menschen, die Ihnen so viel gewesen sind, schon seit sieben Jahren unter der Erde liegen und verwesen – und Sie sind beinahe noch jung«. Die Antwort dieser Personen auf solche mehr oder minder versteckte Vorwürfe sind auf denselben Ton gestimmt. Heinrich sagt Hausdorfer, auch er lebe ja weiter, und Helene behauptet, daß es für den Toten gleichgültig sei, ob sie Federball spiele oder trauere, und Herr von Sala erinnert an ein Wort Omars: »Du, der du weiter lebst, laß ab zu weinen!«

Es klingt wie eine Abwehr des Vorwurfes, den andere und sie selbst sich gemacht haben. Das Schuldbewußtsein dieser Personen ist dem der Zwangsneurotiker sehr ähnlich. Betrachten wir gleich unser erstes Beispiel: die extreme Trauer Ferdinands nach dem Tode eines flüchtig Bekannten. Wir würden sagen, die Trauer sei zu groß und der Selbstvorwurf zu drückend, als daß sie dem Anlasse gemäß wären. Denn wie Treuenhof richtig bemerkt, würde Ferdinand ohne Schuld sein, wenn auch Wilhelmine ihn Gabriel vorgezogen und so den Verschmähten in den Tod getrieben. Die einzige, die vielleicht Grund zu Selbstvorwürfen hätte, wäre die Schauspielerin. Doch warum entsteht in Ferdinand dieses Schuldbewußtsein, das auch nach langer Zeit nicht weichen will? Wenn uns jemand Teures gestorben ist, tauchen nicht selten Fragen in uns auf, ob wir liebevoll genug gegen ihn gewesen, ob wir ihm nicht unrecht getan etc. Es meldet sich etwas, das einer verspäteten Reue außerordentlich ähnlich ist. Es gibt eine Trauer nach dem Tode des Gatten, der Geliebten, des Freundes, die durch ihre extreme Form und ihre Dauer den Eindruck des Pathologischen macht. Die Analyse zeigt dann stets, daß dahinter unbewußte Selbstvorwürfe, Erinnerungen an böse Wünsche, haßerfüllte Regungen gegen den Verstorbenen sich bergen. Im Falle Ferdinands lagen diese Wünsche um so näher, als der Todeswunsch dem Nebenbuhler galt. Der Affekt ist nicht deshalb berechtigt, weil Ferdinand dadurch, daß er von Wilhelmine als Geliebter gewählt wurde, zum Tode Gabriels unabsichtlich den letzten Anstoß gab, sondern weil er dem Rivalen den Tod gewünscht hat. Der Versuch, mit diesen Todeswünschen und der nachfolgenden Trauer, mit den Gefahren der Erinnerung und den Pflichten des Vergessens sich auseinanderzusetzen, wird von den Schnitzlerischen Gestalten oft gemacht.[2] So warnt Katharina im »Ruf des Lebens« die Freundin: »Wenn man jung ist, soll man sich nicht schwarz kleiden, auch wenn Vater und Mutter und Bräutigam sterben. Legt man sich nicht selber ins Grab, so ist doch alle Trauer Lüge.« Der geistvolle und paradoxe Bernard Shaw läßt seinen Don Juan (»Man and superman«) die Todeswünsche gegen teure Personen offen aussprechen: »Bedenke doch, daß auf Erden – obgleich wir das niemals zugegeben haben – die Trauer über den Tod jedes Men-

2 Schon Nietzsche hat uns ähnliche Aufschlüsse über die Psychologie der Trauer gegeben. Man vergleiche z. B. die folgende Äußerung: »Bei einem Todesfall braucht man Trostgründe, nicht sowohl, um die Gewalt des Schmerzes zu lindern, als um zu entschuldigen, daß man sich so leicht getröstet fühlt.« Menschliches-Allzumenschliches, I. S. 510.

schen, den wir kannten, selbst über den Tod derer, die wir am meisten geliebt haben, immer mit einer gewissen Befriedigung darüber, daß sie nun endlich für uns erledigt waren, gemischt gewesen ist. Ja, ein Leichenbegängnis war immer ein Fest in Schwarz, namentlich das Leichenbegängnis eines Verwandten.«

Wir bemerkten schon, daß wir bei der Analyse der so komplizierten Gefühle, die zwischen Trauer, Schuldbewußtsein und Lebenslust die Hinterbliebenen bewegen, wieder zu den unbewußten Todeswünschen zurückkommen. Hier scheint das Zentrum zu sein, von wo die Todesgedanken dieser Personen sich nach ihrer ganzen Breite und Tiefe verzweigen. Es wird unsere Leser interessieren, dieses Gedankengebiet dort aufzusuchen, wo es zum erstenmal bei dem Dichter schärfer hervortritt. Es ist dies in der Novelle »Der Sohn«. Eine Mutter wird von ihrem wilden Sohne mit der Hacke erschlagen und gesteht dem Arzte in ihrer Sterbestunde, daß sie einst nach ihrer Niederkunft selbst ihr unerwünschtes Kind ersticken wollte. Immer sah sie in den Augen ihres Sohnes einen Vorwurf, und so kommt es, daß sie ihm alles nachgab, ja, daß sie aus Reue seine Dienerin wurde und sich von ihm mißhandeln ließ. Noch in der letzten Stunde bittet sie den Arzt, er möge diesen ihren Wunsch bei Gericht angeben, um den Mörder dadurch zu entlasten. Schon hier also tritt uns der Tod als Sühne für die einstigen, längst durch gesteigerte Güte wettgemachten Todeswünsche entgegen. Wollen wir uns den psychischen Weg, den solche Beispiele der Vergeltung nach dem Talionsgesetze gehen, vorstellen, so wird es wieder notwendig werden, eine Anleihe bei der Neurosenpsychologie zu machen. Eine Zwangsneurotikerin fühlte sich eines Tages stark müde, »wie zerschlagen«, ihre Hände und Füße kamen ihr wie gelähmt vor. Die Analyse ergab, daß sie von ihrer Freundin am Tage vorher tief gekränkt worden war und die Versuchung verspürt hatte, dieselbe totzuschlagen. Die seelische Reaktion, welche die Funktion der Sühne für ihre bösen und zugleich verdrängten Wünsche erfüllte, stellte sich am nächsten Tag in dieser Form dar. Der Tod erscheint also den Neurotikern (und manchen Personen der Dichtung Schnitzlers) als eine Selbstbestrafung für feindselige Wünsche gegen andere.[3]

[3] Schon Flaubert hat diesen Mechanismus erkannt, wenn er einmal schreibt: »Man möchte am liebsten die anderen erschlagen, und vielleicht ist jeder Selbstmord ein verdrängter Totschlag.«

Der Haß, den Andreas Thameyer gegen seine Mitbürger fühlt, bringt ihn dazu, sich zu ermorden, ebenso wie der Leutnant Gustl zum Revolver greifen will, weil er seine Wut gegen den dicken Bäckermeister nicht entladen kann. Während der Mörder Alfred die Pistole des Gegners auf sich gerichtet sieht, denkt er der toten Geliebten, die ihm so vertrauensvoll ihr Schicksal in die Hände gelegt, und als er zu Tode getroffen niedersinkt, »fühlte er selig, daß er, ein Entsühnter, für sie, zu ihr ins Nichts entschwand, nach dem er sich lange gesehnt hatte«. Der Jüngling in der »Dreifachen Warnung« büßt seinen unbewußten Mord durch den eigenen Tod. Filippo Loschis Sterben hängt wohl nicht nur mit der Untreue Beatricens zusammen, sondern ist auch der Ausdruck der Selbstbestrafung für seine eigene Untreue gegenüber der Braut und einen aufsteigenden Todeswunsch gegen den Herzog. Eine neurotische Form dieser Todessehnsucht finden wir im »Weiten Land«, wo Aigner nach seiner Untreue als erster eine gefahrdrohende Bergtour macht. Er sagt selbst, daß ihm damals wenig an seinem Leben lag. »Vielleicht auch, daß ich eine Art Gottesurteil herausfordern wollte.« Auch daß der junge Tor Medardus so hartnäckig auf der Todesstrafe besteht, ist wie bei dem Ägidius in dem Opernplane Heinrich Bermanns darauf zurückzuführen, daß sie die Strafe als das einzige Äquivalent, ja als Ersatz für ihre verbrecherischen Pläne fordern. Marie in »Der Ruf des Lebens« macht dem Arzt Vorwürfe, weil er die Spuren ihres Mordes verwischt und sie so um die Bestrafung gebracht hat. Max im »Ruf des Lebens« will freudig in den Tod gehen, weil er ihm die einzige Art ist, eine Schuld zu bezahlen. Frau Beate findet im stillen See Vergessen und Sühnung für die wirren Gelüste, in welche sie glitt. Bei allen diesen Menschen ist der Tod das große Verzeihen für eigene als böse empfundene Wünsche und Taten. Er hat eine reinigende Kraft für sie und absolviert sie von aller Schuld.

Welcher Art diese Schuld ist, lehrt wieder ein Vergleich mit dem Seelenleben der Neurotiker, welchen die Gestalten Schnitzlers so nahestehen. Egoistische und sexuelle Regungen wurden in ihnen wach, und gegen geliebte Personen erhoben sich Todeswünsche, weil sie der Triebbefriedigung im Wege standen.

Von hier braucht es nur einen Schritt, um dem bei Schnitzler so oft behandelten Thema der Todesangst näherzutreten. Denn die Sehnsucht nach dem reinigenden, sühnenden Tod hat in ihr ein Gegenstück. Todesangst ist ja ein allgemein menschliches Gefühl und beruht auf dem starken Lebenswillen des einzelnen. Doch wir finden dieses Gefühl bei Schnitzler in oft so extremen Formen, daß es durch die allgemeine Annahme der Angst vor dem Nichtmehrsein eher verdunkelt als geklärt wird. Es müssen tiefere Gründe dabei mitsprechen. Verborgenes, Unterdrücktes, Uneingestandenes will sich darin einen Ausdruck schaffen. Am stärksten hat Schnitzler das Thema im »Sterben« erfaßt, jener unerbittlichen Schilderung, wo das Ringen zwischen Leben und Tod oft bis zu fast peinigender Schärfe dargestellt wird. Immer näher rückt der Tag des Endes, immer wütender wird die Angst, der Haß gegen andere. Wir wollen einmal versuchen, uns den düsteren Ausgang der Erzählung fortzudenken und uns nur ihre wesentlichen Züge vor Augen führen. Ein Professor sagt dem kranken Felix, daß er in einer bestimmten Zeit sterben müsse. Mit steigendem Grauen und entsetzlich empfundener Hilflosigkeit fühlt Felix die Zeit verrinnen. Er kommt sich wie ein zum Tode verurteilter Verbrecher vor. Darin nun liegt meiner Ansicht nach das, was die Novelle verbirgt. Es ist nicht schrecklich, den Tod als unser unausbleibliches, unentrinnbares Ende zu wissen, das Gräßliche in Felix' Schicksal liegt in der genauen Zeitbestimmung, darin, daß er weiß: Um diese Zeit ist alles zu Ende. Das Fürchterlichste seines Kampfes ist die stete Erwartung, ob des Professors Prophezeiung recht behalten wird, die Unheilserwartung. Ähnlich wie hier der Professor, so verkündigt auch der Fremdling in Heinrich Bermanns Opernstoff dem Ägidius sein Schicksal: Alles dies auf dem Schiffe ist dein, doch zu einer bestimmten Zeit mußt du sterben und weißt nicht, durch wessen Hand. Zur Erhöhung seiner Qual läßt der Herzog im »Schleier der Beatrice« einen Verräter inmitten einer Orgie an einen Baum binden und einen Mann mit einem Schwerte neben ihm stehen, der dem Gequälten zeigt, daß sein Ende bevorsteht. Der seelische Akzent ruht auf der Unheilserwartung hier wie dort und auf der Hilflosigkeit gegen das herannahende Unheil. Wir kommen dem tieferen Inhalt der Novelle näher, wenn wir die Phasen der Angst Felix' als eine Abwehr jener bangen Erwartung auffassen. Erinnern wir uns, daß uns auch in der »Allmacht der Gedanken« ähnliche Angsterscheinungen vorgekommen sind, die wir mit unseren Einsichten aus der Analyse von Zwangsneurotikern aufzuklären vermochten. Der Aberglaube hat seine letzten Wurzeln in bösen und grausamen Regungen, welche durch die Erziehung zur Güte der Verdrängung verfallen. Zum großen Teile basiert die »Allmacht der Gedanken« auf Unheilsvorstellungen, die sich den Neurotikern als Strafe für ihre Todeswünsche als herannahendes Unglück (Krankheit, Tod) darstellen. Daß Felix von solchem Aberglauben nicht frei ist, zeigt manche Stelle, besonders eine. Hier sind wir zur Wurzel seiner Angst vorgedrungen. Er liest in der Zeitung, daß der Professor, welcher ihm sein Ende vorausgesagt hatte, gestorben ist. »Beiden war es zu Mute, als hätte dieses Ereignis für sie eine große Bedeutung. Ja, er, der mit der ganzen vorlauten Weisheit seiner unerschütterlichen Gesundheit dem Hilfesuchenden jede Hoffnung genommen, nun war er selbst in ein paar Tagen hinweggerafft worden. In diesem Augenblick erst fühlte Felix, wie er diesen Mann gehaßt, und daß ihn die Rache des Geschickes ereilt hatte, schien dem Kranken eine Vorbedeutung günstigster Art. Es war ihm, als wiche ein unheilvolles Gespenst aus seinem Kreise.« Wie Felix den Professor gehaßt und ihm den Tod gewünscht hat, so ähnlich dürfte es ihm mit vielen Personen – und schon seiner Umgebung in der Kinderzeit – ergangen sein.[4] Diese Haßregungen wurden unterdrückt, verdrängt, doch sie blieben nicht wirkungslos, denn wie ein drohendes Gespenst stieg die Angst vor Krankheit und Tod vor seinen Augen auf. Es ist auffallend, daß auch die anderen Gestalten aus Schnitzlers Problemdramen, denen es von des Dichters Ungnaden bestimmt war, alle Qualen der Todesangst zu erleben, böse Wünsche in sich bergen. Denn Mariscotti wollte den Herzog den mörderischen Händen der Borgia ausliefern, und der seltsame Jüngling Ägidius hatte den festen Plan gefaßt, den König zu ermorden. Böse und grausam wird der Vater Maries gezeichnet (»Ruf des Lebens«), er empfindet nicht geringe Genugtuung darüber, daß die jungen Kürassiere in den Tod reiten und er mittelbar Schuld daran trägt. Mit seiner Bosheit ist Todesangst und Lebensgier eng verbunden. Doch das Unheil, das die böswilligen Menschen treffen kann, besteht nicht nur im Tod, es liegt schon in der Krankheit. Und so erklären sich viele Züge von Hypochondrie, welche Schnitzlers Helden manchmal anhaften; auch sie sind Unheilserwartungen. Heinrich Bermann kann sich als Gast bei Georg nicht enthalten zu fragen, ob die Schwämme bei Tisch etwa giftig wären. »Man ist zuweilen lebensüberdrüssig, aber man ist nie gesundheitsüberdrüssig, selbst für die letzte Viertelstunde seiner Existenz.« Er wehrt sich gegen den Vorwurf der Ängstlichkeit, indem er sie definiert; »denn was heißt Ängstlichkeit? Alle Möglichkeiten in

[4] Sein Todeswunsch gegen Marie und andere gehört hierher.

Betracht ziehen, die aus einer Handlung erfolgen können, die schlimmen geradeso wie die guten«. Seine Definition erscheint nur halb richtig, denn bei der Ängstlichkeit werden nur die schlimmen Möglichkeiten erwogen. Doch nicht nur Möglichkeiten einer Handlung, sondern auch solche von Wünschen. Denn Gedanken und Tat können Neurotiker – und Heinrich ist es oder könnte es werden – nicht auseinanderhalten. Daß er selbst von bösen Wünschen gegen geliebte Personen nicht frei ist, zeigt die Geschichte seines Verhältnisses mit der Schauspielerin, die sich seinetwegen ertränkt, und sein heimliches Schuldgefühl.

Die abnorm gesteigerte Todesangst der Personen Schnitzlerischer Dichtungen haben wir so aus Unheilserwartungen abgeleitet, welche ihrerseits wieder verdrängten, grausamen und feindseligen Wünschen entstammen. So starke Regungen dieser Art auch im gegenwärtigen Leben in ihnen sich geltend machen, sie sind nur Ausläufer und Wiederholungen aus der Kindheit. Ein Stück der Neurosenpsychologie ragt hier, scheinbar unvermittelt, in die Dichtung. Die Psychoanalyse hat gezeigt, daß die eigenartige Krankheit, die wir so oft zur Deutung der Handlungen von Schnitzler-Gestalten heranziehen mußten, die Zwangsneurose nämlich, ihre charakteristischen Merkmale in der Kinderzeit der später Erkrankten hat. Das Triebleben einer für die bewußte Erinnerung unzugänglichen Periode der Kinderzeit hatte seine besondere Bedeutung durch die Ausbildung und Entwicklung von Zärtlichkeits- und Haßregungen gegen nahestehende Personen, wie Eltern und Geschwister. Beide Gefühlsströmungen finden sich in höchster Intensität nebeneinander und können keine nachhaltige Verbindung eingehen. Die Liebesgefühle können den Haß nur ins Unbewußte drängen, nicht ihn vertilgen. Er steigt noch in den Todeswünschen gegen geliebte Personen drohend aus der Versenkung. Den intensiven Haß, der nach seiner Verdrängung in der Kinderzeit unterirdisch seine unheimliche Tätigkeit entfaltet, und die dazugehörigen Reaktionen, wie Unheilserwartungen, Schuldbewußtsein, haben wir als eine der Quellen für die Häufigkeit der Todesgedanken in Schnitzlers Werken aufweisen können.

Der Dichter selbst hat in »Der Sohn« die Mutter sich ihres Todeswunsches gegen das neugeborene Kind erinnern lassen und ihn als Erklärung für den Muttermord herangezogen. Kindheitseindrücke stärkster Art wirkten mit, um die Tat zu bedingen, um sie überhaupt pychologisch glaubhaft zu machen. In dem Arzt, welcher in der Novelle die Geschichte von Mutter und Sohn erzählt, steigen bange Zweifel auf, ob denn so frühe Ereignisse so tiefe Wirkungen haben könnten. Und er legt sich Fragen vor, welche wir nach den Ergebnissen der Psychoanalyse mit Ja beantworten müssen: »Bleiben uns selbst von den ersten Stunden unseres Daseins verwischte Erinnerungen zurück, die wir nicht mehr deuten können, und die doch nicht spurlos verschwinden? ... Und wenn der erste Blick der Mutter uns mit unendlicher Liebe umfängt, schimmert er nicht in den blauen Kinderaugen süß und unvergeßlich wieder? – Wenn aber dieser erste Blick ein Blick der Verzweiflung und des Hasses ist, glüht er nicht mit zerstörender Macht in jene Kinderseele hinein, die ja tausenderlei Eindrücke aufnimmt, lange bevor sie dieselben zu enträtseln vermag?« Und so will er den Richtern, welche über den Muttermörder zu urteilen haben, zurufen, daß keiner von ihnen weiß, was er von dem Guten und Schlechten, das er in sich trage, dem ersten Sonnenstrahl, dem ersten Blick der Mutter zu danken hat. –

»Glauben Sie übrigens an den Tod, Nürnberger? Hinsichtlich der Liebe frag ich schon gar nicht.« Dieses Scherzwort Heinrich Bermanns stellt eine Verbindung zwischen zwei Begriffen her, deren verborgene Beziehung niemals unserem Unbewußten verlorengegangen ist.

Eines der bevorzugten Motive Schnitzlers führt uns mitten in das Problem dieser Verknüpfung: das Motiv der durch die Todesaussicht gesteigerten Lebenslust.[5] Die Herzogin von Larwin (»Zum großen Wurstel«) könnte nur den begehren, dem sie die Letzte geblieben ist.

> »Und der es weiß, daß an meiner Brust
> ihm brausend erblüht die letzte Lust.
> Drum bist du der Schönste heut, der lebt,
> schön macht dich der Tod, der dich umschwebt,
> schön macht dich, daß du verloren bist
> und morgen alles zu Ende ist.«

Ebenso hat Katharina (im »Ruf des Lebens«) alle Leidenschaft einem jungen Offizier gewidmet, der morgen in den sichern Tod reitet. »Meine Küsse brennen auf seiner Brust, kein Weib mehr küßt sie weg.«

[5] Vgl. den erwähnten Artikel von Dr. Sachs.

Die Kurtisane Lucretia im »Schleier der Beatrice« schwört, daß sie den Jüngling, der sie umarmt, töten werde, und hält ihren Schwur. Auch die »Frau mit dem Dolche« ist aus einer ähnlichen Phantasie erwachsen. Die ganze Orgie im Garten des Herzogs ist dieser Stimmung unterworfen, weil alle wissen, daß der Morgen alle Lust, allen Taumel mit dem sicheren Untergange der Stadt und ihrer Bewohner enden wird. Frau Beate zieht ihren Sohn, den geliebten, den todgeweihten, an ihre Brust – ehe die Wellen sie hinabziehen. Das Tristanmotiv – es ist kein Zufall, daß im »Weg ins Freie« eine Tristanvorstellung breit geschildert wird – erklingt: »Mir erkoren, mir verloren, todgeweihtes Haupt...« Nicht nur die Frauen, auch die Männer verspüren die Vertiefung der Lust durch die nahe Todesaussicht. Nur an diesem Tag vor dem Untergange kann der Herzog Bentivoglio Beatrice zu seiner Gattin machen. Der junge Medardus gesteht halb unbewußt dem Freunde, der wünscht, er möge nie wieder aus den Armen der Prinzessin erwacht sein: »Kein übler Wunsch, Etzelt, kein übler Wunsch.« Auch Felix im »Sterben« will noch einmal alle Genüsse, die das kurze Dasein ihm gewähren kann, genießen, ehe die Sonne versinkt. Und der Herr von Sala wünscht, daß Dr. Reumann ihm nicht seine Todesstunde verheimliche, weil man das Recht habe, »sein Dasein vollkommen auszuleben mit allen Wonnen und mit allen Schaudern, die darin verborgen liegen«. Wo sind nun die seelischen Wurzeln dieser Phantasien? Es werden wohl dieselben sein, welche in den Festen der Antike Orgien sexueller Art mit Mord und Tod verknüpften. Dieselben, welche bei großen, unentrinnbaren Katastrophen, wie Schiffsuntergängen, Erdbeben etc. alle Schranken der Moral durchbrechen und die Geschlechter dem Taumel zutreiben lassen. Doch über die persönliche Gestaltung dieses Motives ist damit wenig gesagt. Wir werden also ein anderes heranziehen müssen, das dem vorigen ganz ähnlich ist. Vielleicht kann es uns die gesuchte Aufklärung geben. Vielleicht läßt auch ein Vergleich beider ihr Gemeinsames erkennen und gibt Gelegenheit, das »Gesetz der wechselseitigen Erhellung« in seinem Geltungsbereich zu beobachten. Das Motiv erscheint wie ein Pendant des früheren; wir haben es schon gestreift. Von aller Lebenslust wird Felix dadurch abgeschnitten, daß ihm der nahe Tod vor Augen gerückt ist, daß er zum Tode gleichsam verurteilt ist. Ebenso der Jüngling Ägidius in Bermanns Stoff: Der König gewährt ihm Macht und Liebesglück, doch dahinter lauert – wer weiß, wann und wo – der Tod. Diese seelische Hemmung ist in der

Strafe Mariscottis gleichsam materialisiert: Er wird an einen Baum inmitten des geschlechtlichen Treibens, inmitten des wütendsten Sexualgenusses gebunden und ein Mann mit nacktem Schwert neben ihn gestellt. So stellt der Kerkermeister in verblümter Form dem jungen Medardus die Geliebte zur Verfügung, und der Gefangene faßt es als eine Verschärfung seiner Strafe. Napoleon will sich dadurch noch stärker an ihm rächen, ihn dann um so furchtbarer treffen.

Hier werden den Helden alle Genüsse gleichsam präsentiert, doch der Tod erwartet sie zu sicherer Stunde und hemmt ihre Genußfreudigkeit. Dort treibt sie gerade die Todesaussicht dem Taumel zu, dem schmerzlichsten Genuß. Beachten wir nur, welche Freuden hier wie dort lokken: es sind sexuelle. Die Todesaussicht wirkt wie ein Verbot, sie ist die Strafe für den verbotenen Genuß. Auf der einen Seite ist ein starker Wunsch nach sexuellem Ausleben wirksam, auf der andern eine zwanghafte Befürchtung, eine Unheilserwartung. Beide unauflöslich verknüpft. Was hier hindert, löst dort alle Banden. Wir kennen eine ähnliche Konstellation aus dem Symptomenkomplex der Zwangsneurose. Ein bestimmter Typus des späteren Zwangsneurotikers weist in früher Kindheit bereits lüsterne Wünsche auf, die sexuelle Neugierde z. B. regt sich zeitig. An sie sind unheimliche Erwartungen geknüpft. So entsteht in der Kinderseele ein schwerer Konflikt: zwanghafter Wunsch und zwanghafte Befürchtung, ein starker sexueller Impuls und der Drang nach Abwehrhandlungen ringen miteinander. Dies ist das Schema der beginnenden Zwangsneurose, und jede ihrer späteren Symptome zeigt die gleiche Gestalt in allen möglichen Variationen. Seine Majestät Jehovah hat dafür gesorgt, daß ein solches Schema auch im Leben der Menschheit vorhanden ist, als er in ihrer frühen Kinderzeit den Baum der sexuellen Erkenntnis und des Lebens zugleich den Baum des Todes sein ließ, als er an die Verbotsübertretung die Bedingung des Sterbens setzt.

Diese beiden Motive in Schnitzlers Dichtung sind Ausprägungen einer zwangsneurotischen Stimmungslage seiner Gestalten. Auch hier ein zwanghafter Wunsch, hinter dem die unheimliche Erwartung des Todes steht. Doch die Analogie geht weiter. Von wem geht diese Gefahr aus, wer setzt das Verbot? Bei Felix der Professor, bei Mariscotti der Herzog, bei Medardus Napoleon, bei Ägidius der König. Die Gefahr droht teils zur Vergeltung von Todeswünschen gegen diese Personen, teils zur Sühnung sexueller Wünsche. Wir benützen die Ergebnisse der psychoanalytischen Forschungen, welche uns sagt, daß Herrscher mit Vorliebe von der unbewußten Instanz unseres Seelenlebens für den Vater eingesetzt werden. Verbot und Gefahr gehen also vom Vater aus, und gegen ihn richten sich verdrängte – in der Dichtung: mißlungene – Todeswünsche.

Wieder eröffnet sich uns hier ein Blick in die Genese der zwangsneurotischen Einstellung. Denn der Vater ist es, welcher den lüsternen Wünschen der Kleinen Hemmungen setzt, ihre Ausführung zu bestrafen droht. Er schafft damit ein Verbottrauma, welches für die spätere Erkrankung bedeutungsvoll wird. Eine Bestrafung wegen einer sexuellen Betätigung wirkt nun tief in der Seele des Kindes; sie kommt einer akzidentiellen Unterstützung der durch die Ambivalenz gegebenen Haßkomponente gleich und läßt in den Kleinen Todeswünsche gegen die geliebte und sie hemmende Person erwachen. Diese Kindereindrücke aber sind unsterblich und geben die Erklärung für manche der Probleme, die sich uns Erwachsenen aufdrängen.

Von hier aus führt ein Seitenpfad zu den ethischen Fragen, welche der Dichter an die Todesgedanken knüpft. Wir wollen ihn gehen, und zwar zurückgehen bis zur ersten Fragestellung.

Als der Dichter den »Professor Bernhardi« schrieb, ging durch die Zeitungen die Nachricht, das Werk werde den Konflikt zwischen Glaube und Wissen behandeln. Auf den ersten Blick erscheint es auch so. Priester und Arzt stehen einander gegenüber. Doch alle Ansätze zur Vertiefung – über Österreichertum und Judenfrage hinaus – sind gegeben. Der Professor spricht es selbst aus, daß letzten Endes das Problem nicht mehr österreichische Politik überhaupt war, »sondern es handelte sich plötzlich um allgemeine ethische Fragen, um Verantwortung und Offenbarung und im letzten Sinn um die Frage der Willensfreiheit!« Primär ist auch diese Frage nicht im Seelenleben des Dichters. Wie vieles muß seelisch vorgearbeitet sein für solche metaphysische Problemstellungen. Nur Gymnasialprofessorenschlichtheit wird etwa glauben, daß der Keim zu Goethes »Faust« im Kampfe zwischen menschlichem Wissen und menschlicher Begrenztheit liege. Persönliches muß mitspielen.

Im Anfang des »Professor Bernhardi«, als erregendes Moment, steht eine Szene: Ein Mädchen, eine »Sünderin«, welche die Liebe (ohne Ring am Finger) genossen, von dem allgütigen Vater im Himmel dafür mit einer schweren Frühgeburt beschenkt, stirbt. Der Arzt will sie

reuelos und in ihrer gehobenen Stimmung hinübergehen lassen; der Priester will ihre Seele retten. (Heine sprach auf dem Sterbebette, als der Priester ihn auf die Verzeihung Gottes hinwies, das frevlerisch prachtvolle Wort: »Bien sûr, qu'il me pardonnera, c'est son métier«.)
Sollte sich nicht in früheren Werken Schnitzlers Ähnliches finden? Im »Ruf des Lebens« stirbt desgleichen eine Sünderin. Die Mutter ist um den Pfarrer gelaufen. Der Arzt, der es hört, spricht: »Nun, immerhin. Er wird zu spät kommen.« Im »Vermächtnis« macht Professor Losatti dem sterbenden Sohn milde Vorwürfe – sie wären wohl unter anderen Umständen nicht so milde ausgefallen – wegen seines Liebeslebens. Eine Tante vertritt einen menschlicheren Standpunkt. Allerlei menschliche Rücksichten, Vorsichten, Bedenken und ein freieres Begreifen. Ist es dasselbe? Hier ist der Kern des »Professor Bernhardi«, der Ausgangspunkt[6]. Wie würde sich – mag sich Hugo Losatti gedacht haben – der Vater zu meinem (ihm unbekannten) Verhältnis stellen, wenn ich sterbe? So fragt sich Georg Wergenthin, was wohl sein verstorbener Vater zu des Sohnes Beziehung zu Anna gesagt hätte.
Hier – im nachträglichen Trotz und nachträglichen Gehorsam, in Widerstreben und Liebe dem Vater gegenüber – liegen tiefe Wurzeln des Problembaues um das Thema des Todes. Von hier zweigen Gedanken über Sittlichkeit und irdische Vergänglichkeit, über moralische Wertung und Willensfreiheit ab.
Wie frühe aber diese Fragen unsern Dichter beschäftigen, möge eine Stelle zeigen, die wir seinen unbekannten Aufzeichnungen entnehmen. Der junge Arzt hat im Jahre 1888 eine Reise nach England gemacht und seine medizinischen Eindrücke in der von seinem Vater herausgegebenen »Internationalen klinischen Rundschau« veröffentlicht. Er schildert beispielsweise in diesen »Londoner Briefen« die Spitalsverhältnisse und erwähnt die Inschriften, welche ihm in den Spitälern aufgefallen sind: »Es läßt sich sicherlich nichts dagegen einwenden, wenn der Kranke zu lesen bekommt ›Tut einander Gutes‹, und auch dem Spruche ›Wen der Herr liebt, den züchtigt er‹ kann eine gewisse Wirkung auf Gemüter, die für diese Art der Schmeichelei empfänglich sind, nicht abgesprochen werden; wenn es einem Kranken jedoch mit gewaltigen Buchstaben entgegendräut, ›Wer gesündigt hat, muß sterben‹, so

[6] Es ist nicht bedeutungslos, daß Professor Bernhardi manche Züge des Vaters des Dichters trägt.

wird er daraus bei genauer Berücksichtigung seiner bisherigen Lebensführung wohl nur selten einen wahren oder bleibenden Trost schöpfen können.«

Noch aus einer Quelle strömen die Todesgedanken: aus den Beziehungen zum Kinde, aus der eigenen Vaterschaft. Während einer Vorstellung vom »Ruf des Lebens« wurde ich mir des seltsamen Reizes bewußt, den das Schlußbild auf mich ausübte. Eine Sünderin geht sanft hinüber in jenes Land, von deß Bezirk kein Wandrer wiederkehrt. Und der Arzt weist auf Kinder hin, welche über die Wiese laufen und lachen. Der lichtvolle Anfang und das Ende unseres Daseins werden hier verknüpft – wie zum Troste für uns Sterbliche. Doch dieses Moment geht über die Geltung eines Theatereffektes hinaus. Es hat verborgenere Motive des Dichters ans Licht gezogen. Denn ebenso wie hier lachen auch Kinder im Garten drüben, als Georg sein totes Kind betrachtet und sich fragt, ob es so hat kommen müssen. Noch in dem Plan des kleinen Stückes, welches der Erzähler in »Die Weissagung« für eine Dilettantenbühne schreibt, irren die zwei Kinder durch die Waldesszenerie, während der Held des Stückes verscheidet.

Das seelisch Gemeinsame in den Personen, welche als Hauptgestalten in diesen Stücken stehen, besteht in einem tiefen Schuldgefühl. Sie haben alle Lust gesucht ohne Verantwortung, Lust ohne Pflicht. Sie wollten Sexualgenuß und keine Nachkommenschaft. So hat Marie die Gründung einer Familie abgelehnt und das Abenteuer einer Liebesnacht gesucht. Georg Wergenthin aber ist von dem Wunder der Vaterschaft nicht so stark aufgerufen worden, als er es bewußt gewünscht hätte; zu schwer fällt das Gewicht dieses Wortes auf seine jungen Schultern. Den Inhalt jenes Stückes in der »Weissagung« bildet das Schicksal eines Mannes, der von einer plötzlichen Sehnsucht nach Abenteuern ergriffen wird und die Seinen verläßt. Auch hier also eine Flucht aus der Familie, eine Flucht vor der Familie.

Das Schuldgefühl dieser Personen ist nicht erklärbar, wenn wir nicht die Selbstliebe, die narzißtische Einstellung berücksichtigten. Sie wollen frei von jeder dauernden Bindung sein, sie wollen nicht Frau noch Kind, weil sie nicht genug Liebesfähigkeit für andere Personen übrig haben. Die Sehnsucht nach anderen Liebesobjekten lockt sie bereits, während sie die Geliebte umarmen. So verstehen wir psychologisch wohl die zwangsneurotische Beziehung, welche Georg zwischen seiner eigenen Untreue und dem Tode seines Kindes verspürt. Es ist an zu wenig Liebe gestorben, d. h., es wurde nicht genug herbeigesehnt, ja, es wurde nicht gewünscht. Es klingt ein Vorwurf in der Frage, die Felician an den jüngeren Bruder in bezug auf dessen Verhältnis zu Anna richtet. »Hast du die Absicht gehabt... nicht sie zu deiner Lebensgefährtin zu machen, aber ein Kind mit ihr zu haben?« Und er fügt ernsthaft hinzu, daß man vielleicht in wichtigen Lebensfragen zu Programmen gewissermaßen verpflichtet sei. Georg selbst hat den Glauben, daß er sein Kind durch einen unbewußten Wunsch getötet hat. Er kommt aber später auch zur Überzeugung, daß dieser Tod Schuld daran trage, daß sein Verhältnis mit Anna ein Ende nimmt. Er denkt der Stunde, nach der Geburt seines toten Kindes, da er an Annas Bette gesessen. »Schon in jener Stunde hatte sie's gewußt – früher als er – daß alles zu Ende war.« Und wieder will er sich die Geliebte erringen und ihre Befürchtungen, daß sie all das Schwere noch einmal erleben müßte, beseitigen. Doch es hält ihn etwas vom Aussprechen zurück, denn »es hätte doch nichts anderes bedeutet, als daß er wohl daran dachte, wieder ein paar Stunden der Lust mit ihr zu durchleben, aber daß er nicht geneigt war, irgendeine Verpflichtung auf sich zu nehmen«. Zum Überflusse hört Georg den von ihm vermuteten und gefühlten Zusammenhang aus dem Munde Nürnbergers aussprechen. »Nun daran, lieber Georg, werden Sie doch nicht zweifeln, daß Sie sehr bald, am Ende schon heute verheiratet wären, wenn das kleine Wesen am Leben geblieben wäre.«

Das Ende ihres Verhältnisses ist für Anna und Georg schon da, als das Kind stirbt. Denn es stirbt ja – vom Gesichtspunkte der »Allmacht der Gedanken« gesehen – daran, daß Georg nicht die Last der Vaterschaft in so jungen Jahren tragen will, und weil er fühlt, Anna könne nicht die letzte Frau sein, die er küßt. Irene Herms faßt die Lösung des Verhältnisses mit Julian Fichtner und ihre eigene Untreue als gerechte Strafe dafür auf, daß sie kein Kind haben wollten. »Wär' das damals geschehen – meinst du, ich hätt' so was aufstellen können, wenn wir – ein Kind – wenn wir *das Kind* gehabt hätten? Frag dich doch aufs Gewissen, Julian – glaubst du's? Ich nicht und du auch nicht. Alles wär anders gekommen. Alles. Wir wären zusammen geblieben, wir hätten noch ein paar Kinder gekriegt, wir hätten uns geheiratet, wir möchten zusammen leben.« So bereit war auch Komtesse Mizzi, alle Lasten der Mutterschaft auf sich zu nehmen, mit Freuden, mit Stolz, und sie hätte den Fürsten vielleicht immer geliebt, »wenn Sie damals nicht zu feig gewesen wären, die Verantwortung zu übernehmen für das, was geschehen ist... Zu

feig, Fürst Egon«. Daß Julian Fichtner allein den Weg hinabgeht, auch daran ist sein Fliehen vor der Verantwortung, seine Freiheitssehnsucht, sein Narzißmus Schuld.
Es ist leicht einzusehen, wie auch hier Pfade zum Todesgedanken führen. Das Schuldgefühl dieser Personen ist der Wegweiser. Sie hegten auch wie Georg Todeswünsche gegen ihr Kind, das sie hinderte. Und so bringen sie sich selbst den Tod, denn die Kinder sind unsere Unsterblichkeit; nur in ihnen leben wir fort. Sie sind aber zugleich Mahnung an unsere Ersetzlichkeit, an unsern Tod. Wir haben unsere Pflicht gegenüber der Natur getan, wir können abtreten. So verstehen wir es, wenn Grace (»Weg ins Freie«) an der Leiche Labinskis kein Grauen fühlt, wohl aber in den Umarmungen der Männer, weil sie nach Aussage der Ärzte unfruchtbar ist. Der Moment der höchsten Lust wird dadurch sinnlos. Irene Herms erklärt ihrem ehemaligen Geliebten: Eine Frau, die keine Kinder hat, ist gar nie eine Frau gewesen. »Aber eine, die einmal eins hätte haben können – haben müssen und die – nicht Mutter geworden ist, das ist eine... Aber das kann ja kein Mann verstehen. Das kann ja gar keiner verstehen! Der beste von euch ist in diesen Dingen noch immer eine Art von Schuft.« Frau Berta kann es nicht glauben, daß die eine Stunde der Wonne, die sie mit Emil verlebt hat, ihr ein Kind bringen wird. Sie hat, wie wir wissen, zwischen der Krankheit und dem Tode Annas und ihren Beziehungen zu Emil einen wahnhaften Zusammenhang hergestellt, dessen Wesen wir jetzt in einer unbewußten Identifikation mit der Freundin erkennen. Denn wie diese wollte sie kein Kind, nur Lust. Und wenn Anna das mit dem Tode büßt, so liegt darin für Berta »eine Vorbedeutung, ein Fingerzeig Gottes«. Mit Ekel denkt sie jetzt der Wonnen in jener Nacht, die sie mit Emil verlebt, und wie eine ungeheure Lüge erscheinen sie ihr gegenüber jenem Kuß aus ihrer Jugendzeit, da sie sich heiß ein Kind gewünscht. Während sie die tote Freundin betrachtete, »mußte sie an den Unbekannten denken, für den sie hatte sterben müssen, und der straflos und wohl auch reulos draußen in der großen Stadt herumgehen und weiterleben durfte, wie ein anderer auch... nein, wie tausend und tausend andere, die neulich ihr Kleid gestreift und sie begehrlich angestarrt hatten. Und sie ahnte das ungeheure Unrecht in der Welt, daß die Sehnsucht nach Wonne ebenso in die Frau gelegt ward, als in den Mann, und daß es bei den Frauen Sünde wird und Sühne fordert, wenn die Sehnsucht nach Wonne nicht zugleich die Sehnsucht nach dem Kinde ist«.

Wir wissen jetzt aus der Analyse von Georgs Todesgedanken, nach der Geburt seines Kindes, daß der Wunsch nach Lust ohne Verantwortung manchmal auch von den Männern als Schuld gefühlt und durch Selbstvorwürfe und Unheilserwartungen gesühnt wird.
Auf solchen Grundgefühlen beruht unser Schicksal; aus der Verdrängung und Transformation solcher Triebregungen erwachsen unsere Schmerzen und Gedanken – die von uns allen. Und auf der künstlerischen Umgestaltung solcher Erlebnisse und Beobachtungen – auch sie werden ja zu Erlebnissen – baut sich des Dichters Werk auf.
Dieses ist die Grundlage für die mildeste und gütigste Lebensanschauung; aus dem Kampf mit diesen dunklen Triebgewalten erwächst der starke und unvergängliche Wert, das Bleibende in Schnitzlers Dichtung, das, was wir an ihr lieben. So erstehen auf vulkanischem Boden die anmutigsten, stillsten und anziehendsten Landschaften. Von der seelischen Analyse geht sein Weg zu den feinsten und verwickeltsten ethischen Problemen. Ein ernstestes Begreifen der Zusammenhänge und eine letzte Trauer. Die Vergänglichkeit irdischer Beziehungen ist der Grundzug und die tiefe Unsicherheit menschlicher Verhältnisse.
Der Fatalismus eines Lebensbejahers durchzieht Schnitzlers Werk. Ein gieriges Erleben aller Schönheit dieses Lebens, das der Güter höchstes ist, vor dem Ende, das uns gewiß ist. Unser Reich ist von dieser Welt.
Aus dem »Medardus« nimmt man das Bild eines holden Liebespaares mit; wie diese Zwanzigjährigen an den Händen sich halten und dahinwandeln im Frühling, den Weg ins dunkle Reich hinab.
Schnitzler sieht das Leben nicht metaphysisch, nicht sub specie aeternitatis – auch unser Mörder stirbt mit uns –, sondern unter dem Gesichtspunkt der Sterblichkeit. Was sollen uns angesichts des Todes alle Werte, aufgestellt von einer asketischen Moral? Unser Reich ist von dieser Welt. Stärkste, nachklingendste Worte sind dem Medardus, diesem reinen, wirren Toren, in den Mund gelegt. Als die entstellte Leiche seiner Schwester aus dem Wasser gezogen wird, schluchzt er, dem Ehre vor einer Stunde das höchste Gebot schien, hervor: »Warum bist du nicht lieber in die Welt hinaus mit ihm, Schwester? ... Schande – erloschenes Wort! Deine Asche weht in alle Winde vor diesem Anblicke... Und hätt' ich dich in einem schlechten Haus gefunden und mit geschminktem Gesicht, als feile Dirne, wär's nicht Seligkeit gewesen gegen jenes Bild, das nun Wahrheit wurde?«
Eine Schwindsüchtige erlebt in einem Schauspiele Schnitzlers alles

Menschenglück, ehe die Sonne versinkt. Ein Mädchen vergiftet den todkranken, sie marternden Vater, um die letzte Nacht vor dem Tode des Geliebten ihm zu gehören. Gut und Böse schwinden seltsam angesichts des Todes. Die Worte verlieren ihren Sinn. Als diese Mörderin den Arzt gut nennt, spricht er (am Ausgang des Dramas):
»Gut... ich? Ja. So wie Sie eine Sünderin sind. Und wie diese Entschwundene eine Sünderin war... Worte! Ihnen scheint die Sonne und mir und denen... Der da nicht mehr. Ich weiß nichts anderes auf Erden, das gewiß wäre.«
Aus solchen Worten, heraufgeholt aus dem tiefsten Grunde, aus solchen Stimmungen zwischen Todesschauern und Daseinswonnen klingt hell und tief über alle konventionellen und moralischen Beschränktheiten hinweg, reinigend, einigend der Ruf des Lebens.

»Reigen« und Danse Macabre

So weit im Leben ist zu nah am Tod.
Hebbel, Sommerbild

Die Struktur der »Reigen«-Dialoge scheint in Schnitzlers Werken eine vereinzelte zu sein.

Doch wir erinnern uns, ihr in minder ausgeprägten Formen schon begegnet zu sein. Denn schon Schnitzlers Jugendgestalt, der Anatol, enthält ähnliche Szenen. Einzelne Frauen, mit dem leichtsinnigen Melancholiker flüchtig verbunden, tauchen auf, verschwinden wieder. Es liegt wohl in der satirischen Absicht der Gesellschaftsdramen, daß diese Reigenform (auf höherem Niveau) sich überall durchsetzt. Betrachten wir nur einige seiner Werke unter diesem Gesichtspunkte.

Frau Natter hatte ein Verhältnis mit Hofreiter, welcher jetzt Beziehungen mit Erna angeknüpft hat, die Dr. Mauer, Hofreiters Freund, liebt. Währenddessen hat Frau Natter Stanzides in ihr Netz gezogen und Genia, Hofreiters Frau, Otto von Aigner zum Geliebten genommen. Doch dieses Chaos setzt sich fort: Otto ist der Sohn des Direktors Aigner, des Freundes Hofreiters, und der Frau Meinhold, welcher Genia herzlich zugetan ist. Der Direktor hat sich von seiner Frau getrennt, weil er ihr nicht treu sein konnte, und die Gatten trösten sich darüber in den Armen anderer Liebesobjekte. Es sieht wie ein Spiel aus. Frau Beate erfährt von ihrem Geliebten, daß ihr verstorbener Gatte ihr mit Frau Welponer untreu gewesen, und es regt sich in ihr der Wunsch, des Direktors Welponer stumme Werbung zu erhören. Denn sie würde eine Genugtuung verspüren, »der Frau den Mann zu nehmen, die ihr einmal den ihren geraubt«. Dionysia in der »Hirtenflöte« wandert von einem Arm zum andern; es zieht sie von ihrem Manne fort zu einem flötenspielenden Hirten, den Hirten verläßt sie, wird Geliebte eines Gutsherrn, gibt sich einem der Aufständischen hin, wird von einem Offizier gerettet und von ihm geheiratet; der König macht sie zu seiner Maitresse, doch sie betrügt ihn mit den Hofleuten und kehrt endlich gebrochen und ernüchtert zu dem Gatten, von dem es sie fortlockte, zurück. Auch hier eine Art Kreislauf. Die Ähnlichkeiten mit der Struktur des »Reigens« ist bei allen diesen Werken unverkennbar; der Unterschied liegt nur darin, daß hier überall der sexuelle Kreislauf einer Person geschildert wird, dort der von vielen. Der Freiherr von Leisenbogh hat ein junges Mädchen zur Sängerin ausbilden lassen in der leisen Hoffnung, in ihr einmal die Geliebte umarmen zu dürfen. Doch sie entzieht sich ihm, wird die Geliebte eines Mediziners, tritt dann in zärtliche Beziehungen zu dem Tenor ihres Theaters, gibt später den Werbungen eines holländischen Großkaufmanns nach, fühlt sich genötigt, den Prinzen Kajetan zu erhören. Die überraschende Liebeskarriere Klärens ist noch nicht abgeschlossen: ein Korrepetitor wird von ihr in die Rechte eines Liebhabers eingesetzt; ihm folgt ein kühner Herrenreiter, der wieder von einem Kapellmeister abgelöst wird. Dem Kapellmeister folgt ein ungarischer Graf, dem Grafen ein eleganter Librettodichter, diesem ein hübscher 19jähriger Jüngling und diesem endlich der Fürst. Nach des Fürsten Tode gewährt Kläre dem Freiherrn ihre Gunst. August Witte in der übermütigen Novelle »Exzentrik« wird auf ähnliche Weise von einer Tänzerin betrogen. Kitty, seine Geliebte, überrascht er mit dem kleinen Scheusal Little Pluck, der im gleichen Varieté aufgetreten ist. Das Programm bei Ronacher wechselt, und so mußte August es nach kurzer Versöhnung mit der Geliebten erleben, bei ihr The Two Darling, das größte Brüderpaar der Welt, zu treffen. Den Riesen aus dem Tibet folgten The Osmond Troup, eine lustige Musikergesellschaft mit Clownkunststücken in der Stärke von 7 – sage und schreibe sieben – Mann.

Vergleichen wir nun damit das Schema des »Reigens«, in dem die Schilderung von Liebesbeziehungen jedesmal in der Mitte durch Gedankenstriche in horizontaler Lage angenehm unterbrochen und ersetzt ist. Die Dirne und der Soldat, der Soldat und das Stubenmädchen, das Stubenmädchen und der junge Herr, der junge Herr und die junge Frau, die junge Frau und der Ehegatte, der Ehegatte und das süße Mädel, das süße Mädel und der Dichter, der Dichter und die Schauspielerin, die Schauspielerin und der Graf, der Graf und die Dirne. Hier ist ein ungeheurer Kreislauf: der Liebesakt aller mit allen.

Doch welchen Gewinn hat uns dieser Vergleich gebracht? Vorläufig nur den einen, daß wir die eigenartige Gestaltung des »Reigens« nicht

als alleinstehend, nicht als Outsider in Schnitzlers Werk werden betrachten können.
Dieser scheinbar geringe Vorteil gegenüber früheren Beurteilern des »Reigens« schließt einen größeren ein: er gibt uns Mut, nach weiteren, verborgenen Gemeinsamkeiten zu forschen. Wir sagen uns nämlich, daß diese eigenartige, wiederkehrende Form Ausdruck eines komplizierten seelischen Prozesses sein muß, dessen der Dichter sich vielleicht selbst nicht bewußt wurde.
Wir gelangen in unserer Analyse weiter, wenn wir die Art der sexuellen Beziehungen, die wir zum Vergleich herangezogen haben, einer näheren Charakteristik würdigen. Sie haben mancherlei Ähnliches: sie sind flüchtiger Natur, rasch geknüpft und rasch gelöst. Wir sagten früher, daß sie eine Art Kinderspiel der Erwachsenen seien. Auch Frau Genia im »Weiten Land« ist der gleichen Anschauung. Doch Dr. Mauer findet das nicht zutreffend: »Spiel –?! Ja, wenn es so wäre! – Ich versichere Sie, Genia, nicht das geringste hätt' ich einzuwenden gegen eine Welt, in der die Liebe wirklich nichts anderes wäre als ein köstliches Spiel... Aber dann... dann ehrlich, bitte! Ehrlich bis zur Orgie... Das ließ ich gelten. Aber dies Ineinander von Zurückhaltung und Frechheit, von feiger Eifersucht und erlogenem Gleichmut – von rasender Leidenschaft und leerer Lust, wie ich es hier sehe, das find ich trübselig und grauenhaft – ... Der Frechheit, die sich hier brüstet, der fehlt der Glauben an sich selbst. Darum gelingt ihr die heitere Miene nicht, die sie so gerne annehmen möchte... darum grinst sie... wo sie lachen will.« Wir dürfen annehmen, daß Dr. Mauer hier die Meinung des Dichters selbst ausgesprochen hat. Also kein Spiel? Oder doch – nur etwas mehr und etwas weniger. Eine Mischung, ein »Ineinander«, das trübselig und grauenhaft ist, von wahrer hemmungsloser Leidenschaft ebenso weit entfernt wie von dem ehrlichen Willen zur Orgie. Alle diese Verhältnisse bergen schon im Keime die Vergänglichkeit. Erinnern wir uns, daß Anatol sich einen »Hypochonder der Liebe« genannt hat. Sein böser Blick – es scheint ihm, als würde diese Sage an ihm wahr – ist nach innen gerichtet. Der ganze Zyklus schildert nichts anderes als das plötzliche Aufflammen und das allmähliche Verglimmen von Liebesleidenschaft. Immer hat scheinbar die Liebe bei Anatol einen Höhepunkt erreicht und fängt im selben Augenblick zu sterben an. »Agonie« heißt einer der Dialoge. Kehren wir zum »Reigen« zurück: es ist dasselbe; einen Stock tiefer. Die steigende Begehrlichkeit der Männer und die

lüsterne Zurückhaltung der Frau, die endliche Erfüllung und der physiologisch-psychische Rückschlag. Die Frau wird nachher zärtlicher, doch der Mann zieht sich ermüdet und ein wenig verstimmt zurück, ja manchmal überkommt es ihn wie Ekel vor derjenigen, die er eben so stürmisch umarmt. Post coitum omne animal triste, lehrte Galen. Auch hier das Verlöschen, das Sterben der Libido.

Die Liebesbeziehungen der Schnitzlerischen Helden sind alle dieser Art, zu einem sicheren Ende bestimmt; ein Wurm nagt verborgen in ihrem Kern. Anatol quält nicht nur seine Geliebten, sondern auch sich selbst unaufhörlich. Er ist aber auch, wie er selbst gesteht, immer von einem gewissen Schuldgefühl gegenüber diesen Mädchen und Frauen bedrückt. Wo liegt die Ursache? Es geht eine geheimnisvoll scheinende Macht von seinen Verhältnissen aus, die ihn selbst nie völlig unbefangen und frei erscheinen läßt. Wir werden uns über diesen Seelenzustand aus der Analyse der andern Werke Schnitzlers klar werden.

Die flüchtigen Geschlechtsbeziehungen, die etwa im »Weiten Land« geschildert sind, haben im Verhältnis zu der Leichtigkeit, mit welcher sie die mondänen Menschen des Stückes nehmen, grauenhafte Folgen. Am Anfang und am Ende des Dramas steht der Tod: der Selbstmord Korsakows und der Fall Ottos im Duell. Diese unheimlichen Konsequenzen erscheinen aber auch in verborgener Gestalt in der Darstellung anderer Liebesbeziehungen. Kläre im »Schicksal des Freiherrn von Leisenbogh« bringt manchem ihrer Verführer Unglück und wird fortwährend vom Unglück bedroht. So schreibt ihr holländischer Liebhaber, daß sie von einem Heer von Spionen umgeben sei, und bedroht sie mit den schmerzhaftesten Todesarten, wenn sie ihm untreu würde. Der sterbende Freiherr verflucht den, der sie nach ihm umarmen wird. Sie bringt ihren Verehrern Unheil: das ist nicht nur durch die grauenhafte Erfüllung jenes Fluches eines Sterbenden ausgedrückt, sondern in einem anscheinend nebensächlichen Zuge: Prinz Kajetan hat geschworen, sich ein Leids anzutun, wenn sie ihn nicht erhöre, und so das Herrscherhaus und das ganze Land in namenlose Trauer zu versetzen. Welcher rätselhafte Zauber geht von dieser Frau aus? Ist es nicht derselbe, welcher Dionysia in der »Hirtenflöte« umgibt und alle, die sich ihr nahen, ins Verderben stürzt? Dem Hirten, dem sie sich ergeben hat, geht im Zusammensein mit ihr seine ganze Herde verloren. Durch das Einstellen ihrer Wohltätigkeit bringt sie Unzufriedenheit und Aufruhr in die Arbeiterschaft ihres zweiten Geliebten, des Gutsherrn. Menschenblut fließt in Strömen. Sie gerät selbst unter die Aufständischen, und diese werden bald zu Haufen von den Soldaten niedergemetzelt, nur sie wird gerettet. Der Offizier, dessen Gattin sie nachher wird, fällt in einer Schlacht. Als sie die Maitresse des Königs wird, macht sie einen unheilvollen Einfluß geltend, der das ganze Land ins Unglück zu stürzen droht. Jeder Versuch eines Widerstandes, der sich im Volke regt, wird mit eiserner Strenge gerächt. Und eben, als sie entschlossen ist, den rechten Weg wiederzufinden, wird ihr Kind von geheimnisvoller Hand ermordet.

Es hat den Anschein, als würde jede Gemeinsamkeit, ja jede Berührung, am meisten aber die sexuelle, der Umgebung Klärens und Dionysias Unheil bringen. Wir kennen diesen Zauber aus einem scheinbar weit entfernten Gebiet, dem Tabuglauben der Wilden. Wer den durch das Tabuverbot geheiligten Menschen oder Gegenstand berührt, wird eines schrecklichen Todes sterben. Kläre und Irene sowie Genia sind tabu: sie bringen allen Unheil, welche ihnen nahekommen. Ihre Umgebung benimmt sich wie die Zwangskranken: so wird das lange Zögern Klärens gegenüber dem Freiherrn verständlich. Wir begreifen auch, warum Erasmus Dionysia in Abenteuer hineintreibt, sowie Friedrich Hofreiter seine Frau, die ihm nach dem Tode Korsakows »unheimlich« vorkommt. Noch in dem kleinen Zuge, daß August Witte (»Exzentrik«) durch eine Reihe von Zufällen daran gehindert ist, an den Geliebten Kittys und an ihr selbst Rache für die Untreue zu nehmen, zeigt sich, daß das Tabu an ihr haftet. Die Zwangskranken scheuen sich, gewisse Gegenstände zu berühren, denn daraus würde ihnen und anderen Unglück erwachsen. Wir finden dieselbe Angst in Filippos Worten Beatrice gegenüber:

»Noch einmal
nur deine Hand berühren, macht mich schaudern!
Doch dich umarmen, da ich dich erkannt –
beim Himmel, eher schlief' ich mit Gespenstern.«

So wie Filippo vor der Geliebten schauert, so eilt auch der Fürst, von Schrecken ergriffen, von dannen, »als hätte er ein Gespenst gesehen«, als Dionysia mit ihrem toten Kinde neben ihm auf den Balkon tritt. Im »Schleier der Beatrice« stellt die Kurtisane Lukretia eine Tabugestalt dar, denn sie hat geschworen, daß derjenige, der sie umarmt, von ihrer Hand sterben muß.

Diese Frauen scheinen durch ihre Berührung jeden anzustecken, so daß er in Unglück gerät oder sogar stirbt. Neben dieser Gefährlichkeit haben sie noch eine Eigenschaft, welche die große Zahl ihrer Liebhaber erklärt: ihre Anziehungskraft. Sie locken immer wieder neue Anbeter herbei. Doch damit nicht zufrieden, ihre eigene Libido zu momentaner Befriedigung zu bringen, verbreiten sie eine Atmosphäre der sexuellen Begierde, welche bald ihre ganze Umgebung ergreift. So gibt sich Dionysia den Hofleuten hin, und der Fürst tröstet sich mit der leicht errungenen Gunst anderer Frauen. Diese Lust der beiden wird zum Signal für eine allgemeine Orgie so wie die Hochzeitsnacht des Herzogs Bentivoglio. »Ohne Zügel, Rücksicht und Scham trieb das Leben im Schlosse weiter, und bald hieß es im Volke, daß die Riesenfackeln der Festsäle in mancher Nacht wie im Grauen vor dem Übermaß der schmachvollen Lüste verlöschten, in denen Fürst und Geliebte, Buhlen und Buhlerinnen sich berauschten.« So kommt die sexuelle Lust über Frau Beate nach der Unterredung mit Fortunata. Keusch wie ein junges Mädchen hatte sie bis dahin gelebt, und jetzt gleitet sie in Abenteuer und Wünsche schlimmster Art, als hätte Fortunata sie gezwungen, zu werden wie sie. Beate fragt sich selbst, ob diese Änderung nicht in diesem Jahr in der Luft liege. »Die Frauen alle sehen anders aus als sonst, die Mädchen auch, sie haben hellere, frechere Augen, und ihre Gebärden sind unbedenklich lockend und voll Verführung.« Allerlei Geschichten aus letzter Zeit fallen ihr als Beispiele ein: eine Arztfrau, die mit dem Ruderknecht bis zum nächsten Morgen auf dem See geblieben, und zwei junge Mädchen, welche nackt auf der Wiese gelegen, als ein kleiner Dampfer vorbeifuhr. Die Verführung verbreitet sich überall hin.

Besonders zwei Charakteristika der Personen, welche in allen unseren Beispielen mitspielen, haben unsere Aufmerksamkeit gefesselt: daß sie bestimmt sind, allen jenen, die mit ihnen in Berührung kommen, Unheil zu bringen, und daß sie ihre ganze Umgebung in Versuchung führen. Diese beiden Züge aber sind es, welche die mit dem Tabuverbot belegten Gegenstände und Menschen mit den Objekten, welche den Zwangskranken unmöglich werden, gemeinsam haben. Unter den Menschen, welche mit dem Tabubanne belegt sind, spielen Frauen während der Menstruation und Schwangerschaft, sowie Kinder eine große Rolle. Die psychoanalytische Erforschung dieses dunklen Gebiets hat nun ergeben, daß namentlich solche Menschen mit der Tabueigenschaft belegt werden, welche in anderen eine Versuchung erwekken könnten. Unter anderen auch die Versuchung, sie sexuell zu gebrauchen. Diesem Impulse steht nun das Verbot, welches jede Überschreitung mit Unglück und Tod zu sühnen droht, entgegen. So entwickelt sich in den Wilden jener eigentümliche Seelenzustand, für den wir den treffenden Ausdruck der Ambivalenz der Gefühlsregungen haben. Denn der im Unbewußten weiter wirkende Impuls zur Übertretung des Verbotes, die Versuchung, muß immer wieder von der bewußten Angst vor den Folgen dieses Frevels zurückgedrängt werden. Dem unbewußten Phänomen ist die Eigenschaft der Verschiebbarkeit eigen. Wenn nun die Wilden behaupten, daß derjenige, welcher ein Tabuverbot übertreten habe, selbst tabu werde, so haben sie den Weg der seelischen Verschiebung betreten. Nicht der Tabugegenstand ist ansteckend, sondern das Beispiel des Frevlers; die Infektion liegt in der Versuchung zur Nachahmung, welche das eine Beispiel in anderen hervorrufen könnte.

Die Zwangskranken benehmen sich nun so wie diese Wilden: die »unmöglichen« Dinge und Menschen werden deshalb gescheut, weil sie entweder selbst eine Versuchung erwecken oder durch weitverzweigte Assoziationen die Versuchung näherbringen könnten. Sie werden gefürchtet, weil die Versuchung durch Tod und Unheil gestraft wird, wenn man ihr unterliegt.

Kehren wir von hier zu den auffälligen Zügen in den Gestalten aus der Dichtung Schnitzlers zurück, so können wir sie nun besser verstehen. Diese Personen sind tabu: sie reizen dazu, sich ihnen zu nähern, ihre Liebesgunst zu erlangen, und diese sexuelle Lust wird durch Unglück und Tod gebüßt. Sie strömen eine starke Atmosphäre von Versuchung aus, so daß auch ihre ganze Umgebung das gleiche sexuelle Verlangen – wenn auch anderen Liebesobjekten gegenüber – ergreift, und auch diese Verführten treffen die schrecklichen Folgen. (Sie werden gleichfalls tabu.) Die Ansteckung, die ihre Berührung mit sich bringt, erweist sich als Begierde, ihr Beispiel nachzuahmen. (Beate, Dionysia.)

Warum aber sollte der sexuelle Genuß so fürchterlich gerächt werden? Die psychoanalytische Forschung gibt uns Aufschluß durch ihre Einsicht in die seelischen Mechanismen der Zwangsneurose: In der prähistorischen Zeit des Individuums, der Kinderzeit, regten sich sexuelle Gelüste, welchen ein Verbot der elterlichen Autorität gegenüberstand. Jede Übertretung hatte Angst und Schuldbewußtsein zur Folge. Und

so gelangen wir wieder zu dem Thema zurück, welchem der vorige Abschnitt gewidmet war: den seelischen Verbindungen zwischen Tod und Sexualität.
Wir verstehen nun das Schuldbewußtsein Anatols und das Hofreiters. Wir erkennen nun auch die Gründe, welche die Beziehung zwischen Anziehung und Entfernung der Paare im »Reigen« zustande bringen. Unbewußt gilt diesen Menschen die geschlechtliche Lust als verboten, und ihrer Befriedigung folgen Schuldbewußtsein und Todesgedanken.
Wir sehen aber noch immer nicht ein, wieso eine Beziehung zwischen diesen von einem seltsamen Geschick umwitterten Gestalten, den Tabugebräuchen und dem von Leben überschäumenden »Reigen« möglich ist. Wohl haben wir überraschende Ähnlichkeiten im Aufbau gesehen; wir haben auch erkannt, daß die Gefühle der Personen im »Reigen« nach dem Geschlechtsakte, diese Ernüchterung und Verstimmung, einen besonderen Ausdruck für ein unbewußtes Schuldgefühl darstellt. Doch wie können wir unsere bisherigen Erkenntnisse verwenden, um diesem Werke in das Innere zu sehen?
Es ist vielleicht am besten, den begonnenen Weg in derselben Richtung fortzusetzen. Die vielen Frauengestalten, die wir als Trägerinnen des Tabubannes bezeichneten, brachten anderen Personen höchste Seligkeit und bitteres Unglück durch ihre sexuellen Beziehungen mit ihnen. Wir haben gesehen, daß die Wirkung wie bei den Zwangsneurotikern und den abergläubischen Wilden an der Bedingung der Berührung hängt – wobei jedoch auch gedankliche Berührung die wirkliche ersetzen kann. (Katharinens Traum in »Die Fremde«.)[1]
Die Frauen im »Reigen« lassen ihren sexuellen Partnern nur Freuden zuteil werden – wir sehen vorläufig von jener Verstimmung nach Vollziehung des Geschlechtsaktes ab –, und keine Spur von Unheilserwartung, wie wir sie in unserem andern Beispiel fanden, läßt sich finden. Oder sollten wir nicht aufmerksam genug gelesen haben? Sicher ist es

[1] Wir geben hier das von Freud (Imago 1912, Heft 3) zitierte Beispiel von der großartigen Verschiebbarkeit des Tabuverbotes wieder, um den Vergleich zu ermöglichen. »Ein Maorihäuptling wird kein Feuer mit seinem Hauch anfachen, denn sein geheiligter Atem würde seine Kraft dem Feuer mitteilen, dieses dem Topf, der im Feuer steht, der Topf der Speise, die in ihm gekocht wird, die Speise der Person, die von ihr ißt, und es müßte die Person sterben, die gegessen von der Speise, die gekocht ist in dem Topf, der gestanden im Feuer, in das geblasen der Häuptling mit seinem heiligen und gefährlichen Hauch.« [1912–1913, S. 38].

so. Auch in diesem Werke der primitivsten Sexuallust kann der Dichter dem Thema des Todes nicht ausweichen. Oder wie soll man es deuten, wenn im ersten Dialog folgende Stelle vorkommt:

DIRNE Gib Obacht, da ist es so dunkel. Wennst ausrutschst, liegst in der Donau.

SOLDAT Wär eh das beste.

Wie anders, wenn der junge Herr den Verführungsversuch der jungen Frau gegenüber mit einem Hinweis auf irdische Vergänglichkeit einleitet?

DER JUNGE HERR Das Leben ist so kurz.

DIE JUNGE FRAU *schwach* Aber das ist ja kein Grund –

DER JUNGE HERR *mechanisch* O ja.

Wir werden an den Ausspruch Nietzsches gemahnt, daß die Mutter der Ausschweifung nicht die Freude, sondern die Freudlosigkeit ist. Die Kurzlebigkeit dieses sexuellen Begehrens (im einzelnen Fall) findet noch einen anderen Ausdruck. Der Dichter kann sich nicht erinnern, wie das geliebte süße Mädel aussieht, obwohl er bei ihr sitzt; sie ist nah und fern, unheimlich. Und die Vergänglichkeit findet ihre stereotype Ausprägung in der Darstellung jener mehr oder minder starken Niedergeschlagenheit nach dem Moment höchster Lust. Sollte es uns vergönnt sein, den Dichter auf die verborgene Traurigkeit dieses Capriccios aufmerksam zu machen, so wie Cäcilie Amadeus das Leiddurchtränkte einer scheinbar heitern Melodie entdeckt? Ein befreundeter Arzt, mit dem ich unlängst über den »Reigen« sprach, sagte mir: »Wissen Sie, was einen eigentlich daran wundern könnte? Daß keiner der Teilnehmer in der Reihe geschlechtskrank ist.« Und in seiner unumwundenen Art setzte er hinzu: »Denken Sie nur, was das für eine Tragikomödie gäbe, wenn nur ein einziger eine Gonorrhöe hätte.« Der Gedanke liegt nicht so fern, als es scheinen möchte. Tatsächlich läßt sich an einem jener aufschlußreichen kleinen Züge, denen wir schon so oft unsere Aufmerksamkeit zugewendet haben, zeigen, daß er einmal auch dem Dichter auftauchte. Denn in der Szene zwischen dem Gatten und dem süßen Mädel macht sich der Mann nach der Umarmung geheime Vorwürfe. »Wer weiß, was das eigentlich für eine Person ist. – Donnerwetter... So schnell... War nicht sehr vorsichtig von mir... Hm...« Und er hält es später für notwendig, sie auf die Gefahren der Infektion in fast väterlicher und ziemlich verblümter Weise aufmerksam zu machen: »Du bist... na also, unerfahren kann man ja nicht sagen – aber jung bist du – und – und – die Männer sind im allgemeinen ein gewissenloses Volk.« Zur Verdeutlichung setzt er hinzu: »Ich meine das nicht nur in moralischer Hinsicht. – Na, du verstehst mich sicher.« – Es ist gewiß kein Zufall, daß sich hier die Ernüchterung nach dem Akte, hinter der wir ein Schuldgefühl vermuten, das der Todesangst nahesteht, diese Form der Infektionsfurcht gewählt hat. Bei den Zwangsneurotikern kann die Analyse zeigen, daß ihre ständige Berührungs- und Ansteckungsangst auf das Schuldgefühl wegen sexueller Berührung und Impulse zu solcher zurückgeht.

Die Reigenform haben wir schon bei der Schilderung jener erotischen Beziehungen gefunden, in welchen die Berührung so innig mit dem Phänomen des Tabu zusammenhing. Sollte sie der Dichter hier nur deshalb gewählt haben, weil sie die beste Art war, seine Absichten zu erreichen? Oder waren auch hier unbewußte Faktoren bei der Wahl am Werke?

Es fällt uns zur rechten Zeit ein, daß wir in Voltaires »Candide« eine ähnliche Reigenform vorfinden.[2] Dort trifft Candide seinen alten Lehrer Pangloss, der krank und elend ist. Um die Entstehung seiner Krankheit gefragt, erzählt er: »O mon cher Candide! vous avez connu Paquette, cette jolie suivante de notre auguste baronne; j'ai gouté dans ses bras des délices du paradis, qui ont produit ces tourments d'enfer dont nous me voyez devoré; elle en était infecte, elle en est peut-être morte. Paquette tenait ce présent d'un cordelier très savant qui avait remonté à la source, car il avait eu d'une vieille comtesse, qui l'avait reçu d'un capitaine de cavalerie qui le devait à une marquise qui le tenait d'un page, qui l'avait reçu d'un jesuite qui étant novice l'avait eu en droite ligne d'un des compagnons de Christophe Colomb.« »O Pangloss!« s'écria Candide, »voilà une étrange généalogie...«

Im Nebel läßt sich eine Klarheit sehen. Die Reigenform in der Schnitzlerischen Darstellung der Allgewalt des Sexualtriebes und in der Voltaireschen Schilderung der Infektion ist in gleicher Weise determiniert: sie hat eine zwangsneurotische Einstellung zur Voraussetzung. Ich gebe nachfolgend einen Tagtraum wieder, den mir ein junger Mann erzählt hat, der an Zwangsneurose erkrankt ist. Seine Tagesphantasie, die oft wiederkehrt – doch ich lasse ihm selbst das Wort: »Ich stelle mir vor, daß mir eine junge, schöne und sehr reiche Dame den Antrag macht,

2 »Candide ou de l'optimisme.« Œuvres complètes. Paris 1879, Bd. 21, Chap. IV. S. 144f.

mit ihr ein Verhältnis einzugehen. Ich muß diesen Antrag ablehnen. Sie staunen? Sie werden sofort sehen, welche schwerwiegenden Gründe mich dazu veranlassen. Die junge Dame – setze ich voraus – hat einen Geliebten, der sie aushält, einen amerikanischen Milliardär. Sie hat sich in mich verliebt und verspricht mir alle Seligkeiten der Liebe und will mir Reichtümer schenken. Doch jener Milliardär stört mich. Er kommt wohl nur einmal im Jahre nach Wien auf einige Tage, die übrige Zeit ist er auf Reisen. Ich stelle mir vor, daß er in allen Hauptstädten, welche er besucht, ähnliche Verhältnisse wie das in Wien angeknüpft hat. Sagen wir, er hätte nur in fünf Städten solche Geliebte. Mit diesen fünf verkehrt er geschlechtlich; außerdem mit der Dame in Wien. Wenn ich sie also jetzt umarme, komme ich eigentlich schon mit sechs Personen zusammen. Ich nehme ferner an, daß jede dieser fünf ein ähnliches Bedürfnis nach einem Herzensfreund haben wird wie die Wiener Dame – wenn sie sich mit einem zufrieden gibt. Doch die meisten werden sich wenigstens neben dem Milliardär zwei Liebhaber halten. Es kommen folglich noch zehn Personen hinzu. Diese jungen Männer gehören wie ich der besseren Gesellschaftsschicht an und haben jeder einige mehr oder minder flüchtige – rechnen wir drei – Verhältnisse – so daß also wieder dreißig Frauen in die Reihe kommen. Frauen, welche ein Verhältnis haben, haben wieder eine größere Anzahl von Liebhabern, und diese sind wieder anderen Frauen manchmal zugeneigt usw. Nehmen Sie nun eine kleine Ziffer dazu, welche sich auf gelegentliche Sexualabenteuer, Seitensprünge einer dieser Frauen oder Männer bezieht – doch wozu Sie ermüden: ich habe eine Tabelle angelegt, laut derer ich, wenn ich jene verführerische Dame zur Geliebten nehme, mit rund sechstausend Personen zusammenkomme. Nehmen wir nun an, einer von jenen jungen Männern in – also: in Petersburg – hat sich in guter Gesellschaft unterhalten und kann, angeregt und libidinös, auf dem Heimwege der Versuchung nicht widerstehen, ein Freudenhaus aufzusuchen. Er infiziert sich dort mit Syphilis. Am nächsten Tage sucht er seine Maitresse auf und verkehrt mit ihr. Eine Woche später kommt ein Telegramm jenes Milliardärs an seine Geliebte, welches sein Kommen anzeigt. Er kommt auch wirklich, bleibt einige Tage bei seiner untreu gewordenen Dame und fährt hierauf nach Wien, wo er die Wiener Geliebte besucht und mit ihr Zärtlichkeiten tauscht. Nach seiner Abfahrt komme auch ich, der ich jetzt ihr Geliebter bin, zu ihr, um mit ihr geschlechtlich zu verkehren. Und so werde ich syphilitisch. Sie verstehen nun, daß ich den Antrag zurückweisen muß, so viel Reiz er auch im ersten Augenblick auf mich ausübt.«

Wir bewundern in dieser großartigen Phantasieschöpfung, welche die Krankheit geboren hat, ebenfalls die Reigenform, und sie übertrifft sogar die dichterische an Ausdehnung.

Kein Zweifel: der verderbliche Reigen der Ansteckung und der, welchen Schnitzler schildert, ist derselbe, von zwei Seiten gesehen. Primär war wohl auch hier die Ansteckungsangst, und das ganze Werk, das von soviel Lebenslust überschäumt, ist nichts als eine bewußte Besiegung, eine mehr als kompensierende Reaktion jener unbewußten Angst. Wie mächtig muß diese Angst sein, wenn sie solche Reaktionserscheinungen bewirkte.

Wir wissen schon, daß die neurotischen Symptome eine Bedingung erfüllen: sie stellen Kompromisse zwischen zwei einander widerstreitenden Seelenregungen dar. Es vereinigen sich z. B. in ihnen ein sexueller Impuls und die ihm entgegengesetzte Angst als Abkömmling der Verdrängung. In des Dichters Werk sehen wir etwas Ähnliches: der »Reigen« zeigt die hinreißende Macht der alle Menschen unterwerfenden Triebgewalt, doch verrät er nicht nur durch den gelegentlichen Durchbruch von Todesgedanken, von Augenblicksverstimmungen und Infektionsangst, sondern mehr noch durch seine Struktur die dahinter liegende Angst, welche sich dem Triebe entgegenstellt. Er verbirgt – ebenfalls wie eine neurotische Symptombildung – ebensoviel, als er enthüllt.

Die dynamische Macht des Unbewußten zeigt sich hier am schönsten. Vielleicht gibt es überall in der Sinnenwelt Freiheit, doch im Reiche des Seelischen herrscht Tyrannei. Es ist hier kein Raum für Zufall und Willkür. Die strengsten Gesetze walten und setzen sich – auch gegen den bewußten Willen des Individuums – durch. Auch im Schaffen des Dichters. So konnten wir aus den berauschenden Rhythmen seines Venusreigens das unheildrohende dunkle Mollmotiv des Danse macabre heraushören.

Seelische Wege der Eifersucht

»Il y a dans la jalousie plus d'amour propre que d'amour.«
La Rochefoucauld, Maximes et réflexions

Wir haben Gelegenheit gehabt, das Verhalten der meisten Personen der Dichtung Arthur Schnitzlers mit dem gewisser Nervenkranker, namentlich Zwangsneurotiker und Phobiker, in Parallele zu setzen. Wir werden nunmehr nicht überrascht sein, wenn wir auch bei der Untersuchung der Eifersüchtigen auf zwangsneurotische Einstellungen stoßen.

Wir wollen mit einem ganz einfachen Beispiel aus der Symptomatologie der Zwangsneurosen beginnen: es ist typisch, daß ein Zwangsneurotiker immer zweifelt, ob er die Türe versperrt, die Lampe ausgelöscht, irgend etwas Wichtiges richtig verwahrt hat etc. Er ist durch diesen Zweifel genötigt, immer wieder die eigenen Handlungen zu prüfen, darüber zu grübeln. Es entwickelt sich so ein Prüfungszwang, der oft den Kranken lebensunfähig macht. Dieser Zwang ist nun »ein Versuch zur Kompensation des Zweifels«. Die Kranken haben sichtlich eine Vorliebe für Themen, welche ihrer Natur nach unsicher sind, ja in deren Wesen es liegt, niemals Sicherheit zu gewähren (Lebensdauer, übersinnliche Probleme, Abstammung vom Vater etc.).

Eines dieser Probleme, welche dem Hange nach Unsicherheit bei den Zwangsneurotikern Nahrung gibt, ist auch die Treue der Frauen. Hier könnte uns leicht jemand einwerfen: für diesen Zweifel sind ja tatsächlich vernünftige Gründe vorhanden. Er würde uns Beispiele von der Frauenuntreue aus allen Zeiten, von denen der alten Hebräer bis zu den modernsten Ehebrüchen geben und uns anscheinend mit Recht vorwerfen, daß unsere Analogie mit der Zwangsneurose hier gar keine Aufklärung verspricht. Dem ist folgendes zu entgegnen: auch für den Zwangsneurotiker, der zweifelt, ob er die Tür versperrt hat, sind anscheinend rationelle Gründe vorhanden. Jeder von uns Normalen hat desgleichen schon vergessen. Der Zwangsneurotiker aber leidet unter der Kontinuität dieses Zweifels, der sich bald auf alles erstreckt, und unter dem Zwange, alles nachprüfen zu müssen. Wer einmal einen Zwangsneurotiker beobachtet oder gar behandelt hat, weiß, daß seine Zweifel und Skrupel von denen normaler Menschen in Ausdehnung und Inhalt weit abweichen und daß nur unbewußte Vorgänge dafür zur Erklärung heranzuziehen sind. Es soll gleich gezeigt werden, wie ähnlich der Zweifel an der Treue der Frauen, wie er in den Schnitzlerischen Gestalten wirkt, dem dieser Neurotiker ist.

Wieder werden wir einzelne typische Motive aufgreifen, um mit ihrer Hilfe in das Zentrum des Problems zu gelangen. Eines dieser Motive ist uns schon aus den »Wahlverwandtschaften« bekannt; es ist jener sonderbare Zug, daß bei der gegenseitigen Umarmung Eduard nur an Ottilie, Charlotte aber an den Hauptmann denkt.[1] Dieser Zug kehrt in der Eifersucht Schnitzlerischer Gestalten wieder. Zum erstenmal tritt er uns in »Alkandis Lied«, einem Jugenddrama des Dichters, entgegen. Der eifersüchtige König ruft dort ergrimmt seiner Frau zu:

»Nun weiß ich doch, wer meiner Küsse Glut
seit Wochen mir zu rauben sich vermessen;
ich fühlt es ja, ich fühlt es allzugut,
in meinen Armen hast du mich vergessen.«

So behauptet Anatol von seiner Geliebten: »Während sie an meinen Lippen hängt, während sie mir die Haare streichelt, während wir selig sind... weiß ich, daß sie mich betrügt.« Justina (in »Paracelsus«) ruft dem vertrauensvollen Meister Cyprian zu:

»Und doch! in mancher Nacht hätt'st du gefühlt,
wie fern ich dir war – wahrlich! minder stolz
wärst du der Frau gewesen dir im Arm.«

Dem Dichter Albertus Rhon aber hat sich auf dieser Eigenheit des Liebeslebens eine Theorie der Phantasieuntreue aufgebaut: »Abenteuer... Müssen sie denn gerade erlebt sein? Einem Maler, der über Stümperei erhaben und über alle Jugendtorheiten hinaus ist, genügt *ein* Modell für

[1] Einen hübschen Aufsatz über dieses Thema hat J. Harnik geschrieben: »Psychoanalytisches aus und über Goethes Wahlverwandtschaften«. Imago I, 5 [1912, S. 507–518].

alle Gestalten, die er träumt und schafft – und den, der zu leben weiß, erwarten alle Abenteuer, nach denen ihn gelüstet, im Frieden seines Heims. Er erlebt sie geradeso wie ein anderer, aber ohne Zeitverschwendung, ohne Unannehmlichkeiten, ohne Gefahr; und wenn er Phantasie hat, bringt ihm seine Gattin, ohne daß sie es ahnt, lauter uneheliche Kinder zur Welt.«

In Georg von Wergenthin erwacht aus einer solchen Gedankenverknüpfung eine flüchtige Eifersucht Anna gegenüber. »Vor einer Stunde im Wagen, als er sie in den Armen hielt und küßte, hatte sie gewiß nicht geahnt, daß er einen andern Gedanken hatte als sie. Und doch in irgendeinem Augenblick, seine Lippen auf den ihren, hatte er sich nach Sissy gesehnt. Warum sollte es nicht geschehen können, daß Anna ihn betrog... Am Ende schon geschehen sein... ohne daß er es ahnte.« Auch Hans von der Traun, die Urgestalt Filippo Loschis, spricht ähnliche Gedanken aus:[2]

»Du Tor, der sich an eine hängt!
Und sich an ihrer Brust geborgen wähnt!
Gedanken, die nicht dir gehören, fliehn
jenseits der Stirn, die deinem Kuß sich neigte.
Nicht einen Augenblick, den besten nicht,
hast du sie ganz gehabt. Ihr süßes Lächeln,
das sich um dich wie Licht der Sonne schlang,
hat nimmer dich gemeint.«

In der Novelle »Der Mörder« ruft Alfred das Bild Adelens zu Hilfe, um Elise bei der Illusion des Geliebtwerdens festzuhalten. Das Mädchen ahnt es nicht, »daß nicht sie selbst es mehr war, die nun in den schweigenden dunklen Meeresnächten an seinem Halse lag, sondern die ferne, durch seine Sehnsucht in aller Lebensfülle herbeigezauberte Braut«.

In einer köstlichen Szene des Reigens erwacht in dem Dichter ein ähnlicher Argwohn, als er mit der Schauspielerin im Bette liegt:

SCHAUSPIELERIN Nun, wen betrüg ich?
DICHTER Wen?... Vielleicht mich...

[2] Zwei Szenen aus der ursprünglichen Fassung des »Schleiers der Beatrice« sind in der Zeitschrift »Merker«, III. Jahrg., Heft 9, mitgeteilt.

Von diesem Standpunkte aus gesehen, hat auch Albertus Rhon recht, wenn er behauptet, daß Cäcilie in den Armen ihres Gatten den Fürsten Sigismund betrügt. Auch Frau Beate in Schnitzlers letztem Werk wird sich dessen bewußt, daß sie, während sie ihren Mann umarmte, andere Phantasiegestalten in ihm liebte: »War es denn Ferdinand gewesen, den sie in ihren Arm hielt, der Komödiant mit der roten Nelke, der oft genug erst um drei Uhr morgens, nach Wein riechend, aus der Kneipe nach Hause kam?... Nein, den hatte sie niemals geliebt... Der, den sie liebte, war nicht Ferdinand Heinold gewesen, Hamlet war es und Cyrano und der königliche Richard, der und jener, Helden und Verbrecher, Sieger und Todgeweihte, Gesegnete und Gezeichnete... So hatte sie ihn immer betrogen wie er sie – hatte stets, eine Verlorene von Anbeginn, ein Dasein phantastisch-wilder Lust geführt, nur daß es niemand hatte ahnen können, nicht einmal sie selbst.«
Es scheint, als würde die Eifersucht, die sich oft genug, wie wir gesehen haben, an diesen Betrug in der Phantasie klammert, etwas gemeinsam mit jenem Bibelworte haben, daß schon der die Ehe in seinem Herzen gebrochen, der eine andere Frau nur ansehe. Wir erinnern uns zur rechten Zeit, daß wir das seelische Phänomen, das solche Gedanken bewirkt, schon kennen. Es ist die »Allmacht der Gedanken«.
Die Neurotiker können sich von dem Glauben nicht lossagen, daß ihre Gedanken eine solche Macht ausüben, daß sie den Taten gleichkommen. Die extreme Eifersucht, wie sie sich in diesen Motiven ausprägt, hat die »Allmacht der Gedanken« zur Voraussetzung. Denn es wird darin die Gedankenuntreue der wirklichen gleichgesetzt und in gleicher Weise gewürdigt und verdammt. Brauchten wir noch einen Beweis, daß die »Allmacht der Gedanken« in der Psychogenese der Eifersucht eine Rolle spielt, dann könnte ihn eine Novelle Schnitzlers »Andreas Thameyers letzter Brief« geben. Der Arme begeht einen Selbstmord, weil seine Gattin ein schwarzes Kind zur Welt brachte. Er stirbt, denn niemand würde es ihm glauben, daß seine schwangere Frau an jenem verhängnisvollen Abend sich an den Negern versehen hat. Er selbst betont zu oft, daß seine Frau ihm treu gewesen, als daß er es selbst glaubte. Hier ist ein typischer Ausdruck der »Allmacht der Gedanken«: das Versehen ist auch ein Treubruch im Gedanken. Ein kleiner Nebenumstand der Erzählung zeigt, daß Thameyer selbst zweifelt. Er bringt nämlich die angstvolle Stimmung der Schwangeren in Beziehung mit dem Verschwinden ihrer etwas flatterhaften Schwester. »Nun ich will

gegen Fritzi nichts sagen, denn dieses ist mein letzter Brief. Aber hier scheint es mir am Platze, an Fritzi die ernste Mahnung zu richten, ihren Bräutigam nicht zu kränken, da dieser als anständiger Mensch darüber sehr unglücklich wäre. Leider aber bleibt es eine Tatsache, daß an jenem Abend Herr... doch wozu soll ich hier einen Namen niederschreiben... Kurz und gut, mit diesem Herrn, den ich sehr wohl kenne und der sich nicht des besten Rufes erfreut, verlor sich Fritzi an jenem Abend, und meine arme Frau war plötzlich allein.« Wir dürften nicht fehlgehen, wenn wir hier eine Verschiebung des Affektes vermuten. Der unbewußte Zweifel an der Treue ist von Anna auf ihre Schwester projiziert. Die Begründung des Versehens – aus Angst vor den Schwarzen und Angst um Fritzi – kann diese Ansicht nur unterstützen.[3] (»Freilich wenn Fritzi sich nicht verloren hätte, so wäre meine Frau nie und nimmer in eine so entsetzliche Angst geraten.«) Wollte hier der Dichter diesen psychologischen Zusammenhang, der die Untreue mit der »Allmacht der Gedanken« in Beziehung setzt, nicht zugeben, so fiele es uns nicht schwer, ihn mit den eigenen Waffen zu schlagen. Wir würden uns darauf berufen, daß der arme Andreas Thameyer sterben muß, weil die Leute sagen, seine Frau habe sich einem Neger hingegeben. So überraschend ein solches Argument im ersten Augenblick wäre, so läßt es sich doch auf dem Boden der neurotischen Einstellung verstehen; denn im Glauben und im Widerstreben gegen das Gerücht liegt dieselbe »Allmacht der Gedanken«, die wir im Versehen vermuteten. Erinnern wir uns der Qualen, die Heinrich Bermann im »Weg ins Freie« erduldet, als er anonyme Briefe bekommt, welche die Untreue seiner Geliebten behaupten. Georg sucht ihn davon zu überzeugen, daß in anonymen Briefen nie die Wahrheit stehe. »Im Gegenteil«, erwidert Heinrich, »lieber Georg, immer... Die höhere Wahrheit gewissermaßen enthalten solche Briefe. Die große Wahrheit der Möglichkeiten. Die Menschen haben im allgemeinen nicht genug Phantasie, um aus dem Nichts zu schaffen.« Wir sehen, daß auch die Eifersucht, die sich

[3] Es ist nicht bedeutungslos, daß dieses Motiv des Versehens sich bei Schnitzler an anderer Stelle wiederholt und mit dem Traume, der bekanntlich die unbewußten Wünsche erfüllt, verbunden wird. Der tapfere Cassian nimmt an, daß sich Sofiens Mutter während ihrer Schwangerschaft an einer heidnischen Göttin versehen hat. Er fährt fort: »Solches widerfährt den ehrbarsten Frauen; ich selber war zu dem Traum einer vornehmen Dame geladen, der ein Mohrenfürst erschien und die ein kohlrabenschwarzes Mägdelein auf die Welt brachte.«

auf die Meinung der anderen von der Geliebten gründet, ihre Wurzeln im Glauben an die »Allmacht der Gedanken« hat.[4] Wir begnügen uns aber nicht damit, einen einzelnen Zug in der Eifersucht als durch den zwangsneurotischen Glauben an die »Allmacht der Gedanken« (ein Glaube, dem in vielen Augenblicken auch wir Normale unterworfen sind) determiniert aufzufassen. Wir wollen uns vielmehr davon überzeugen, daß auch andere Mechanismen der Zwangsneurose im Systembau der Eifersucht mitwirken.

In der Entwicklung der Zwangsneurose spielt eine Reihe von Symptomen eine große Rolle, die Professor Freud mit dem Namen »Sekundäre Abwehr« bezeichnet hat. Diese Symptombildungen stellen sich als Schutzmaßregeln dar, welche zur Bekämpfung des Zwangsdenkens dienen. Eine besondere Stellung gebührt in diesem Zusammenhange der Abwehr gegen zwangshafte Affekte. Dazu zählen insbesondere Maßregeln der Buße und Vorbeugung. An verschiedenen Motiven der Eifersucht wollen wir nun zeigen, daß sie sich als solche Maßregeln der Vorbeugung erweisen. Es kehren bei den Eifersüchtigen der Schnitzlerischen Dichtung stereotyp zwei Verhaltensweisen auf, die sichtlich im Dienste des Grübelzwanges stehen und die zugleich als Schutzmaßregeln fungieren. Das eine dieser Motive sieht etwa schematisch – ich lasse die Variationen beiseite – so aus: der Mann bittet die Geliebte, ihm

[4] Es ist hier der Ort, einiges, was wir im Abschnitt über die »Allmacht der Gedanken« versäumt haben, nachzutragen, und es wird gut sein, diesen Glauben an das Gerücht als eine Maske jenes anderen Glaubens noch weiter zu erhärten. Sowohl Nürnberger als Else Ehrenberg wissen früher als Georg, daß dessen Verhältnis zu Anna zu Ende geht. Georg selbst wundert sich darüber. »Die Leute wußten alles früher als er selbst. Sie hatten von seinem Verhältnis mit Anna gewußt, ehe es angefangen und jetzt wußten sie wieder früher als er, daß es zu Ende war.« Der Tod Korsakows (im »Weiten Land«) wird gerüchtweise mit einem amerikanischen Duell zwischen ihm und Hofreiter zusammengebracht. Tatsächlich mit Unrecht, psychologisch aber wohl begründet: denn Korsakow ist der Rivale Hofreiters. Ebenso glaubt Amadeus einen Augenblick daran, daß das Gerücht recht behalten wird, das von einer Verbindung Cäciliens und Sigismunds spricht. (»Zwischenspiel«.) Albertus Rhon spricht im selben Schauspiel ganz entschieden aus, daß die Leute, die Gerüchte aussprengen, recht behalten: »Warum entrüstest du dich also? Wenn wir lange genug existierten, behielte wahrscheinlich jede Lüge recht, die über uns umläuft. Horch auf die Verleumder, so wirst du die Wahrheit über dich erfahren. Das Gerücht weiß selten, was wir tun, aber immer wohin wir treiben.«
In Frau Berta Garlan taucht einmal der Gedanke auf, daß ihr Sohn gar nicht von ihrem Gatten, sondern von dem fernen Geliebten sei. »Sind solche Dinge nicht möglich...? Und es war ihr in diesem Augenblick, als könnte sie die Lehre vom Heiligen Geist verstehen. Dann erschrak sie selbst über das Unsinnige ihrer Gedanken.« Frau Berta hat sich einmal ein Kind von ihrem Geliebten gewünscht.

unbedingt die Wahrheit zu sagen; selbst wenn diese Wahrheit ihn selbst von ihrer Untreue überzeugt. Schon in Schnitzlers Erstlingswerk hat Anatol mit Annie einen förmlichen Vertrag geschlossen: »Annie, sagtest du... wir wollen uns nie betrügen... Lieber gleich die ganze Wahrheit sagen...« Pauline (»Die Frau mit dem Dolche«) hat ihrem Mann am ersten Tag geschworen, ihm jede Regung ihrer Seele einzugestehen wie er ihr. Fedor (»Das Märchen«) leidet unter demselben Zwange: »Sie müssen mir alles gestehen, alles!... Ihr Leben muß klar vor mir liegen...« Amadeus und Friederike (»Zwischenspiel«) gestehen einander alle geheimen Wünsche, welche sie zu andern ziehen. Georg von Wergenthin fragt, seltsam gespannt, nach Annas früheren Beziehungen. Auch Friedrich Hofreiter will alles wissen, was seine Frau bewegt, hemmt und lockt und macht ihr gegenüber keinerlei Hehl aus dem Verhältnis mit Frau Natter.

Dieser Vertrag schützt nicht nur den Liebenden vor unliebsamen Überraschungen, er hat noch eine andere Funktion, welche der Zwangsneurose eigentümlich ist. Er ist oft eine Art Beschwörung, welche die drohende Gefahr abwenden soll, und kann nur im Zusammenhange mit dem neurotischen Glauben an die Allmacht der Gedanken erklärt werden. Um wieder von der Dichtung zum Leben zurückzukommen: Ein Kollege erzählte mir, daß seine Geliebte heute auf einem Ball sei. »Vielleicht«, setzte er hinzu, »vielleicht wird sie mir heute untreu.« Die Psychoanalyse ergab, daß er das sagen *mußte*, weil er es befürchtete, und daß er unbewußt den Glauben hegte, er könne das Gefürchtete abwenden, wenn er es ausspreche.[5] Derselbe Mechanismus dürfte oft in den Schnitzlerischen Personen seine Wirkung entfalten. Einem so ausgezeichneten Kenner der menschlichen Seelenregungen wie Schnitzler konnte auch die kathartische Wirkung des »Aussprechens«, welche die Psychoanalyse in so schlagender Weise bewiesen hat, nicht entgehen. Seine Gestalten fühlen sich oft befreit durch die Beichte ihrer Versuchungen. So die Frau in »Die Toten schweigen«, nachdem sie den Entschluß gefaßt hat, ihrem Manne die ganze Wahrheit zu gestehen. Eine große Ruhe kommt über sie: »als würde vieles wieder gut«. Man könnte die schönen Worte, welche der Adjunkt im »Ruf des Lebens« spricht, als Motto vor jede Psychoanalyse setzen: »Was immer Sie ge-

[5] Die von Freud gezogene völkerpsychologische Parallele solcher neurotischer Beschwörungsmaßregeln führt ins Gebiet der Magie [1912–1913].

tan, was immer Sie erlitten, *ausgesprochen* hätte es keine Schrecken mehr. Nur das *Geheimnis* ist der Abgrund, über den kein Ruf hinüberdringt, wäre er schmal wie eines Fingers Breite. Jedes *wahre* Wort schlägt Brücken zwischen Menschen, die sich einmal verstanden haben, jedes wahre, und wäre es schwer von den Verbrechen, die die Menschen für die furchtbarsten halten: Untreue, Buhlerei und Mord.«

Wir kehren zu dem Motive des gegenseitigen Geständnisses, das wir als einen Damm gegen den Zweifel erklärt haben, zurück. Es ist nun für jede dieser Maßregeln charakteristisch, daß sie wieder dem Zweifel unterliegen und immer neue Prüfungen erfordern. Ich gebe hier ein Beispiel aus der Praxis, um diesen Prozeß zu veranschaulichen. Ein Zwangsneurotiker, Dr. juris, sehr intelligent, 24 Jahre alt, leidet an Bakterienfurcht. Er wäscht sich den ganzen Tag, gebraucht täglich zehn Paar Handschuhe etc. Es kommt ihm der Einfall, einen berühmten Bakteriologen persönlich über die Möglichkeit der Infektion zu befragen. Die Antwort befriedigt ihn indessen nur ein paar Stunden, dann hat er das peinliche Gefühl, er könnte sie nicht im Gedächtnisse behalten. Er bittet mich um Bücher über Bakteriologie, um sich dadurch, daß er diese Aufklärungen schwarz auf weiß habe, zu beruhigen. Doch die Auskünfte, welche die Bücher ihm geben, und welche denen des Bakteriologen gleichkommen, scheinen ihm einerseits nicht ausreichend, anderseits unpräzise. Er konstruiert Eventualfälle der Ansteckung und beschließt, einen andern Professor zu konsultieren. Und so mit Grazie in infinitum. Das Gebäude der Schutzmaßregeln steht auf unsicheren Füßen. Es wird uns nicht überraschen, daß der Zweifel auch den Vertrag des gegenseitigen Geständnisses – auf eine Formel gebracht: »Zwischen uns sei Wahrheit« – ergreift und zerstört. Der Zweifel kommt da von zwei Seiten: wird die Frau auch die Wahrheit sagen, und selbst, wenn sie den guten Willen dazu hat, werden die Gefühle und Regungen, die sie gestehen will, nicht gerade durch das Aussprechen unwahr, irgendwie verfälscht? Wir ziehen den ersten Fall der Erschütterung des Schutzgebäudes heran. Ein schönes Beispiel dieser Art liefert uns die tragikomische Handlung des »Zwischenspieles«. Amadeus bittet seine Frau, ihm ungescheut zu sagen, was sie für Sigismund fühlt. Man kann ohne weiteres behaupten, er treibt sie dazu, ihm ein Geständnis ihrer Liebe zu dem Fürsten zu machen, er wendet alle Mittel an, um es ihr zu erpressen. Cäcilie wehrt sich: sie liebt Sigismund nicht. »Soll ich mehr sagen, als ich für wahr halte? Wäre das nicht wieder Lüge? – so gut und

so schlecht als eine andere?« Aber Amadeus besteht darauf, daß ihr Gefühl zu Sigismund das des Hingezogenseins ist. Und auch er hat ihr – unter dem Drucke seiner gesteigerten Gewissenhaftigkeit – zu gestehen, daß er der Gräfin gegenüber eine Neigung empfindet. Das Tragikomische des Stückes, dessen wahren Gefühlsinhalt Kritiker niemals gehoben haben (aus naheliegenden Gründen), besteht eben darin, daß die beiden trotz ihrem Willen zur Wahrheit – oder eben deshalb? – nicht wahr gewesen sind. Sie haben einander mehr oder weniger gesagt, als sie zu gestehen haben. Die herbe Cäcilie spricht dies auch aus: »Wenn alles andere wahr gewesen ist – daß wir beide uns so schnell darein gefunden haben in jener Stunde, da du mir deine Leidenschaft für die Gräfin und ich dir meine Neigung zu Sigismund gestand, – das ist nicht Wahrheit gewesen. Hätten wir einander damals unsern Zorn, unsere Erbitterung, unsere Verzweiflung ins Gesicht geschrien, statt die Gefaßten und Überlegenen zu spielen – dann wären wir wahr gewesen, Amadeus – und wir waren es nicht.«
Wir sehen, auch dieser Schutzbau ist nur illusorisch, und so auch jeder andere. Wir werden es psychologisch wohl verstehen, wenn Amadeus auch diese Aufklärung seiner Frau wieder anzweifelt: »Gut – denn – wir waren es nicht... Und wenn wir's gewesen wären?« In den Worten Cäciliens erhebt sich aber noch drohender als der Vorwurf, Gefühle durch Worte verfälscht zu haben, ein anderer. Es war nicht wahr, weil wir unsere Gefühle zurückgedrängt, unsere Erbitterung und unsern Haß. Unsere Affektlosigkeit war nur scheinbar. Sie war eher Affektation. Es ist kein Zufall, wenn derselbe Vorwurf in einer Novelle »Die Hirtenflöte« und ebenfalls aus Frauenmunde ertönt. Dionysia ruft dem alles verstehenden, alles verzeihenden Erasmus zu: »Ja, wärst du erschauert vor dem Hauch der tausend Schicksale, der um meine Stirn fließt, so hätt' ich bleiben dürfen... So aber tiefer als vor allen Masken und Wundern der Welt, graut mich vor der steinernen Fratze deiner Weisheit.« Woher diese Ruhe, da wir doch anderseits wütende Szenen bei Schnitzler genug haben, welche die Leidenschaftlichkeit der Eifersüchtigen beweisen? Sie wird uns erklärt, wenn wir sie als »sekundäre Abwehr« gegen Zwangsaffekte verstehen. Es ist wohl zu beobachten, daß nur die Liebenden der ersten Dichtungen Schnitzlers die Geliebte mit übertriebenen Vorwürfen der Untreue quälen. Später dringen sie zwar darauf, daß ihnen die Wahrheit gesagt werde, doch sie verraten nach dem Geständnis keinerlei Affekte. Die Eifersucht ist nicht ge-

schwunden, sie hat eine andere Form gefunden; sie hat sich durch die Fratze der Weisheit maskiert. Die Wut und Raserei der Eifersüchtigen gegen die Geliebte würde ins Endlose gehen, sie schützen sich also dadurch, daß sie sich eine Ruhe aufzwingen, welche primär nicht in ihrer Natur liegt. Die Abwehr ist ja ein Symptomenkomplex, der sich nach und nach entwickelt. Wir können seine langsame Entstehung sogar verfolgen. In den ersten dichterischen Produkten finden wir eine bis zum extremsten Ausdruck der Rache gesteigerte Eifersucht (Anatol 1890, Märchen 1891), erst 1896 ist in »Die Frau des Weisen« zum ersten Male das Motiv des affektlosen Ertragens der Untreue in schwacher Form kenntlich und wird bis zur »Hirtenflöte« (einige Beispiele: Remigius in »Die Frau mit dem Dolche«, Amadeus im »Zwischenspiel«, Natter im »Weiten Land«) immer stärker herausgearbeitet. Haben wir so die abnorme Ruhe dieser Personen als Reaktion auf den Impuls zu einer übermäßigen Leidenschaft, ja, zur Gewalttat entlarvt, so müssen wir noch eines Momentes gedenken, das psychologisch mit diesem im engsten Zusammenhang steht, nämlich der Affektverschiebung. Die Zwangsneurotiker sind diejenigen Nervenkranken, von denen man behaupten kann, daß es ihnen am meisten gelingt, die pathogenen Eindrücke aus der Verdrängung ins Bewußtsein zu erheben. Man erstaunt immer wieder, wie weit sie in sich hineinsehen; doch man ist nicht minder von der Ruhe und Affektlosigkeit überrascht, mit der sie ihre verdrängten Gedanken gestehen (sexuelle Wünsche, Todesgedanken gegen die nächsten Verwandten und Freunde). Diese Überraschung ist begründet: denn es drängt sich die Frage auf, wo denn die Affekte geblieben sind, welche so wichtigen und tiefgreifenden inneren und äußeren Erlebnissen unbedingt zugeordnet sein müssen. Die einzige Aufklärung, die uns zu Gebote steht, ist auch die ausreichende. Sie wird durch jenen auffallenden Zug gegeben, der auch das Traumleben beherrscht, durch den Mechanismus der Affektverschiebung. Der Affekt wird vom Wichtigen und Bedeutungsvollen auf ein anderes Feld, das oft ganz nichtig scheint, übertragen. Diese Verstehenden und Verzeihenden haben ihre Affekte verschoben; ihre Wut und ihr Haß hat ihr ursprüngliches Objekt verlassen. Ähnlich wie sie gesteht Heinrich Bermann (»Der Weg ins Freie«), daß er nicht die Absicht habe, zu rächen oder zu strafen. »Meinen Sie, ich verachte die Ungetreue oder ich hasse sie? Fällt mir gar nicht ein... Aber in Wahrheit versteh ich ja alles, was geschehen ist, viel zu gut, als daß ich...« Und jetzt gibt er auf einen Einwurf seines Freundes eine Erklärung, die fast wie eine psychoanalytische Durchleuchtung jenes seelischen Mechanismus der Affektverschiebung klingt. »Aber lieber Freund, das Verstehen hilft ja gar nichts. Das Verstehen ist ein Sport wie ein anderer. Ein sehr vornehmer Sport und ein sehr kostspieliger. Man kann seine ganze Seele darauf verschwenden und als ein armer Teufel dastehen. Aber mit unsern Gefühlen hat das Verstehen nicht das allergeringste zu tun – beinahe so wenig, wie mit unsern Handlungen. Es schützt uns nicht vor Leid, nicht vor Ekel, nicht vor Vernichtung. Es führt gar nirgends hin. Es ist eine Sackgasse gewissermaßen. Das Verstehen bedeutet ein Ende.« Die von ihm geleugnete Absicht, zu rächen und zu strafen, muß gleichwohl unbewußt in ihm gelegen und nur durch einen Willensakt aufgehoben worden sein. Denn nach dem Tode der Geliebten weiß er, daß dieser eine Erlösung bedeutet, denn »Ekel und Qual, Wut und Haß wären um unser Bett gekrochen«. Wir verstehen nun, wie das Neurotische in diesen Personen in ihrem Verhalten immer wieder durchbricht. Durch den Zwang, alles verstehen zu müssen (Prüfungszwang), ersetzen sie den Affekt und schützen sich davor. So stark ist dieser Zug, daß er sich sogar in der phantastisch-tiefsinnigen Burleske »Zum großen Wurstel« variiert findet. Der Held erklärt dort:

»Indem ich nämlich alles versteh,
fühl ich nicht Groll, nur leises Weh.«

Mit dem letzten Beispiel sind wir schon der zweiten, weitaus radikaleren und umfassenderen Schutzmaßregel nahegekommen, welche die Eifersüchtigen anwenden, um ihrem Zweifel Halt zu gebieten und ihrer Skrupel Herr zu werden. Auch der Wille zur Wahrheit hat nicht zur Beseitigung des zwanghaften Zweifels geführt, und so muß ein weiteres Schutzmittel herangezogen werden. Es besteht darin, daß der Liebende es der Geliebten anheimstellt, wenn sich Wünsche in ihr regen, die sie in anderer Arme führen wollen, ihren Weg zu gehen, ja, daß er es von ihr fordert, sich jedem Wunsche hinzugeben. Dieser Ausweg hat zugleich eine zwangsneurotische Begründung, es ist gleichsam eine Abwehr jeder Überraschung. Amadeus behauptet, daß er und Cäcilie nicht das Schicksal durch ein Gefühl zu großer Sicherheit herausgefordert hätten. Er gibt dem Freunde Aufschluß über den eigenartigen Grund, der zu dieser seiner Frau und ihm gestatteten Wahlfreiheit führte. »Daß einen nichts unvorbereitet treffen kann, gibt immerhin ein Gefühl der

Beruhigung.« Unzweideutig tritt hier der Charakter dieser zwischen den Ehegatten getroffenen Übereinkunft als neurotische Sicherheitsmaßregel hervor. Der Sinn ihres Zusammenbleibens, nachdem sie aufgehört haben, einander Gatten zu sein, ist für Cäcilie der, daß sie nach allen Stürmen und Abenteuern ruhig nach Hause zurückkehren kann, daß die beiden über Abgründe ihres Erlebens einander die Hände reichen. Amadeus sagt seiner Frau: »Was du auch Trauriges oder Erbärmliches erfahren haben solltest, bei mir wirst du Zuflucht und Verständnis finden.« Auch Erasmus in der »Hirtenflöte« fordert seine junge Frau auf, jeder Sehnsucht, die sie lockt, Folge zu leisten und zugleich schwört er ihr, daß sie zu ihm jederzeit zurückkehren könne.
Ähnlich handelt auch Friedrich Hofreiter (»Das weite Land«) Genia gegenüber. Ja, es scheint, als würden diese Eifersüchtigen im weiteren Verlaufe ihrer Zweifel ihre Frauen gerade in die gefürchtete Situation hineintreiben; sie scheinen nicht früher beruhigt, als bis sie erreicht haben, daß die Geliebte untreu werde. Wir werden auf dieses auffallende Extrem zurückkommen.
Fragen wir uns, worauf diese Schutzmaßregeln – namentlich die letzte –[6] und die Zweifel, welche zu ihrer Herstellung führten, beruhen, so gibt es nur eine Antwort: auf der Kenntnis des Unbewußten, welche die Zweifler besitzen. Schon Anatol will die Hypnose anwenden, um zu erfahren, ob ein Mädchen ihm treu ist. Filippo Loschi in »Der Schleier der Beatrice« verstößt die Geliebte, weil sie von einem andern geträumt. Verheißungen locken von allen Seiten, nachdem Cäcilie Adam-Ostenburg sich entschlossen, frei zu sein. Niemand konnte früher ahnen, wozu sie bestimmt ist, da sie in den Grenzen der Ehe war. Früher glitten alle Wünsche von ihr ab, jetzt machen sie sie beben. Und Erasmus in »Die Hirtenflöte« fragt sich, woher er das Recht nimmt, seiner Gattin Unbeirrtheit als Treue zu nehmen. Um die Ruhe wieder zu gewinnen, muß er sie hinausschicken in Abenteuer und Versuchungen, muß wissen, welche Neugier und welche Sehnsucht aus ihren Tiefen quillt. Was Schnitzler in solchen Symbolen festhielt, war nicht so sehr die tatsächliche Verletzung der Treue, als ihre Möglichkeit. Qualvoll und nagend sind die Möglichkeiten eines neugierig dunklen Blikkes, den die Geliebte einem andern zuwirft; lebenszerstörend und

[6] Ich überlasse es gerne den Literarhistorikern, hier an die freie Wahl Ellidas in Ibsens »Frau vom Meer« anzuknüpfen.

nächteraubend die Möglichkeiten, welche die Phantasie an das Aussprechen eines Namens knüpft. Schnitzlers Tiefenpsychologie ist gleich der Freudschen bis zum Unbewußten vorgedrungen. Im Traum und in der Hypnose enthüllen sich alle Möglichkeiten der Seele. Und er kennt sehr wohl das Ineinanderfließen von Traum und Wachen. »Wir wissen nichts von andern, nichts von uns.« Und er weiß, welche Geheimnisse zu Tage treten, wenn die Tore der Seele aufgerissen werden. Paracelsus, dieser sonderbare Schwärmer, weiß es besser als die meisten Psychologieprofessoren. Dionysia zieht dem Klange einer lockenden Hirtenflöte nach und erlebt auf diesem Wege Schmerzlichstes und Seligstes; ihr Frauenschicksal erfüllt sich in einem unbewußten Dahingeben an alle Triebe. Auch diese Novelle erscheint nicht so sehr als Schilderung wirklicher Erlebnisse, sondern als die der Möglichkeiten solchen Erlebens. Der Dichter spricht damit aus, was am Grunde der Seele ruht. Er gestaltet Konsequenzen aus Keimen.[7] Von diesem Standpunkt aus gesehen, muß die psychologische Notwendigkeit des »Weiten Landes« eingesehen werden. Es quält Hofreiter die Furcht, ob er Genias Treue sicher sein kann – selbst als er hört, daß Korsakow sich erschossen hat, weil er von ihr abgewiesen wurde. Ob sie den jungen Virtuosen auch abgewiesen hätte, wenn sie diesen Ausgang vorausgesehen hätte? Ob es ihr jetzt leid tut, daß sie so standhaft war? Dieses beständige auf die Probe Stellen, Belauern und Grübeln zeigt, wie alle Tatsachen seinen Zweifel nicht zu beseitigen vermögen, weil er tief in seinem Unbewußten verankert ist, weil er durch eine der Neurose nahestehende psychische Komplexion determiniert ist. Es ist ganz klar, daß ihm der Zweifel unentbehrlich ist, daß er ihn wünscht. Georg (»Weg ins Freie«) hofft, daß Heinrich beim nächsten Wiedersehen von seinen eifersüchtigen Zweifeln geheilt sei. Heinrich aber fragt ganz ernsthaft, ob das ein besonderer Gewinn wäre. »Kann man sich denn in Liebessachen mit Gewißheiten beruhigen? Höchstens mit schlimmen, denn die sind für die Dauer.« Heinrich hat die raffiniertesten Auswege gefunden, um sich seinen Zweifel nicht zerstören zu lassen und keine

[7] Am schärfsten ist diese Transponierung der Möglichkeit in die Realität, welche dem Dichter und dem Neurotiker gemeinsam ist, im ersten Entwurf des »Schleier der Beatrice« ausgesprochen:

»Nicht was geschieht,
Was dir geschehen könnte, ist dein Schicksal.«

Sicherheit zu gewinnen. Er will nicht bei der Geliebten bleiben, denn das kommt ihm komisch vor; er kann auch nicht von ihr verlangen, daß sie ihre Schauspielerkarriere aufgibt, denn – echt zwangsneurotisch! – lieber Schmerzen als Verantwortungen. Georg rät ihm, sich an Ort und Stelle zu überzeugen, ob die Geliebte treu sei. Heinrich sieht das ein, kann sich aber nicht dazu entschließen. Den Grund dieser Entschlußunfähigkeit gibt er selbst an: »Sagen Sie, lieber Georg, sollten Sie wirklich noch nie bemerkt haben, daß ich feig bin?« Erinnern wir uns, wie schon Anatol sich bemüht, gegen alle Versuche Max an seinem Zweifel festzuhalten. Er bringt es nicht über sich, die Frage an das Schicksal, die er frei hat, zu stellen. Es ist außerordentlich interessant zu beobachten, wie Anatol Ausflüchte sucht, um nicht die entscheidende Frage zu tun. Sein Benehmen gleicht ganz dem eines Zwangsneurotikers, der alle Einwände, die gegen sein System gemacht werden, wieder anzweifelt und so viele Unsicherheiten an ihnen findet, daß sie nur zur Verstärkung seines Zweifels dienen. Die typische Verschiebbarkeit des Zweifels, wie sie dem Mechanismus dieser Nervenkranken eigen ist, ist in diesem Fall schön zu beobachten.

Dem eigentümlich antinomischen Verhältnis von Zweifel und Zwang begegnen wir auch bei den Eifersüchtigen Schnitzlers. Erinnern wir uns des banalen Beispieles eines Zwangsneurotikers, der von zu Hause weggeht und auf dem Wege plötzlich daran zweifelt, ob er die Tür versperrt hat; der Zweifel verstärkt sich auf dem Wege fortwährend, er wird zu einer unerträglichen Hemmungsvorstellung. Der Arme muß von einem wichtigen Geschäftsgang absehen, sich ein Automobil nehmen und nach Hause fahren, um sich zu überzeugen. Vergleichen wir damit, was Henri im »Grünen Kakadu« von sich erzählt. Henri hat seine Frau bis zum Theater begleitet, sie geküßt und ist fortgegangen, wie einer, der nichts zu fürchten hat. Aber schon »nach hundert Schritten hat's begonnen... in mir... versteht ihr mich... eine ungeheure Unruhe... und es war, als zwänge mich irgend etwas umzukehren... und ich bin umgekehrt und hingegangen. Aber da hab' ich mich geschämt und bin wieder fort... und wieder war ich hundert Schritt weit vom Theater... da hat es mich gepackt... und wieder bin ich zurück.«

Wir haben gesehen, daß die Personen Schnitzlers ihre Eifersucht auch auf das unbewußte Seelenleben der Geliebten erstrecken. Schon Anatol bezieht sich darauf, und die Zweifler aus Schnitzlers späteren Problemdramen und -novellen legen immer mehr Gewicht auf die unbewußten

Regungen. Von wannen kommt ihnen diese Wissenschaft? möchte man fragen. Niemand sieht so tief in die Seele eines anderen, der nicht den Blick nach innen, in die eigene Tiefe gesenkt. Beachten wir nur, was Anatol zur Begründung seines Zweifels an der Geliebten sagt: Selbst wenn er vor ihr auf den Knien läge und ihr im voraus volle Verzeihung zusicherte, wenn sie ihm die Wahrheit sagt, sie würde dennoch lügen. »Hat mich noch keine angefleht: ›Um Himmelswillen! Sag mir... bist du mir wirklich treu? Kein Wort des Vorwurfes, wenn du's nicht bist; aber die Wahrheit! Ich muß sie wissen. Was hab' ich darauf getan? Gelogen... ruhig, mit einem seligen Lächeln... mit dem reinsten Gewissen. Warum soll ich dich betrüben, hab' ich mir gedacht? Und ich sagte: Ja, mein Engel! Treu bis in den Tod. Und sie glaubte mir und war glücklich.« Es ist auffallend, daß Anatol sich selbst hier als Beispiel nimmt. Und es wirkt wie ein absichtlicher (wenn auch sehr wirkungsvoller) Parallelismus, wenn Anatol im »Abschiedssouper« gerade dann auf Annie eifersüchtig wird, da er sie betrügt. Auch Filippo Loschi ist über die Maßen eifersüchtig, und er selbst hat die Braut mit Beatrice betrogen. Amadeus hat eine Neigung zu der Gräfin gefaßt, als er seine Frau einem inquisitorischen Verhör über ihre Regungen unterwirft. Er behauptet selbst, nicht für sich eintreten zu können. Sofie in »Der tapfere Cassian« sorgt sich, ob Martin ihr nicht während einer Reise untreu werden wird und wirft sich selbst in die Arme des tollkühnen Vetters ihres Geliebten. Wir haben schon die Stelle aus dem »Weg ins Freie« zitiert, aus der deutlich hervorgeht, daß in Georg Wergenthin eine eifersüchtige Regung auf Anna erwacht, als er daran denkt, daß er selbst sich mit Sissy in Gedanken beschäftigt. Auch Heinrich Bermann ergeht es ähnlich in bezug auf die kleine Schauspielerin. Denn Else Ehrenberg erzählt ihrer Mutter: »Je besser ich ihm gefallen habe – die Männer sind ja ein so komisches Volk – umso eifersüchtiger war er immer auf die andere.« Diese Stelle beweist deutlich, daß der Dichter sich diesen Projektionsmechanismus bewußt gemacht hat. Es ist kein Zufall, daß Frau Beate eine posthume Eifersucht gegen ihren Gatten in sich erwachen fühlt, da sie zum erstenmal nach ihres Mannes Tode an sich selbst erfährt, daß ihre Vorsätze von der dunklen Gewalt ihres Trieblebens überwunden werden.

Diese Beispiele aus Schnitzlers Werken, denen mühelos viele angereiht werden könnten, zeigen uns zur Genüge, daß die Eifersucht ein seelisches Projektionsphänomen ist. Der Zweifel an der Treue der Gelieb-

ten ist der durch die unbewußte Projektion bestimmte Zweifel an der eigenen Treue. Sind auch die Formen, in denen sich die Eifersucht Schnitzlerischer Gestalten entlädt, den zwangsneurotischen oft zum Verwechseln ähnlich, so muß doch gesagt werden, daß dieser Projektionsmechanismus der Eifersucht einen regelmäßig aufweisbaren Anteil an der Psychogenese der normalen Eifersucht überhaupt nimmt. Nach einer Definition Freuds besteht er darin, daß eine innere (endopsychische) Wahrnehmung unterdrückt wird, »und zum Ersatz für sie kommt ihr Inhalt, nachdem er eine gewisse Entstellung erfahren hat, als Wahrnehmung von außen zum Bewußtsein«. Schematisch wäre demnach der psychische Verlauf etwa so darzustellen: Werden für einen Mann neue Objekte von einer größeren Libidomenge besetzt, so erwehrt er sich dieser Neigung, indem er sie auf seine sexuelle Partnerin überträgt und zwar durch folgende Art unbewußter Projektion:
Nicht *ich* liebe eine *andere* – sondern *sie* liebt einen *anderen*. Die innere Wahrnehmung der eigenen erotischen Versuchung, des Impulses zur Untreue, zur Anknüpfung neuer Beziehungen wird als Zweifel an der Treue der Geliebten oder Gattin nach außen projiziert.[8]
Eifersucht gilt allgemein als Zeichen einer hohen Liebe für die Person, welche ihr Objekt ist. Wie sollten nun die unbewußten Regungen, welche die Neigung zur eigenen Untreue beweisen, damit vereinbar sein?
Die Seele ist ein weites Land und soviel hat nebeneinander in ihr Platz. Treue und Untreue, Glaube und Verrat. Max, der dem Zweifler Anatol zuruft: »Aber wenn sie dich liebt«, erhält die Antwort: »Mein naiver Freund! Wenn das ein Grund wäre!« Und auch Georg kann einen ähnlichen Einwand, der sich ihm anläßlich des Selbstmordes von Bermanns Freundin aufdrängt, nicht gelten lassen. Vielleicht hatte die Schauspielerin wirklich Heinrich mit einem Komödianten betrogen. »Das konnte eine Art von Liebe gewesen sein und was sie für Heinrich fühlte, eine andere. Es gab wirklich viel zu wenig Worte. Für den einen geht man in den Tod, mit dem andern liegt man im Bett – vielleicht noch in der Nacht, ehe man sich für den einen ertränkt.« Georg muß es wissen, denn er selbst hat Anna oft mit anderen Frauen hintergangen und doch

[8] Wir befinden uns hier prinzipiell im Einverständnis mit Dr. Hans Oppenheim, der die »Frage der Genese des Eifersuchtswahnes« vom psychoanalytischen Standpunkt aus untersucht hat (Zentralblatt für Psychoanalyse, II. Jahrg., Heft 2), [1912, S. 67–77].

vielleicht dieses sanfte und gütige Wesen tiefer und inniger geliebt als alle anderen. Und auch Herr von Aigner hat seine Frau geliebt, unendlich, wie keine früher und keine später, und trotzdem hintergangen. Er selbst erklärt Friedrich Hofreiter, daß Anbetung für die eine und Verlangen nach einer anderen oder nach mehreren sehr wohl in der menschlichen Seele zusammenwohnen können. »Wir versuchen wohl, Ordnung in uns zu schaffen, so gut es geht, aber diese Ordnung ist doch nur etwas Künstliches. Das Natürliche... ist das Chaos.«
Die psychoanalytische Forschung hat nachgewiesen, daß bei vielen bestimmt konstitutionell veranlagten Menschen die zärtlichen und sinnlichen Strömungen des Seelenlebens, die in der Kindheit zusammenfielen, später gänzlich divergieren können.
Die vertiefte Kenntnis der unbewußten Seelenvorgänge, über welche die Personen seiner Dichtung verfügen, ist ein zweischneidiges Schwert in ihrer Hand. Es läßt sie andere quälen und schlägt ihnen selbst die schwersten Wunden. Hier, wenn irgendwo, bei diesen von Zweifelsucht befallenen Nervösen, welche ihre eigene erotische Unsicherheit unbewußt auf die Geliebte projizieren, ist das Goethewort angebracht: »Mit dem Wissen wächst der Zweifel.«
Wir sind auf unserer Suche nach den seelischen Mechanismen der Eifersucht auf den Projektionsmechanismus gestoßen, der uns manche Dunkelheit aufgeklärt hat. Wir haben uns entschlossen, uns diese Aufklärungen auf einem bis dahin ungewöhnlichen Wege zu holen, indem wir das Verhalten der Schnitzlerschen Liebenden in Analogie mit dem der Neurotiker setzten.
Es scheint, als könnten wir unsere bisherigen Einsichten in die Psychogenese der Eifersucht noch vertiefen, wenn wir fortfahren, die Äußerungen dieser Leidenschaft mit den Symptomenkomplexen und Sonderbarkeiten der Zwangsneurotiker zu vergleichen. Denn wir müssen annehmen, daß kein seelisches Problem so einfach ist, daß es durch *eine* Erklärung gelöst werden kann. Eine Symbolhandlung, ein Traumelement hat immer viele seelische Wurzeln und Determinierungen. Wir wollen untersuchen, ob in den charakteristischen Zügen der Eifersucht, wie sie sich in Arthur Schnitzlers Werken spiegelt, nicht noch andere Triebkräfte wirksam sind.
Die Ambivalenz der Gefühlsregungen spielt in der Krankheit und der Lebensführung des Zwangstypus die größte Rolle. Wir haben dieses eigenartige seelische Verhalten schon zu charakterisieren versucht. Der

Zweifel der Neurotiker ist die endopsychische Wahrnehmung dieser ambivalenten Einstellung. Er entspricht der Hemmung, welche die starke Liebe zu einer Person durch einen ebenso starken und oft auch stärkeren Haß gegen dieselbe erfährt. Wir haben Gelegenheit gehabt, zu beobachten, wie oft Schnitzler dieses ambivalente Verhalten teuren Personen gegenüber gestaltet hat. Der Haß wird ins Unbewußte verdrängt und die bewußte Liebe durch Reaktion zu einer besonders hohen Intensität gesteigert, um dem aus den Tiefen empordringenden Haß erfolgreich das Gleichgewicht zu halten. Hier haben wir zugleich die Erklärung für das anscheinend so verfeinerte und extreme Liebesgefühl der Eifersüchtigen. Das beständige Ineinanderwirken von Haß und Liebe erklärt uns zum Teil auch den Zweifel an der ganzen Liebe des anderen. Es ist wieder der Projektionsmechanismus, der hier an der Arbeit ist.

Der Zweifel an dem Geliebtwerden ist im Grunde Zweifel an der eigenen Liebesfähigkeit, die das Sicherste sein sollte. Ein berechtigtes Mißtrauen, da der eigenen Liebe ein so mächtiger Haß entgegensteht. Wir verstehen es nun, wenn der Eifersüchtigste aller Eifersüchtigen, Fedor Denner, den Freund fragt, ob Geliebtwerden das wahre Glück bedeutet. »Ist das nicht vielmehr der ewige Zweifel, ob man auch genug, ob man so wie man es verdient, ob man allein geliebt und ob man verstanden wird.« Man darf diesen unbewußten Haß nicht als das direkte und unvereinbare Gegenstück starker Liebe nehmen, sondern muß ihn als Liebe mit negativen Vorzeichen auffassen. Wie dieser Haß mit der sadistischen Komponente der Libido zusammenhängt, hat die Psychoanalyse bisher nicht völlig aufzudecken vermocht. Nahezu sicher aber scheint es nach Freud zu sein, daß bei jenen Neurotikern (und Gesunden), bei denen der unbewußte Haß eine hohe Intensität erreicht, die sadistische Sexualkomponente konstitutionell besonders entwickelt ist und deshalb allzu gründlich verdrängt wurde. Es ist sicher, daß in der Eifersucht die sadistische Komponente stark zutage tritt. Erinnern wir uns, wie Fedor die Geliebte unaufhörlich mit dieser Manie quält, wie er sie an die Grenze der Lebensfähigkeit drängt. Er muß selbst gestehen, daß der wahre Fedor »brutal, rachsüchtig, unversöhnlich, mißtrauisch« ist. Er legt so viel Haß in seine Worte und Beobachtungen, daß die Bezeichnung *»Wortsadismus«* ohne weiteres stimmt. Der auf Sigismund eifersüchtige Amadeus will Cäcilie erwürgen, wie er gesteht. Ein besonderes Motiv solchen Hasses in der Eifersucht kehrt stereotyp bei

Schnitzler wieder. Zuerst taucht es in der Novelle »Blumen« auf, als der Held erzählt, wie er den Betrug seiner Geliebten entdeckte. Er behauptet selbst, daß Haß seine erste Regung war: »Die Wut und der plötzliche Haß und der Ekel vor dem Dasein und – ach ja gewiß – die gekränkte Eitelkeit – ich bin ja erst nach und nach auf den Schmerz gekommen! Und dann war ein Trost da, der zur Wohltat wurde, daß sie selbst leiden mußte. – Ich habe sie noch alle, jeden Augenblick kann ich sie wieder lesen, die Briefe, die um Verzeihung flehten, schluchzten, jammerten!... Und auch an jenes letzte Wiedersehen denk ich noch, wie sie vor mir stand mit den großen staunenden Augen in dem runden Kindergesicht, das nun so blaß und verhärmt war... Ich hab ihr nicht die Hand gegeben, als sie ging – als sie zum letzten Male ging.« Einen ganz ähnlichen letzten Besuch macht die Schauspielerin bei Heinrich Bermann und kann seine Verzeihung nicht erlangen. Georg sieht bei dieser Gelegenheit Heinrichs Blick »mit unbegreiflicher Härte« auf dem kleinen, blassen Gesichte ruhen. Heinrich erzählt selbst dem Freunde, daß die Geliebte ihm täglich die zärtlichsten Briefe schreibt, er ihr die gemeinsten – »unaufrichtig, hinterhältig, marternd bis aufs Blut«. So wie diese kleine Schauspielerin der Härte des Geliebten wegen in den Tod ging, so wollte sich auch Irene Herms (»Einsame Weg«) umbringen, weil Julian Fichtner ihr einen Treubruch nicht verzeihen konnte. Er hat sie von seiner Tür oft davongejagt und ist unerschütterlich geblieben.

Wollte man diese Härte der Eifersüchtigen richtig beurteilen, so darf man nicht vergessen, daß sie selbst entsetzlich leiden. Ja, es scheint, als zögen sie Lustgewinn aus diesem Leid, denn sie können nicht davon loskommen. Diese Lust am eigenen Schmerze ist der Ausdruck einer masochistischen Strömung ihres Seelenlebens. Schon Anatol leidet Qualen unter seiner Eifersucht, und Fanny kann aus allen Worten Fedor Denners, die ihr so wehe tun, nur wieder »ein tiefes, schreckliches Leid« heraushören. So leiden noch Amadeus und Heinrich Bermann und Friedrich Hofreiter Marterqualen unter der Wucht ihrer Eifersucht. Wir wissen, daß die sadistischen und masochistischen Triebkomponenten unauflöslich miteinander verbunden sind, sie bilden – psychoanalytisch gesprochen – ein Triebgegensatzpaar. Das zum Sprichwort gewordene Wortspiel Schleiermachers »Eifersucht ist eine Leidenschaft, die mit Eifer sucht, was Leiden schafft« gibt zu gleicher Zeit dem großen Anteil der sadistischen und masochistischen Triebkomponente Ausdruck.

Eine sonderbare Form der Eifersucht fordert noch zur Erklärung auf. Es ist diejenige, welche der Kunst des Geliebten gilt. An und für sich ist sie durch die Verschiebbarkeit des neurotischen (und normalen) Zweifels verständlich, dennoch scheint noch ein tieferes Motiv in diesem Zuge mitzuspielen. Er taucht zum erstenmal im »Märchen« auf, wo Fedor es als entsetzlich empfindet, daß die Geliebte in der Rolle einer Dirne auftritt. Er erklärt, es war ihm, als habe Fanny durch diese Darstellung das Wesen lebendig gemacht, das in ihr schlummerte: »Es war das Weib, Sinne, ganz nur Sinne – ich dachte, die Scham müßte mich erdrücken – ich haßte dich in diesem Moment – weil ich mich für dich schämte, die das geheime Walten ihrer eigenen Natur dem lüsternen Publikum zum Schauspiel bot.« (So spricht Fedor Denner in der ersten Fassung des Dramas. Es scheint mir bedeutungsvoll zu sein, daß der Dichter diese Dialogstelle später weggelassen hat. Mögen auch künstlerische Motive ihn dazu veranlaßt haben, die unbewußten dürften dennoch mitwirken.) Fedor hält es auch für eine Profanation, daß sein Freund Robert seine Geliebte malt. Auch Heinrich Bermann hat die Geliebte die Rolle eines verdorbenen Geschöpfes »mit einer ihm unerträglich erscheinenden Naturwahrheit« spielen gesehen. Der adelige Jüngling Klemens (»Literatur«) will nichts davon wissen, daß seine Braut sich schriftstellerisch betätigt. Er findet es unfein, daß Margarete Gedichte schreibt: »Ich sag dir, mir kommt's ärger vor, als wenn sich eine im Trikot als griechische Statue beim Ronacher hinausstellt.« Die Frau des Bildhauers Samodeski sucht dem Dichter vergeblich zu verbergen, daß sie auf das Modell der nackten Statue der »griechischen Tänzerin« eifersüchtig ist. Was sich hinter dieser weitgehenden Eifersucht und Schamhaftigkeit verbirgt, ist nicht schwer zu erraten: es sind die verdrängten Abkömmlinge der kindlichen Voyeurbegierde. Erhöhte Schamhaftigkeit zeigt nach unseren Erfahrungen stets an, daß eine weitgehende Reaktion auf starke Voyeur- und Exhibitionsgelüste erfolgt ist. In dieses Gebiet gehört auch der vergessene Schleier der Beatrice. Er ist gleichsam das Symbol der Verhüllung und Entkleidung. Es ist bestimmt nicht Zufall, daß dasselbe Motiv schon in einem der ersten Dramen Schnitzlers vorkommt. Der Herr in »Liebelei« erklärt Fritz ruhig: »Meine Frau hat nämlich ihren Schleier bei Ihnen vergessen.«[9]

[9] Eine ähnliche Rolle wie der Schleier spielt in Schnitzlers Werken der Mantel. Auch dieses Kleidungsstück wird gleichsam zum Symbol einer geschlechtlichen Beziehung. Katharina (Ruf des Lebens) hat geweint, wie sie Marie gesteht: »als dir einer auf einer

Wir haben erwähnt, daß bei Schnitzler eine Schutzmaßregel der Eifersüchtigen wiederkehrt, die darin besteht, daß die Gatten oder Liebenden einander immer die volle Wahrheit zu sagen versprechen. Auch diese Schutzmaßregeln sind sinnvoll und haben unbewußte Vorbilder in später verdrängten Interessen und Akten der Kindheit. In diesem Ausforschen über das Sexualleben des Partners ist ein Nachklang der kindlichen Sexualneugierde. Der Genuß, den die Geständnisse der Untreue des Geliebten bringen, beruht neben später zu erwähnenden Grundlagen auch auf diesem aus den Kinderzeiten im Unbewußten restierenden sexuellen Wissensdurst. Trotz der hohen Wahrscheinlichkeit dieser Deduktion würde ich es nicht wagen, diese Behauptungen hierherzusetzen, wenn sie nicht noch durch weitere Belegstellen, welche die Voyeur- und Exhibitionsgelüste klarer erweisen, zwingend gemacht werden könnte. Es erscheint mir deshalb vorteilhaft, schon hier einige dieser Stellen zu zitieren, um jeden Schein der Willkür zu vermeiden. Ich erinnere nur an die großen Nacktheitszenen bei der Orgie, welche der Herzog anläßlich seiner Hochzeit mit Beatrice veranstaltet. Er läßt an deren Ende die nackte Kokotte Isabella hinauspeitschen. (Reaktion auf die Voyeurlust.) Medardus will Helene von Valois nackt auf die Treppe schleifen. Irene hat vor Herrn von Sala nackt auf einer Wiese getanzt. Die Szenen des »Reigens« brauche ich nur zu erwähnen. Frau Berta Garlan geht entkleidet zum Fenster und öffnet es. »Vielleicht sieht sie jemand stehen, sieht ihre Haut durchs Dunkel leuchten. Ja, wenn sie nur einer so sähe, es wäre ihr ganz recht.« Leutnant Gustl macht auf seinem vermeintlich letzten Morgenspaziergang folgende Beobachtung: »Da oben wird ein Fenster aufgemacht – hübsche Person – na, ich möcht' mir wenigstens ein Tüchel umnehmen, wenn ich zum Fenster geh...«
Für radikale Skeptiker – es gibt solche immer, wenn es sich um die Psychoanalyse handelt – möchte ich die nächsten Assoziationen beifü-

Wiese seinen Mantel unterbreitete, und ich fühlte, wie sein Herz mit einem Male von mir zu dir überflog.« Max nimmt Marie, die ihn besucht, mit einem Arm und mit dem anderen den Mantel, hüllt sich und sie darein und eilt mit ihr davon. Erna (Weite Land) hat sich im Freien gelagert und sich in der Nacht Hofreiters Mantel aus der Wirtsstube geholt, um sich zuzudecken. Der junge Dr. Bertram, der Frau Beate verführen will, breitete für sie seinen Mantel auf die Wiese aus. »Bitte, gnädige Frau«, sagte er und wies mit einem feinen Lächeln hinab. »Seine Worte und sein Blick waren sehr anspielungsreich.« (Frau Beate muß die in dem Mantel gelegene Anspielung verstanden haben, denn sie weist ihn ab.)

gen, damit kein Zweifel besteht, daß diese Beobachtung *sexuelles* Interesse für den Leutnant Gustl hat: »Vorigen Sonntag war's zum letztenmal... Daß grad die Steffi die letzte sein wird, hab ich mir nicht träumen lassen... Ach Gott, das ist doch das einzige reelle Vergnügen.« Hugo (in »Frau Beate und ihr Sohn«) ist ganz der Mutter entglitten: das hat ein Frauenblick vermocht, »der ihn gestern von der Galerie der Schwimmanstalt aus lächelnd begrüßt hatte, da sein lichter Knabenleib aus den Wellen emporgetaucht kam«. Im Zusammenhange mit unserem Thema der Eifersucht, und zwar mit ihrer Psychogenese aus verdrängten homosexuellen Komplexen, sind zwei Stellen besonders hervorzuheben, die zugleich das Gegensatzpaar von Voyeur- und Exhibitionslust beweisen: Frau Beate bemerkt bei dem Besuche, den sie Fortunata macht, daß deren Füße »nackt in den Sandalen staken, und daß sie unter dem weißen Leinenkleid nichts weiter anhatte«. Später mußte Beate, die ebenso wie Fortunata eine libidinöse Einstellung zu Hugo hat, sich plötzlich Fortunata vorstellen, »im weißen Leinenkleid über dem nackten Leib an einem Meeresstrand dahinlaufend, wie von bösen Gespenstern gehetzt«. Frau Mathilde (»Griechische Tänzerin«) zwingt ihren Mann, die Narbe zu küssen, welche Madeleine an der linken Brust hat. – Wie anders soll man die Belauschung des Gespräches, das Rudi Beratoner und Fritz in »Frau Beate und ihr Sohn« über Liebesangelegenheiten führen, nennen als Sexualneugierde? Und kann man es irgendwie anders auffassen, wenn Irene (»Der tote Gabriel«) bei ihrem Besuche plötzlich »eine frevelhafte Lust« fühlt, »in das bläuliche Zimmer einzudringen und ihr Gesicht in den Polster zu graben, auf dem Gabriels Haupt einmal geruht hat«. Man kann sogar an der Hand eines typischen Motives, das in verschiedenen Formen und Verkleidungen ständig in Schnitzlers Werken wiederkehrt, eine bestimmte Phantasie erkennen, welche Voyeur- und Exhibitionsgelüste zu gleicher Zeit zu befriedigen geeignet ist. Es ist die Phantasie vom geschlechtlichen Verkehr im Freien. Die früher erwähnte Orgie unter freiem Himmel in »Schleier der Beatrice« gehört hierher. Dionysia in »Hirtenflöte« gibt sich dem ergrimmten Hirten auf der Wiese hin und wird von einem der Aufständischen ins Gebüsche genommen. Und als Amadeus bei der Gräfin weilt, schlafen sie in den heißen Nächten mitten im Park unter einer Platane. Georg und Sissy finden sich zu einer prachtvollen Stunde im Moose. Auch mit einer schönen Frau ist Georg in einer Nacht nackt »halbtrunken vor Lust und Verwegenheit« auf den Balkon hinausgetreten. »Wär einer in der tiefen Finsternis dieser Stunde draußen auf dem See gewesen, so hätte er die weißen Leiber durch die Nacht leuchten sehen.« Auch Beatens Gatte hat sie »einst in verhangener Sommernacht aus dem verschwiegenen Dämmer des Ehegemachs mit sich in den Garten gelockt zu unsäglichen Wonnen«. Noch einmal am Ende ihres Lebens genießt sie ein ähnliches Glück, da sie und ihr Sohn die letzte Fahrt und die letzte Lust miteinander genießen. Eine maskierte Form dieser Phantasie findet sich noch im »Weiten Land«, wo Erna sich im Freien schlafen legt (wie die Gräfin im »Zwischenspiel«) und sich Friedrich Hofreiters Mantel holt. Offen ist dieselbe Phantasie in zwei Szenen des Reigens (Dirne – Soldat; Soldat – Dienstmädchen) enthalten, in denen die beiden Paare in horizontaler Lage im Freien dargestellt werden.

Die Gefahr, daß meine Leser nach diesen Aufklärungen in den Gestalten Schnitzlers, die ihnen lieb sind, plötzlich Ungeheuer sehen, ist nicht groß, zumal wenn sie sich sagen, daß wir alle diese Triebkräfte in uns bergen und in uns allen die Keime zu sämtlichen Perversitäten liegen. Ja im normalen Liebesleben sind sogar noch Reste dieser Partialtriebe der Sexualität erhalten. Voyeur- und Exhibitionslust, Lust an der Zufügung und am Erleiden von Schmerzen spielen auch im Liebesleben der Gesunden eine nicht unerhebliche Rolle. Es bedarf nun einer Aufklärung darüber, warum sie bei den Gestalten der Dichtung Schnitzlers so besonders hervortreten. Erinnern wir uns daran, daß wir diese Personen in die Nähe der Zwangsneurotiker gerückt haben.

Für die Nervösen dieser Art nun ist ein eigenartiges Triebleben der Kinderzeit anzunehmen. Als für die später an dieser Neurosenform Erkrankten charakteristisch hat Freud eine besondere sexuelle Aggression und Aktivität der Kinderzeit gefunden. Besonders die zwischen Liebe und Haß schwankende Einstellung ist wirksam und führt später zu den diesen kindlichen Regungen entsprechenden komplizierteren Art. Dazu gesellen sich speziell Formen der kindlichen Sexualneugierde. Die in der frühesten Kindheit vorgefallenen Akte sexueller Aggression werden bald und gründlich verdrängt und führen, falls der fortgesetzte Versuch ihrer Verdrängung nicht gelingt, zu den Symptombildungen der Zwangsneurose.

Die tiefdringende Psychologie des Dichters hat diese verdrängten Regungen in der seelischen Entwicklung der Eifersucht wieder zum Bewußtsein gebracht.

Sollte also das Wesen der Eifersucht, wenigstens derjenigen, wie sie uns

die Dichtung Arthur Schnitzlers zeigt, darin erschöpft sein, daß sie sich als eine Projektion des Zweifels an die eigene moralische Widerstandskraft darstellt? So einfach – werden unsere Freunde, die Psychologen, sagen – ist die Sache nicht.
Sie ist darum nicht einfacher. Eine zweite und vielleicht noch bedeutsamere Wurzel dieser Leidenschaft führt in jene Gegend des Unbewußten, wo die verdrängten homosexuellen Triebkräfte lagern. Auch hier ist kein Grund vorhanden, über diese Feststellung zu erschrecken. In unserer bisexuellen Anlage bringen wir die Eignung zur homosexuellen Fixation alle mit. Die normale Entwicklung führt von der Bisexualität zur heterosexuellen Objektwahl. Was geschieht nun mit den uns allen angeborenen homosexuellen Strebungen? Sie werden vom Sexualleben abgeführt und auf neue Ziele gelenkt. Diese Tendenzen treten nun mit Anteilen des Ichtriebes zusammen und stellen sich dann als »angelehnte« Komponenten der sozialen Triebe dar. Sie sind es, welche den für jeden Verständigen fühlbaren Beitrag der Erotik zu Gefühlen der Freundschaft, Sympathie, Kameradschaft, sozialer Fürsorge etc. liefern. Soviel über die sozusagen normalen homosexuellen Strebungen. Tatsächlich befremdet es auf den ersten Blick, in einer anscheinend so besonders heterosexuellen Gefühlsform, wie es die Eifersucht ist, gleichgeschlechtliche Neigungen zu finden. Doch die Wissenschaft darf über nichts (oder muß über alles) staunen: es gilt ja nicht, einen Zusammenhang zu erzwingen, sondern einen zwingenden Zusammenhang darzustellen. Solange es möglich ist, wollen wir uns auch bei dieser schwierigen Darstellung der oft geübten Methode der Motivprüfung und -vergleichung bedienen. Es scheint, als könnte uns diese intellektuelle Mosaikarbeit die besten Aufklärungen gewähren, wenn wir nur darauf achten, daß nirgends falsche Bestandteile das Ganze verwirren, und daß sich, von uns unbemerkt, nirgends Sprünge oder Risse einstellen. Wir müssen uns nur von vornherein gegen eine Art der Kritik verwahren, welche irgendeinen oder mehrere unserer Argumente aus dem Zusammenhang reißt, sie triumphierend hochschwenkt und uns ihre Hinfälligkeit zeigen will. Erst aus der Summe der Prämissen kann ein richtiger Schluß resultieren, und erst der psychologische Zusammenhang aller angeführten Beweise kann zeigen, daß unsere Mühe nicht umsonst gewesen.
Wir beginnen wieder mit einem anscheinend bedeutungslosen Motiv, das des öfteren wiederkehrt. Seinem Inhalt nach stellt es sich als Szene

am Grabe einer geliebten oder befreundeten Person dar: Erinnern wir uns, daß Klingemann Frau Berta Garlan am Grabe ihres Mannes trifft und ihr dort eine Liebeserklärung macht. Als sie beide bei der Friedhofstür sind, liegt in seinem Blick das Bedauern, daß er diese Grabszene nicht hatte zu Ende spielen können. Ferdinand (»Der tote Gabriel«) steht mit Wilhelmine an des gemeinsamen Freundes Grab, und seine Begleiterin sagt ihm: »Ja, du Schuft, nun kannst du freilich weinen.« Eine Stunde später schwört sie, daß um Ferdinands willen auch Bessere hätten sterben dürfen. Ebenso wie Gabriel wegen unglücklicher Liebe Selbstmord begeht und der glücklichere Rivale mit der Geliebten an seinem Grabe steht, von Reue und Trauer ergriffen, so führt Georg am Grabe seines Freundes, der sich aus demselben Grund getötet hat, mit Grace ein »glühend-kaltes Gespräch« (»Weg ins Freie«). Wir werden nicht zögern, dieses sorgsam gewählte Adjektiv auch auf jenen Dialog anzuwenden, den wir in den ersten Szenen des »Weiten Landes« antreffen. Auch dort hat sich Korsakow, weil seine Liebeswerbung von Frau Genia nicht erhört wurde, erschossen, und das bedeutungsvolle Gespräch Hofreiters und seiner Frau dreht sich um diesen Selbstmord. Etwas von den Gefühlstönen dieser Szene haftet noch an jener in »Frau Beate und ihr Sohn«, in der Rudi Beratoner vor Frau Heinold ihren Gatten kopiert. Die gleiche Situation wird im letzten Akte des »Schleiers der Beatrice« gebildet, wo der Herzog und seine ungetreue Frau an der Leiche des Filippo Loschi stehen. Sieht man näher hin, so enthüllt sich der Kern dieses Motives derart, daß wir folgendes Schema aufstellen können: ein Mann steht mit der Geliebten am Grabe desjenigen, der vergeblich um ihre Liebe warb. Die Gefühle, welche die Männer in diesen Szenen bewegen, sind von einer seltsamen Zwiespältigkeit. Einerseits Spott und Triumph über den Toten, anderseits tiefe Trauer und verborgenes Leid über dessen Dahingehen. Ebenso kompliziert stellt sich das Verhältnis zur Geliebten dar. Es liegt ein starker Haß gegen die Frau, deretwegen der Freund sterben mußte, und ein plötzliches Aufflammen der Libido ihr gegenüber in den Worten, die da gewechselt werden. Es scheint so, als steigerte der Tod des Freundes die Liebe zu der Frau, um deretwillen er gestorben ist. Daneben wirkt freilich ebenso stark der Haß gegen die Frau, wegen welcher der andere hat sterben müssen.

Der erste Akt des »Weiten Landes« gibt wohl am reinsten diese komplizierte Gefühlslage wieder, und es wird vorteilhaft sein, sie mit seiner

Hilfe näher zu studieren. Friedrich Hofreiter, vom Friedhof zurückgekehrt, inquiriert seine Frau, ob etwa Korsakow ihr Geliebter gewesen. Beachten wir nur, wie eigenartig seine Fragen und Bemerkungen sind: »Aber ich versichere dich, Genia, – halt das nicht für Hinterlist – ich würde es vollkommen begreifen. Du hättest ja schließlich Recht gehabt – ob's nun Alexei war oder... na, über den Geschmack kann man ja nicht streiten.« Er beteuert ihr, daß einem gewisse Dinge unwesentlich und nebensächlich seien, wenn man grad vom Friedhof kommt. Als er dann durch die Lektüre des Briefes davon überzeugt wird, daß Genia ihm treu gewesen, läßt er dennoch nicht von seinen Zweifeln: »Hättest du ja gesagt, wenn du gewußt hättest, daß es um Leben und Tod geht?« Er findet Variationen über dieses Thema: »Wenn du ihn von den Toten wieder aufwecken könntest – dadurch, daß du dich bereit erklärtest, seine Geliebte zu werden?« Er klammert sich an den Ausspruch Genias »Er war leider nicht mein Geliebter«, und folgert daraus, daß nicht viel dazu gefehlt hat, daß Genia Korsakows Geliebte gewesen. Es sieht so aus, als wollte er um jeden Preis, daß Genia Korsakow erhört hätte. Genia erwartet eine Annäherung von der Seite ihres Gatten, da sie ihm doch bewiesen hat, daß sie ihn liebt. Doch er fährt weg und gesteht ihr in einer seltsamen Unterredung, er habe den Eindruck, als wenn sie den Selbstmord Korsakows irgendwie gegen ihn innerlich ausspielte, und das mache ihn nervös. Daß dieser Selbstmord überhaupt hat geschehen müssen, »das ist das Furchtbare, ...darüber komm ich nicht hinweg«. Er muß immer daran denken, daß der arme Korsakow unter der Erde liegt und die Ursache davon Genia ist. Ein anderer würde vielleicht jetzt vor ihr auf den Knien liegen, ihm aber ist sie gerade dadurch fremder geworden. »Und verstehst du, dieser Gedanke... daß irgend etwas, das doch in Wirklichkeit gar nicht ist – ein Schemen, ein Phantom, ein Nichts, wenigstens einem so furchtbaren Ding gegenüber, einem so irreparablen wie der Tod – daß *deine Tugend* einen Menschen in den Tod getrieben hat, das ist mir einfach unheimlich.« Hier scheint es, als würden die Gefühle dieses nervösen Fabrikdirektors wirklich zu kompliziert, als daß sie unserer Analyse zugänglich wären. Denn Hofreiter bewirkt durch seine Sonderbarkeit, daß Genia sich wirklich einen Liebhaber nimmt. Als er es durch Zufall entdeckt, ist er eher befriedigt als entrüstet. Er erklärt seinem Freunde Mauer, daß er die Sache durchaus nicht als etwas Schmerzliches empfinde: »Im Gegenteil. Es ist mir eher wie eine innere Befreiung. Ich gehe nicht mehr als Schuldiger in diesem

Hause herum. Ich atme wieder auf. Es ist gewissermaßen, als hätte sie Sühne getan für den Tod Korsakows und zwar in einer höchst vernünftigen und schmerzlosen Weise. Sie fängt an, mir wieder menschlich nah zu sein. Wir leben wieder sozusagen – auf demselben Stern.« Auch Genia versichert, daß Friedrich ihr das Verhältnis mit Otto von Aigner durchaus nicht übel nehmen wird. »Vielleicht hätte sich Otto auch umgebracht – wie jener andere. Und man darf doch einen jungen Menschen einer solchen Kleinigkeit wegen nicht in den Tod treiben. Friedrich wird zufrieden mit mir sein.« Scheint es nicht, als hätte Hofreiter unbewußt gewünscht, daß seine Frau ein Verhältnis anknüpfe? Als würde er sich ihr jetzt inniger verbunden fühlen, als sei sie ihm erst jetzt »menschlich nah«? Der Dritte ist für ihn von der größten Bedeutung, er ist ihm wie ein seelisches Bedürfnis. Und dennoch diese haßerfüllte Eifersucht? Wie soll man aus diesen so komplizierten Gefühlsbeziehungen Klarheit gewinnen? Die Psychoanalyse gibt des Rätsels Lösung, sie zeigt, daß in der Eifersucht verdrängte homosexuelle Strebungen wirksam sind. Die Frau kann erst dadurch Sexualobjekt werden, daß ein anderer Mann sie besessen oder geliebt hat. Die Libido geht einen Umweg über die Liebe eines anderen.[10] Sie gilt in ihrer unbewußten Intensität dem Manne, mit dem man das Sexualobjekt gemeinsam hat. Die gesteigerte Eifersucht und der bewußte Haß gegen jenen Dritten steigen aus den Verdrängungsquellen. Es ist wohl kein Zufall, wenn in einer Episodenfigur des »Weiten Landes«, dem Bankier Natter, dieselbe Konstellation wiederkehrt. Er weißt von allen Verhältnissen seiner Frau – er verfügt unleugbar über ein vorzügliches Gedächtnis – und dennoch bleibt er mit ihr zusammen. Den Grund gibt er selbst an: weil er ohne Adele nicht leben kann. »Ich bin nämlich rettungslos verliebt in sie. Das kommt vor, Hofreiter. Dagegen hilft nichts... Ich liebe sie... trotz allem. Ungeheuerlich, wie? – Es ist nun einmal nicht anders.« Noch ein Zug aus demselben Schauspiele fällt in diesen Zusammenhang. Hofreiter weiß, daß sein Freund, Dr. Mauer, Erna liebt. Und trotzdem – wir dürfen jetzt sagen: deshalb – beginnt er mit ihr eine

10 Dr. Wilhelm Stekel hat in einem Aufsatze diese verschiedenen »Masken der Homosexualität« der Analyse unterzogen. (Zentralblatt für Psychoanalyse, II. Jahrgang, Heft 7 [1912, S. 367–372]) Er sagt: »Daraus erwächst uns das Verständnis für den ›Dritten‹ oder die ›Dritte‹ in der Ehe. Manche Männer dulden die Hausfreunde sehr gerne, weil sie sie selbst lieben und an der Vorstellung der Berührung über ein gemeinsames Objekt Feuer fangen. Auch die krankhafte Eifersucht verrät die starke Homosexualität.«

Verbindung. Und er versichert Mauer – indem er seinen eigenen seelischen Zustand auf ihn projiziert, – daß die Sache besser für den Freund stehe, wenn Erna seine Geliebte gewesen ist. »Es wäre eine abgetane Sache... Da wärst du gewissermaßen sicherer.« Es ist nun an der Zeit, die Bedeutsamkeit dieses Dritten, auch in anderen Zusammenhängen, näher zu beleuchten. Wir haben uns schon gesagt, daß die Eifersüchtigen der Schnitzlerischen Werke die geliebte Person in die Untreue, welche sie so zu fürchten scheinen, geradezu treiben. Auch eine Schutzmaßregel haben wir erörtert, welche den Frauen Sexualfreiheit gewährt, um ihrer sicher zu sein. Auch hier sind verdrängte gleichgeschlechtliche Regungen neben den unverdrängten heterosexuellen verborgen. Schon in einer frühen Novelle »Der Ehrentag« (1897) können wir diese Züge deutlich beobachten. August spricht mit seiner Geliebten allzuviel über den Statisten Roland. »Jedesmal nahm er sich vor, nicht mehr von ihm mit der Blandini zu reden – und kaum war er fünf Minuten mit ihr zusammen, so fing der Zank wieder an. – Er fühlte, daß es nicht klug war, er trieb die Blandini geradezu in etwas hinein, das er längst fürchtete.« Derselbe unbewußte Mechanismus ist wohl in Martin wirksam, welcher Sophie soviel von seinem tapferen Vetter Cassian erzählt hat, daß sie den früheren Geliebten verläßt und sich diesem Abenteuer hingibt. Am schönsten ist diese ganze seelische Reihenfolge im »Zwischenspiel« zu beobachten, wo Amadeus seine Frau – indem er ihr fortwährend sagt, daß sie ja frei sei, indem er sie von ihrer starken Neigung zu Sigismund überzeugen will – endlich dazu bringt, sich Sigismund zuzuwenden. Und merkwürdig ist es, daß er sich nun – ähnlich wie Hofreiter – sofort nach Erreichung des ihm unbewußt vorschwebenden Zieles beruhigt fühlt. Während die Stimmungen der letzten Zeit bange waren, ist es ihm jetzt, als finge es nun an, besser zu werden. »Seltsam... Man... atmet freier...« Und schon denkt er daran, daß Cäcilie und er zusammenbleiben und ihr früheres Leben weiter führen sollten. Besonders klar aber wird dieser Zusammenhang in jener Szene, in der Cäcilie, heimgekehrt, erzählt, daß sie neue Versuchungen gespürt. Jetzt empfindet Amadeus einen seltsamen, noch nie so stark gefühlten Wunsch: er will heute ihr Geliebter sein: »Nicht dein Geliebter also... nein, etwas Besseres und was Schlimmeres: der Mann, der dich einem andern nimmt! ... der, für den du einen verrätst... einer, der die Seligkeit und Sünde zugleich bedeutet...«

Es ist wirklich so, daß seine Libido durch die Gedanken an andere

Männer wieder entflammt wird. Die starke Eifersucht stellt sich dann als Reaktion auf diesen Vorgang ein. Wir müssen uns darüber klar werden, daß die Genugtuung darüber, einem andern die Geliebte oder Frau wegzunehmen, welche wir als einen Ausdruck der homosexuellen Wunschregungen erkannt haben, bei den so zahlreichen Treue- und Ehebrüchen der Schnitzlerschen Gestalten die größte Rolle spielt. Unsere Beispielreihe hätte eine Lücke, wenn wir die prachtvolle Schilderung der verborgenen gleichgeschlechtlichen Triebströmungen in »Die griechische Tänzerin« nicht anschließen wollten. Wie bekannt, zieht dort die Frau Samodeski mit ihrem Manne auf Abenteuer aus. Eine schöne Dame kokettiert mit dem Bildhauer: »Und ich wollte eigentlich, daß Gregor auf die Sache einginge... natürlich! – ich hätte gern gesehen, wie man so etwas anfängt... ich wünschte, daß er ihr einen Brief zusteckte – oder sonst etwas täte – was er eben in solchen Fällen getan haben wird, bevor ich seine Frau wurde... Ja, das wollte ich, trotzdem es nicht ohne Gefahr für ihn gewesen wäre. Offenbar steckt in uns Frauen so eine geheime Neugier...«

Als sich später die Grisette Madeleine an den gemeinsamen Tisch setzt und Gregor zuruft, er möge ihre Brust küssen, zwingt ihn seine Frau, der Aufforderung Folge zu leisten. »Ich hab ihn aber gestoßen, gezwickt, ich war ja wirklich etwas beduselt... jedenfalls war es die sonderbarste Stimmung meines Lebens. Und ob er nun wollte oder nicht, er mußte die Narbe... das heißt, er mußte so tun, als berühre er die Stelle mit den Lippen.« Es ist sicher für unsere Darstellung wichtig, daß die eifersüchtige Frau sich Männerkleider zu diesem Abenteuer anzog, und daß sie dabei von einer Kokotte angesprochen wird. Madeleine ist Gregor später Modell gestanden, und der Bildhauer wollte durchaus, daß seine Frau dabei ist. Ja, er macht ihr den Vorschlag, hinter dem Vorhang verborgen zu bleiben, wenn Madeleine kommt. Mathilde aber war entschlossen, ihrem Manne zu vertrauen. Der Erzähler hat nie die Augen eines weiblichen Wesens soviel Leid ausdrücken oder verbergen sehen: Mathilde hat unter ihrer verborgenen Eifersucht entsetzlich gelitten, ja, sie ist sogar deshalb in den Tod gegangen. Der besondere Widerwille des Erzählers gegen den schönen und vielgeliebten Bildhauer erscheint in diesem Zusammenhange ebenfalls klar als Reaktionserscheinung. Wie sich hier in Mathilde die Neugier regt, wie ihr Mann mit anderen Frauen verkehre, so auch in der jungen Frau im »Reigen«, die ihren Mann so inständig bittet, ihr viel aus seiner Vergangenheit zu erzählen. »Und doch hast du ... wer weiß wieviel andere Frauen gerade so in den Armen gehalten wie jetzt mich.« Er muß ihr von den anderen Frauen erzählen, »sonst... sonst ist's nichts mit den Flitterwochen«. (Wieder die Libidosteigerung durch den Umweg über andere Frauen.) Ebenso interessiert sich der Gatte für die früheren Verhältnisse des süßen Mädels und wird mit Hilfe dieser Erinnerungen immer zärtlicher. Der ganze Zyklus des »Reigen« ist psychisch zu einem großen Teile auf dieser Phantasieberührung des gleichen Geschlechtes aufgebaut. Wenn hier die sexuelle Neugierde als Moment der Libidosteigerung auftaucht, so fehlt es nicht an anderen Stellen, wo eine sexuelle Erinnerung an den früheren Geliebten von einem Manne als peinlich empfunden wird. Psychologisch ist dies ja durch den Mechanismus der Verdrängung und der Reaktion durchaus verständlich. Zwei Beispiele für viele: So ruft Anatol, als Else von ihrer Hochzeitsreise spricht: »Mußtest du das jetzt sagen?« Er bittet sie, sich unverheiratet zu denken und zu vergessen, daß es andere Männer gibt. Ebenso ersucht Theodor (in »Liebelei«) Mizzi, daß sie – auf einige Zeit wenigstens – ihre militärischen Erinnerungen vergißt.

Die Bedeutung des »Dritten« in den Dramen und Novellen Schnitzlers haben wir bereits gewürdigt. Ein frühes Gedicht spricht von der Rolle dieses Andern. Es dürfte den meisten unbekannt sein – es ist 1890 in einer längst eingegangenen Zeitschrift »An der schönen blauen Donau« erschienen – ich setze es deshalb vollständig hierher:

»Nicht schwer ist's, junger Freund, du magst mir glauben,
der schönen Frauen teuer Herz zu rauben.
Auf einen Kunstgriff kommt es an allein,
du mußt versteh'n, der Andre stets zu sein.
Er selbst, der legitime, der bekannte,
ob er sich Gatte, ob Geliebter nannte,
er ist – und wär' er ihrem Sinn selbst lieber –
im Nachteil stets dem Andern gegenüber.
Denn wenn ein Weib an dich ihr Herz verloren,
sei allzu stolz nicht, daß sie dich erkoren.
Denn wenn du auch der Eine, Einz'ge bist,
der Andre kommt gewiß nach kurzer Frist.
War auch des Einen Liebe tief beglückend,

ein rätselhafter Reiz, das Weib berückend,
umgibt den Andern immer, der sich naht,
drum sei du selbst der Andre, dies mein Rat.«

Es erscheint unnötig, hier die Beispiele zu häufen, welche zeigen, wie sich in den späteren Werken des Dichters spiegelt, was dieses Jugendgedicht verkündet. Es möge genügen, auf den »Tapfern Cassian« und das »Weite Land« hinzuweisen. Wichtiger ist es uns, daß wir von hier aus über das Thema der Eifersucht überraschende Aufklärungen gewinnen. Namentlich eine Form der Eifersucht wird uns klarer werden: diejenige, welche sich auf die Vergangenheit bezieht. An sich ist sie durchaus nicht so sonderbar, als sie auf den ersten Blick erscheinen könnte, wenn wir bedenken, daß das Unbewußte – und wir müssen uns dazu entschließen, daran zu glauben, daß die stärksten Motive der Eifersucht im Unbewußten liegen – die Zeit eigentlich nicht kennt. Es ignoriert das Gegenwärtige und behandelt das Vergangene als bestehend. Doch läßt der unaufhörliche Zweifel, der aus dem Rückblick auf die Vergangenheit immer neue Kraft zieht, uns vermuten, daß tiefere Schichten bloßgelegt werden müssen, um ihn restlos erklären zu können. Wir ziehen besonders zwei Gestalten heran, welche an dieser Eifersucht leiden: Anatol und Fedor Denner. Dabei ist zu beachten, daß die Szene aus dem Anatol-Zyklus »Denksteine« für uns etwa wie ein Präludium für das »Märchen« erscheint. Anatol hat, um alles Vergangene zu tilgen, die Briefe und Andenken aus der Zeit, da Emilie ihn noch nicht kannte, vernichtet, die Ringe und Armbänder verschenkt und verschleudert. Als er noch ein Medaillon bei der Geliebten findet, stellt sich die Eifersucht auf ihre früheren Geliebten wieder mit der alten Kraft ein. Er wünscht, daß Emilie jenen Tag verfluche, da sie fiel, der sie ihm nahm, bevor er sie kannte. Sie kann sich der Gesichtszüge jenes Mannes nicht mehr erinnern, aber in Anatol ist alles aufgewühlt bei dem Gedanken an ihn. »Ja, nun weiß ich's wieder, daß du noch von andern Küssen träumen kannst, als von meinen, und wenn du deine Augen in meinen Armen schließest, steht vielleicht ein anderes Bild vor ihnen als das meine.« Fedor Denner empfindet den Gedanken als unerträglich, daß er eines Tages mit Fanny ihrem früheren Geliebten begegnen würde und er um seine Lippen jenes Lächeln sehen würde, das man hat, wenn man ein Weib sieht, das uns einmal gehört hat. Hinter der Stirn jenes Gehaßten: »würd' ich mit einem Male alle jene Erinnerungen steigen sehen, die er mit mir teilt – ah!« Es würde ihm auch nicht helfen, wollte er mit der Geliebten abreisen, es würde ihm nicht helfen, wenn sie am Ende der Welt wären. »Muß ich dann nicht mehr von deinen Lippen jene fremden Küsse wegküssen, hör ich dann nicht mehr die Seufzer, die ein anderer vor mir gehört? Gibt es dann keinen andern mehr, der sich erinnern darf, wie süß er in deinen Armen geruht – und du selbst, kannst du deinen Träumen gebieten, daß sie immer nur mein Bild vor dein Auge zaubern?« Es gibt keinen Kuß, keusch genug und keine noch so glühende Umarmung, »um die alten Küsse und die alte Liebe auszulöschen. Was war, ist! – Das ist der tiefe Sinn des Geschehenen.« Und dieser Gedanke, dieselben Liebkosungen zu empfangen, die vordem einem andern gegolten, wird in ihm zur qualvollen Zwangsvorstellung, jagt tausend martervolle Bilder an ihm vorbei. Der tiefe Widerwille und das tiefere Leid, welche diese Vorstellungen in ihm erregen, ist das Zeichen eines inneren Kampfes; sie zeigen, daß in ihm die bewußte Instanz alle ihre Mittel aufgeboten hat, die gleichgeschlechtlichen Strebungen zu unterdrücken. Was hier als unerträglich in so heftiger Weise abgelehnt war, wurde einst in frühen Kinderzeiten lustvoll empfunden. Aber auch äußerlich bleibt derselbe Zwiespalt; er, der die »Gefallenen« vor Verachtung schützen will, der von dem Märchen ihrer sozialen Minderschätzung spricht, leidet selbst unsäglich, da er Geliebter eines solchen Mädchens ist. Und dieses Leid hat so gar nichts mit konventionellen Vorurteilen, mit Moral zu tun, sondern ist eine Äußerung eines besonderen Liebesgefühles. Fedor Denner leidet so tief durch die Bilder aus der Vergangenheit seiner Geliebten, weil er in ihnen seine eigenen homosexuellen Wünsche bekämpft. Er haßt den Mann, der vordem der Geliebte Fannys gewesen, weil er ihn unbewußt liebt. Man kann ohne besondere Kühnheit behaupten, daß es keine Frauengestalt in Schnitzlers Werken gibt, die nicht vom Schatten des »Dritten« gefolgt wäre.[11] Selbst die sanfte und keusche Anna (»Weg ins Freie«) hat eine Jugendschwärmerei gehabt. So hat sie für Leo Golowski ein lebhaftes

[11] Ich weiß, daß die Literaturkundigen hier entrüstet auf Christine hinweisen werden, die liebliche Mädchengestalt in »Liebelei«. Ich will diesen Einwand nicht einmal dadurch entkräftigen, daß ich aufmerksam mache, daß auch hier ein Dritter, nämlich ein Bewerber um ihre Hand, mitspielt. In der ersten Fassung der »Liebelei« trifft Christine Fritz, nachdem ein anderer Liebhaber sie verlassen hat. Man vergl. den 1. Akt dieser Fassung in »Widmungen zur Feier des 70. Geburtstages Ferdinand v. Saars« von Richard Specht, Wien 1903.

Interesse gehabt, und ihr Gesangslehrer hat sie einmal geküßt. Es ist für uns besonders interessant, welche Gefühle Georg Wergenthin bewegen, bevor er Aufklärung über die Art von Annas Beziehungen zu jenem alten Gesangslehrer erhält. Einen Augenblick hält er es für möglich, daß Anna die Geliebte jenes Mannes gewesen. »Aber innerhalb des Unbehagens, das er bei diesem Gedanken empfand, regte sich leise und kaum bewußt der Wunsch in ihm, seine Befürchtung bestätigt zu hören. Denn wie leicht und verantwortungslos ließ dies Abenteuer sich an, wenn Anna schon einem andern gehört hatte, eh sie die Seine wurde.« Gewiß wird dieser Grund mitspielen, wenn Georg einen solchen Wunsch sich regen fühlt; ebenso gewiß aber kommt aus tieferen Schichten, aus verborgeneren Abgründen die bereits begrabene Neigung zum eigenen Geschlecht in Frage. Die Bedingung des Dritten zählt sicher zu den Grundlagen des Liebeslebens der Helden Schnitzlers. Wird sie nicht von der Vergangenheit der Geliebten ohnedies erfüllt, so sorgen sie durch ihre Eifersucht dafür, daß sie in Erfüllung gehe. Sie achten auf jeden versteckten Wunsch und jede Regung ihres Sexualobjektes und schaffen aus der Kraft ihrer wunscherfüllenden Phantasie den Dritten herbei. Jede leise Versuchung, welche die geliebte Frau spürt, bringt ihn ja. Es geht über die Geltung eines Scherzwortes hinaus, daß die Frauen Schnitzlers, wenn sie schon keine große »Vergangenheit« hinter sich haben, doch eine Vergangenheit vor sich haben.

Durch die verdrängte gleichgeschlechtliche Neigung wird uns zum Teil auch eine der sonst dunkelsten Erzählungen des Dichters »Der tote Gabriel« verständlich. Der Wunsch Irenens, die Frau zu sehen und mit ihr zu sprechen, welche an dem Tode des Geliebten schuld trägt, bezieht aus diesen Tiefen seine größte Kraft. Wir haben an anderer Stelle schon bemerkt, daß Irene die Versuchung spürt, in das Schlafzimmer der Nebenbuhlerin zu dringen und ihr Gesicht in die Kissen zu drükken. Auf der Wagenfahrt zum Ballsaal zurück umarmt und küßt Irene Ferdinand, welcher der bevorzugte Nebenbuhler des Toten bei Wilhelmine war. Der Menschenkenner Treuenhoff, der Ferdinand erklärt, daß der Haß Irene dazu getrieben, ist nicht Menschenkenner genug. Gewiß ist hier die ambivalente Gefühlszusammensetzung gegen den jungen Mann am Werke. Die rasch aufflammende Liebe zu ihm, die sich in dem heißen Kusse Irenens zeigt, entzündet sich an der Flamme, die eigentlich der Nebenbuhlerin Wilhelmine selbst gilt. Auch dieses sonderbare Mädchen spürt stark genug die Neigung zum gleichen Geschlecht. Vielleicht hilft uns unsere Annahme auch dazu, zu erklären, warum der eifersüchtige Held der entzückenden Novelle »Exzentrik« sich nicht an seinen vielen exotischen Rivalen – wer zählt die Völker, nennt die Namen! – rächen kann. Der eine ist ein Zwerg, die andern Riesen, eine Gruppe von sieben Artisten die dritten. So gewichtig auch die bewußten Gründe sind, die ihn zum Sichbescheiden führen, stärker noch sind die unbewußten inneren Hemmungen, welche seiner verdrängten homosexuellen Strömung entstammen. Wir kehren von unserem langen, aber unerläßlichen Umwege zum Ausgangspunkte zurück. Er wurde durch ein wiederkehrendes Motiv gebildet, das uns einen Mann und eine Frau an der Leiche (oder am Grabe) des Freundes zeigte, der sich aus unglücklicher Liebe zu jener Frau das Leben genommen. Wir haben aus der Art der Gefühle, welche die Überlebenden bewegen, schließen können, daß der Mann in sich gleichgeschlechtliche Neigungen erfolgreich bekämpft und unterdrückt hat. Wir werden nicht wenig überrascht sein, wenn wir bei genauerer Betrachtung erkennen, daß dieses Motiv ursprünglich anders gefaßt war. Denn das Motiv – oder ein ihm sehr ähnliches – taucht schon sehr früh auf. Schon 1889 erscheint es in der Novelle »Der Andere«. Dort besucht ein Mann das Grab seiner unlängst verstorbenen Frau und bemerkt eines Tages einen jungen Mann: »er ist mir aufgefallen, weil ich ihn nicht so hassen kann, wie die Andern... Er ist jung und schön.« Später sieht er den Jüngling bei dem Grabe seiner Frau knien, und wütende Eifersucht, bange Zweifel regen sich in ihm. War jener vielleicht der Geliebte der Verstorbenen? Er kann es nie erfahren, denn der junge Mann ist plötzlich verschwunden. In »Abschied« treffen Liebhaber und Gatte am Totenbette der Frau zusammen. Ebenso Alfred und der Baron in der Novelle »Ein Mörder«.

Auch im »Jungen Medardus« treffen der Bürgersohn und sein adeliger Rivale am Grabe des Liebespaares zusammen. Der Oberst und Max, Gatte und Geliebter, stehen an der Leiche Irenens (»Der Ruf des Lebens«) wie am Ausgang des Dramas der Arzt und der Adjunkt an der Katharinens. Als Rivalen um die Liebe einer teuren Gestorbenen begegnen sich Hausdorfer und Heinrich in »Lebendige Stunden«. Die letzte Begegnung, die der arme Rademacher (»Die letzten Masken«) hat, der letzte Wunsch gilt dem Freunde, dessen Frau er einmal besessen. Was hier noch episodenhaft gestaltet war, tritt in »Der Tod des

Junggesellen« klar hervor. Der Brief des Sterbenden ruft seine Freunde an sein Bett, deren Frauen alle einmal seine Geliebten gewesen sind. Auch in fast allen diesen Szenen wird ein glühend-kaltes Gespräch zwischen den Rivalen geführt. Wir erkennen aus dieser ursprünglichen Fassung des Motives, daß die zugrundeliegende gleichgeschlechtliche Strömung neben der heterosexuellen Libido stark genug war, um sich in dieser Gestaltung durchzusetzen. Die zwei Rivalen treffen einander am Grabe der Geliebten, d. h. der ursprüngliche Wunsch, die gegenseitige Anziehung ist erfüllt – über die Leiche eines geliebten und unbewußt noch mehr gehaßten Hindernisses hinweg.

Die beiden letzten herangezogenen Werke des Dichters führen uns willkommenerweise zu einem neuen beachtenswerten Gesichtspunkte. In scharfen Umrissen ist die selbstberauschte Eitelkeit Weihgasts gezeichnet. Derselbe Zug tritt klar am Ende des »Tod des Junggesellen« hervor. Denn der Dichter hebt jenes Blatt, das bezeugt, er habe von der Untreue seiner Gattin Kenntnis gehabt, sorgsam auf, damit sie es in seinem Nachlasse finde. »Und mit der seltenen Einbildungskraft, die ihm nun einmal eigen war, hört er sie schon an seinem Grabe flüstern: ›Du Edler... Guter‹.«

Wir würden sagen, daß in dem Charakter der beiden Künstler die Eigenliebe einen hervorragenden Platz einnehme. Wir konnten schon darauf hinweisen, daß diese Fixierung aus einer Zeit stammt, da die Liebe des Kindes dem eigenen Körper, dem eigenen um diese Zeit erst konstituierten Ich galt. Was als Inversionsströmung im Unbewußten, nachdem die heterosexuelle Objektwahl erreicht wird, weiter wirkt, hat seine Wurzeln in dieser narzißtischen Einstellung des Kindes. Welche Rolle die narzißtische Komponente in der Eifersucht spielen muß, ist von vornherein klar. Eifersucht beruht ja auf dem Zweifel, ob man selbst geliebt und ob man allein geliebt wird. Es wird manchem Tieferblickenden aufgefallen sein, daß in der Schnitzlerischen Dichtung und ihren Gestalten mächtiger dieses Problem des Geliebtwerdens als das der eigenen Liebe hervortritt. Anatol wehrt den Vorwurf des Freundes, daß er eitel sei, ab. »Und wenn? Du weißt schon wieder ganz genau, daß Eitelkeit ein Fehler ist, nicht?«

Max hat recht: in der Liebe (und Eifersucht) Anatols behauptet die Eitelkeit einen ersten Platz. Er gesteht, er komme sich vor wie einer von den Gewaltigen des Geistes, wenn er Mädchen und Frauen betrüge. Die stärkste Erinnerung an einen Abend ist ihm, daß er damals fühlte, »daß ich in diesem Augenblick wahnsinnig geliebt werde. Das hüllt mich so ganz ein – die ganze Luft war trunken und duftete von dieser Liebe«. Für die Frau, die damals zu seinen Füßen lag, »bedeutete ich eine Welt; ich fühlte es, mit welch einer heiligen, unvergänglichen Liebe sie mich umgab«. Er ist in seiner Eitelkeit schwer gekränkt, als er erfährt, daß er für die Zirkusreiterin nicht eine Welt bedeutete. Ebenso tief verletzt ist er, als Annie ihm erzählt, daß sie einen andern liebe (»Abschiedssouper«). Ja, seine ganze Wut und Eifersucht geht auf diese gekränkte Eitelkeit zurück. Denselben Eindruck hat Georg von Wergenthin von der Eifersucht Heinrichs: »Eitelkeit war es, die in seiner Seele brannte, nichts anderes als Eitelkeit.« Diese Eigenliebe aber geht ebenso weit wie die Eifersucht. Der Dichter Albertus Rohn berichtet, daß sich seine Frau in einen jungen Mann verliebt habe, der im ersten Akte seines neuen Dramas vorkommt. Er bedauert es bei dieser Gelegenheit sehr, daß er verurteilt sei, »alle Schönheiten und Tugenden der Welt in die Gestalten zu legen, die man schafft, und daß einem fürs eigene Fortkommen nichts übrig bleibt als das bißchen Geist«. Immerhin findet er es für notwendig, jene selbst geschaffene Gestalt mit einem Fehler, nämlich mit Schielen (!) zu versehen. Die gekränkte Eitelkeit ist es, welche die Eifersüchtigen eine Untreue der Geliebten nicht verzeihen läßt (Anatol, Fedor Denner, der Held in »Blumen«, Heinrich Bermann, Julian Fichtner), und sie ist es wieder, welche sie (wie bei dem Dichter im »Tod des Junggesellen«) über ihre Großmut gerührt sein läßt, wenn sie verzeihen.

Wir haben früher gesagt, daß die verdrängte gleichgeschlechtliche Neigung, die wir alle seit der frühen Kinderzeit in uns tragen, einen großen Beitrag zu den Freundschaftsgefühlen und zur Sympathie liefere. Besonders klar drückt sich das im Verlaufe der psychoanalytischen Kuren von Neurotikern aus. Der Patient »überträgt« auf den Arzt, d. h. er wendet ihm seine Liebe zu.

Diese (positive) Übertragung zerlegt sich in freundliche oder zärtliche Gefühle und in ihre Fortsetzungen ins Unbewußte. Von diesen letzteren weist die Analyse nach, daß sie regelmäßig auf erotische Quellen zurückgehen[12], so daß wir zur Einsicht gelangen müssen, »alle unsere im Leben verwertbaren Gefühlsbeziehungen von Sympathie, Freund-

[12] Freud, Zur Dynamik der Übertragung. Psychoanalytisches Zentralblatt, 1912, S. 167 [1912b].

schaft, Zutrauen und dergl. seien genetisch mit der Sexualität verknüpft und haben sich durch Abschwächung des Sexualtriebes aus rein sexuellen Begehrungen entwickelt, so rein und unsinnlich sie sich auch unserer bewußten Selbstwahrnehmung darstellen mögen«.

Im Anschluß an diese Erkenntnis und als vorläufig letzten Beweis unserer Auffassung werden wir hier eines eigenartigen Motivs gedenken müssen, welches das Liebesleben der Schnitzlerischen Personen auszeichnet. Es ist das der Sympathie für den sexuellen Rivalen. Auch darin ist die »Abschwächung des Sexualzieles« erkennbar, und dieses Gefühl setzt sich unbewußt in das der sexuell betonten Zuneigung fort. Agnes und ihre Mutter haben die aufrichtigste Sympathie für Toni, die einst ihre Rivalin war (»Vermächtnis«). Ebenso verbindet Freundschaft August Witte mit Fedor Denner. Der Dichter Weihgast, den seine Frau betrogen, ist ein Jugendfreund Rademachers, wie der Junggeselle, der in seinem letzten Brief seinen Betrug gesteht, behauptete, die um sein Sterbebett versammelten Freunde auf seine Art geliebt zu haben. Marie und Katharina sind Freundinnen (»Ruf des Lebens«), obwohl der Adjunkt zwischen ihnen schwankte. Amadeus findet, daß Fürst Sigismund ein »ausnehmend liebenswürdiger Mensch« sei. Irene (»Der tote Gabriel«) fühlt den Wunsch, Freundin ihrer Nebenbuhlerin zu werden. Auch Fanny Ringseis (»Das Schicksal des Freiherrn von Leisenbogh«) ist die glühendste Bewundrerin und beste Freundin Kläres. Ja, diese Freundschaft geht so weit, daß Fanny alle Freier abweist, »da sie sich mit unwiderruflicher Regelmäßigkeit in den jeweiligen Liebhaber Klärens verliebte«. (Deutlich geht diese Liebe den Umweg über die ursprünglichere gleichgeschlechtliche Libido.) Der Oberst im »Ruf des Lebens«, dem Max die Frau genommen, möchte dem jungen Offizier gerne Gelegenheit geben, sein Leben zu retten. »Er liebt dich sehr«, behauptet der Freund Max. Dr. Mauer, der Rivale Hofreiters in der Liebe Ernas, läßt sich von der bezaubernden Liebenswürdigkeit seines Freundes immer wieder gefangennehmen, und Herr Natter im selben Schauspiel zieht mit Vorliebe die jeweiligen Geliebten seiner Frau in sein Haus. Hofreiter hat übrigens Alexei Korsakow, der sich um die Liebe seiner Frau bewirbt, »sehr gerne gehabt«, wie er selbst und Genia versichern. Frau Beate, welche ihre Rivalin in der Liebe ihres Sohnes zu hassen glaubt, empfindet »in diesem Augenblick Sympathie, ja, eine Art von Mitleid für die Baronin«. Solche Beispiele ließen sich häufen, doch wir nehmen dieses Motiv, wo es unzweideutiger auftritt, auf.

So gibt Heinrich Bermann ein warmer Händedruck seines Freundes Georg merkwürdigerweise die Gewißheit, »daß die ferne Geliebte ihm treu und daß er selbst ein Mensch sei, dem mehr erlaubt war als manchen andern«. Georg Wergenthin selbst fällt es, während Anna mit ihm im Vorzimmer plaudert, ein, daß sich der junge Dr. Stauber im Zimmer ärgern oder gar kränken mochte. »Und er wunderte sich, daß er diesen Umstand selbst offenbar unangenehmer empfand, als Anna, die doch im ganzen ein gutmütiges Wesen zu sein schien.« Auch Leo gegenüber befindet er sich in eigenartiger Einstellung. »Er liebte ihn beinahe, als die Tür in später Abendstunde sich hinter ihm geschlossen hatte, und der Gedanke, daß Annas erste Schwärmerei ihm gegolten, tat ihm wohl.« Während sein Auge »Leos lebhaften und edeln Bewegungen mit Vergnügen folgte, begriff er sehr wohl, daß Anna für den Bruder ihrer Freundin vor Jahren, in jenem Sommer am See, eine schwärmerische Neigung empfunden hatte«. Ja, manchmal kommt es Georg vor, – und die von uns angenommene Verknüpfung ist damit Gewißheit geworden – »als stünde seine eigene Sympathie für Leo mit jener längst verflossenen Neigung Annas für ihn in einem tiefen Zusammenhang. Denn nicht zum ersten Male fühlte er sich in ganz sonderbarer Weise zu einem Manne hingezogen, dem früher eine Seele zugeflogen war, die jetzt ihm gehörte«.

Diese Stellen mögen für sich sprechen. Wir wenden uns nun zu dem interessanten Mechanismus, durch dessen Dynamik aus verdrängter Neigung zum eigenen Geschlecht Eifersucht wird. Die Psychoanalyse hat die Entstehung und Entwicklung der »normalen« Eifersucht noch wenig erforscht. Immerhin ist es nicht auszuschließen, daß in der Eifersucht der seelisch Gesunden dieselben seelischen Mechanismen wirksam sind, welche bei den sogenannten Abwehrneurosen aufzufinden waren. Professor Freud hat in der Analyse des geistvollen Paranoikers Schreber gezeigt, daß dessen Eifersucht auf projizierte homosexuelle Begierde zurückgeht.[13] Auch S. Ferenczi, der die Rolle der Homosexualität in der Pathogenese der Eifersucht erforschte, behauptet, daß Eifersucht auf die Männer nur eine Projektion des eigenen erotischen Gefallens am männlichen Geschlecht

[13] Psychoanalytische Beobachtungen über einen autobiographisch beschriebenen Fall von Paranoia. (Dementia paranoides.) Jahrbuch für psychoanalytische Forschungen, Band III. [1911 c]

ist.[14] Bei diesen Kranken entstehen – wie Freud in seiner Analyse gezeigt hat – aus den verdrängten Liebesgefühlen Haßregungen, die durch den Mechanismus der Projektion auf die Umgebung geworfen werden. Es stellte sich heraus, daß diese Projektion durch eine Art des Widerspruches, der die stärkere libidinöse Besetzung des gleichen Geschlechtes abwehren soll, bewirkt wird. Der Projektionsweg, der in dieser Form zum Eifersuchtswahne führt, ist folgender: Nicht *ich* liebe den Mann – ich liebe ja *sie* – *sie* liebt ihn ja. So kommt es also, daß der Paranoiker auf alle jene Männer eifersüchtig ist, die ursprünglich Objekte seiner eigenen Libido waren. Die Eifersucht macht auf den ersten Blick den Eindruck von stark übertriebener heterosexueller Fixierung. Doch wir haben, indem wir das Liebesleben der Schnitzlerschen Gestalten analysierten, bemerkt, daß diese extreme Liebesform nicht mit der endopsychischen Wahrnehmung des Liebens, sondern mit der von außen kommenden des Geliebtwerdens zusammenhängt. Wir konnten auch den Weg, der von der narzißtischen Einstellung zur Eifersucht führt, verfolgen.

Die Psychoanalyse belehrt uns darüber, da sie uns zeigt, wie der Zwang der Projektion bei den Paranoikern ihrem inneren Widerspruch folgende Form aufnötigt: Ich liebe nicht *ihn* – ich liebe ja *sie* – weil sie *mich* liebt. Der Projektionsmechanismus ist durchaus nicht für die Paranoia allein charakteristisch, sondern stellt sich als ein regelmäßiger Anteil an unserer Einstellung zur Umgebung dar. Wir werden vermuten, daß er auch in der bis in extreme Formen geführten Eifersucht der Gestalten des Dichters seine Wirksamkeit entfaltet. Ja, wir gehen sogar weiter, indem wir behaupten, daß sich auch schwache Ansätze zu einer Art des Verfolgungswahns bei den Liebenden und Eifersüchtigen Schnitzlers finden. Wir rufen, um dies zu beweisen, ein Motiv zu Hilfe, das zum stehenden Requisit Schnitzlerscher Kunst gehört. Man könnte es das Motiv der verspäteten Rache nennen.[15] Es ist wohl zuerst in der »Liebelei« aufgetaucht, wo der fremde Herr an Fritz wegen seines Ehebruches Rache nimmt, als der junge Mann eben eine ernstere Neigung zu

[14] Jahrbuch für psychoanalytische Forschungen, Band III [1913, S. 101–119: Über die Rolle der Homosexualität in der Pathogenese der Paranoia].

[15] In einem schönen Aufsatze »Die Motivgestaltung bei Schnitzler« (Imago. II. Jahrgang, Heft 3), der die seelische Determiniertheit der Motivgestaltung schlagend erweist, hat Dr. Sachs einen großen Teil der nun folgenden Motive zusammengestellt [Nachdruck in: Fischer, 1980, S. 85–103].

der sanften Christine gefaßt hat. Der Graf im »Zwischenspiel« ist rücksichtslos genug, die Verhältnisse seiner Frau erst zu entdecken, wenn sie längst vorüber sind und Philine schon ein neues angeknüpft hat. Die Besorgnisse Albertus Rhons um seinen Freund wären demnach nicht unangebracht. Auch in Georg Wergenthin taucht der Gedanke auf, daß die verspätete Rache des Gatten, den er betrogen, ihn treffen könnte. »Wie leicht hätte es sein können, daß ich heute sechs Schuh unter der Erde läge, mit einer Kugel im Herzen. Es kann noch immer so kommen.« Auch der Freiherr von Leisenbogh erfährt die furchtbare Wirkung jenes Fluches seines Vorgängers erst, als Kläre bereits sich Sigurd gegeben. Alfred in »Der Mörder« wird von dem Baron, der Alfreds Mädchen geliebt hat, erschossen, nachdem Alfred schon in neuen Liebesbanden ist. Ebenso trifft Natters Rache Friedrich Hofreiter, nachdem er mit Adele längst gebrochen hat und mit Erna Beziehungen angeknüpft.

Eine zweite Gestaltung dieses Motives kommt dem Wahne der Paranoiker dadurch näher, daß die Rache einen Unschuldigen trifft. Der Held in der tiefsinnig-heiteren Marionette »Zum großen Wurstel« soll für die Herzogin sterben, die er nicht kennt. Wie nahe dem Verfolgungswahne dieses Motiv steht, zeigt auch der Fall des Dr. Wehwald (in »Tagebuch der Redegonda«), der im Duell mit einem erzürnten Gatten unschuldig gefallen ist, während ein anderer die von ihm geliebte Frau entführt. Albertus Rhon (im »Zwischenspiel«) bedauert es, daß jener Maler, welcher der Vorgänger Albertus' in der Liebe der Gräfin war, nicht von dem Grafen erschossen worden ist. »Da wäre ein junger Mann auf ein Haar umgebracht worden, wegen einer Sache, die längst vorbei ist.« Auch in der verborgenen Eifersucht Andreas Thameyers, dem seine Frau ein schwarzes Kind geboren, finden sich deutliche Spuren solchen Verfolgungswahnes. Er bezichtigt die Leute der Böswilligkeit und Unbildung, weil sie nicht glauben wollen, daß er der Vater des Kindes ist. Ja, er begeht sogar, von ihrem Verdacht tief gekränkt, Selbstmord. Hören wir seine Beobachtungen, um uns zu überzeugen, wie sein extremes Mißtrauen dem Verfolgungswahne ähnlich ist – wenn es nicht schon dieser Wahn ist. – »So aber will es niemand einsehen, und sie lächeln und lachen. Sogar Herr Gustav Rengelhofer, der Onkel meiner Frau, dem ich stets die größte Achtung erwiesen, hat in einer mich sehr verletzenden Weise mit den Augen gezwinkert, als er mein Kind zum erstenmal sah, und meine eigene Mutter, sie hat mir die Hand gedrückt in einer höchst sonderbaren Art, als bedürfe ich ihrer Teilnahme. Und meine Kollegen im Bureau haben miteinander geflüstert, als ich gestern eintrat, und der Hausmeister, dessen Kindern ich zu Weihnachten meine alte verdorbene Uhr geschenkt habe – immerhin als Spielzeug tut solch ein Uhrgehäuse seine Dienste... der Hausmeister hat sich das Lachen verbissen, als ich gestern an ihm vorbeiging, und unsere Köchin macht ein Gesicht, so lustig, als wenn sie betrunken wäre, und der Spezereihändler an der Ecke hat mir nachgeschaut, schon drei- oder viermal... neulich ist er an der Tür stehen geblieben und sagte zu einer alten Dame: das ist er. Und ein Beweis für die schleunigste Verbreitung der unsinnigsten Gerüchte – es gibt Leute, die ich gar nicht kenne, und die es wissen, ich weiß nicht woher. Als ich vorgestern im Stellwagen nach Hause fuhr, hörte ich alle Weiber drin über mich sprechen, ich hörte meinen Vornamen ganz genau.«

Wer jemals einen Paranoiker mit der größten Bestimmtheit von der Ausdehnung der ihm angeblich geltenden Verdächtigungen und Verfolgungen erzählen gehört hat, weiß, daß Andreas Thameyer ein Opfer seines Wahnes wurde.[16]

Dem Motiv der verspäteten und zielverfehlten Rache sowie Thameyers krankhafte Besorgnisse wollen wir nun mit den Ergebnissen der Erforschung der Paranoiagenese näherkommen. Die früher sublimierten homosexuellen Gefühlsbeziehungen werden bei der Paranoia mit unsublimierter Libido besetzt, und das Ich sucht sich durch den Verfolgungswahn dieses Libidoansturmes zu erwehren. Die Personen, welche die Kranken angeblich verfolgen, waren vor der Erkrankung Objekte der als unerträglich empfundenen homosexuellen Neigung. Durch die Umkehrung dieses Gefühles in Haß wird »der Ersehnte zum Verfolger, der Inhalt der Wunschphantasie zum Inhalt der Verfolgungsphantasie«. Es erhebt sich im Paranoiker ein Widerspruch gegen die gleichgeschlechtliche Strömung. Gegen den Satz: »Ich liebe ihn« macht sich die Abwehr in der Form: »Ich liebe ihn nicht – ich hasse ihn

[16] Ähnlich erscheint Heinrich Bermann in seiner krankhaften Furcht, lächerlich zu werden und wegen seines Judentumes gehaßt zu werden, manchmal »verfolgungswahnsinnig«. (Das Wort wird im »Weg ins Freie« aus- und nachdrücklich gebraucht.) Doch nicht nur er, sondern auch alle anderen jüdischen Figuren des Romanes (Dr. Stauber und Sohn, der alte Ehrenberg etc.) machen auf Georg diesen Eindruck. Filitz wirft Löwenstein im »Professor Bernhardi« vor, daß seine Antisemitenriecherei an Verfolgungswahn grenze.

ja« geltend. Doch diese Abwehr muß, um zum Bewußtsein zu gelangen, einer Verwandlung durch Projektion unterliegen. Die Projektion ist durchgeführt, wenn in den Verlauf dieser Gefühls- und Gedankenreihen ein: »Er haßt *mich*« eingeschoben wird.

Auf diesem Wege kommen wir zur folgenden Projektionsformel, die für den Verfolgungswahn typisch ist: »Ich liebe ihn ja nicht – ich hasse ihn ja – weil er mich haßt.«

Doch wir würden uns sicher verirren, wollten wir auch in Schnitzlers Personen diese Abzweigungen weiter verfolgen. Des Dichters Kunst darf uns doch nicht gänzlich vergessen machen, daß wir in seinen Gestalten nicht lebendige Menschen, sondern Bilder von solchen bewundern.

Wir konnten bei der Eifersucht zwei Hauptzüge finden, welche uns tief in ihre Genese zu blicken ermöglichten. Wir glauben gezeigt zu haben, daß eifersüchtige Regungen einerseits auf der eigenen erotischen Unsicherheit beruhen, anderseits ihre starke Gewalt aus der Verdrängung (infantiler) homosexueller Regungen, die sehr wohl neben starker heterosexueller Libido bestehen kann, beziehen. Das Gemeinsame dieser zwei seelischen Wege haben wir darin gefunden, daß sie sich als Projektionen eigener unbewußter Strömungen auf die sexuelle Rivalin, die Geliebte oder Frau, darstellen.

Formen des Inzestmotives

»Tu t'étais trompé, tu t'es crue ma maîtresse, tu n'étais que ma mère... c'est un inceste, que nous commettions.«

Alfred Musset an *George Sand*, 4. April 1834

»Tu as raison; notre embrassement était un inceste, mais nous ne le savions pas.«

George Sands Antwort

Im vorigen Abschnitt haben wir zu beweisen versucht, daß der Dritte in den Liebesbeziehungen der Schnitzlerischen Helden eine große Rolle spielt. Wir mußten uns zu der Annahme entschließen, daß er von ihnen geradezu gefordert werde, daß er eine spezifische Liebesbedingung inkorporiere. Die psychoanalytische Praxis konnte einen bestimmten Typus der männlichen Objektwahl und seine Liebesbedingungen aufzeigen, der mit dem von uns geschilderten die größte Ähnlichkeit hat. Professor Freud, dessen Verdienst auch diese Lösung eines komplizierten Problems zuwächst, beschreibt die Reihe der Liebesbedingungen[1] etwa folgendermaßen:

1. Die Bedingung des »Geschädigten Dritten«. Der Typus zieht Frauen, welche einen Verlobten, Ehegatten, Freund haben, unbedingt allen andern vor. Freud berichtet, daß sich diese Bedingung in manchen Fällen so unerbittlich zeigt, »daß dasselbe Weib zuerst übersehen oder selbst verschmäht werden kann, solange es niemandem angehört, während es sofort Gegenstand der Verliebtheit wird, sobald es in eine der genannten Beziehungen zu einem andern Manne tritt«. Diesen extremen Fall haben wir im Benehmen des Amadeus beobachten können, Annäherungen an denselben bei Hofreiter, Natter und anderen.
2. Die zweite Bedingung kann vergröbert als die der »Dirnenliebe« be-

[1] Beiträge zur Psychologie des Liebeslebens, I. (Jahrbuch für psychoanalytische Forschungen, Bd. II, S. 389f.) [1910h].

zeichnet werden. Dieser Typus der Männer erfährt an sich nämlich einen erhöhten Reiz durch Frauen, an deren Treue mit Recht gezweifelt werden kann. Dieser Charakter zeigt sich nicht bloß in der zweifellos polygamen Lebensführung einer Kokotte, sondern auch in weniger krassen Verhältnissen wie der Vorliebe einer Frau für Flirt, für das Spiel mit dem Feuer. Wir verweisen nur auf Georgs Leidenschaft, die ebensowohl jener schönen ungetreuen Frau am Seeufer als der koketten Sissy gilt.

Die erste Bedingung gibt die Möglichkeit, feindselige Regungen gegen den Dritten, gegen den Mann also, dem man ein Weib entreißen will, zu befriedigen. Die zweite Bedingung enthält nach Freud den Anlaß zur Betätigung der Eifersucht, die »für Liebende dieses Typus ein Bedürfnis zu sein scheint«. Es trifft die Eigentümlichkeiten der Männer Schnitzlers, wenn Freud nun bei der Beschreibung dieses Typus so fortfährt: »Erst wenn sie eifersüchtig sein können, erreicht die Leidenschaft ihre Höhe, gewinnt das Weib seinen vollen Wert, und sie versäumen nie, sich eines Anlasses zu bemächtigen, der ihnen das Erleben dieser stärksten Empfindungen gestattet.« Wir haben bei Natter und Friedrich Hofreiter einen jener grellen Fälle, von denen Freud erzählt: der Liebende zeigt keinen Wunsch, das Weib für sich allein zu besitzen, und scheint sich in einem dreieckigen Verhältnis durchaus wohl zu fühlen.

Sobald man die erste dieser Liebesbedingungen vorfindet, darf man, wie Freud versichert, nach dem Vorhandensein der anderen suchen. Wir haben Beispiele genug dafür gefunden, daß beide Liebesbedingungen in der Schilderung der Liebenden Schnitzlers hervortreten, und glauben deshalb nach den anderen Punkten forschen zu dürfen, welche diesem Typus der Objektwahl eigen sind. Sie beziehen sich nicht mehr auf dem Liebesobjekte anhaftende Eigenschaften, sondern auf das Verhalten der Liebenden gegen ihr Liebesobjekt.

3. Es ist höchst auffällig und vom normalen Liebesleben abweichend, daß die mit dem beschriebenen Charakter versehenen Objekte als höchstwertige behandelt werden. Das Verhältnis mit ihnen wird »mit dem höchsten psychischen Aufwand bis zur Aufzehrung aller andern Interessen betrieben«. Wir erinnern beiläufig daran, daß Heinrich Bermann das Unglück, das über seine Familie hereinbricht, minder wichtig erscheint, als die Treue der kleinen Schauspielerin; daß Friedrich Hofreiter ernsthaft beteuert, sein Beruf und seine Arbeit bedeuten ihm

nichts gegenüber den Beziehungen zu den Frauen wie Adele Natter. In diesen Zügen prägt sich der zwanghafte Charakter der Verliebtheit aus, von dem wir schon so viele Proben erhalten haben. Es steht scheinbar im Widerspruch mit der Stärke solcher Leidenschaften, daß dieser Typus seine Liebesobjekte wechselt, einander ersetzen läßt. Ja, manchmal (wie im Falle Georg Wergenthin) können die Liebesobjekte »nach äußeren Bedingungen, z. B. Wechsel von Aufenthalt und Umgebung, einander so häufig ersetzen, daß es zur Bildung einer langen Reihe kommt« (vgl. den Abschnitt über »Reigen«).

4. Eine weitere Besonderheit des Liebeslebens dieses Typus ist besonders überraschend: die Tendenz, die Geliebte zu »retten«. Der Mann ist überzeugt, daß die Geliebte ihn brauche, daß sie ohne ihn jeden sittlichen Halt verlieren würde. Er rettet sie, indem er an ihr festhält. Er beruft sich dabei in manchen Fällen auf die sexuelle Unverläßlichkeit und die schlechte soziale Lage des gewählten Liebesobjektes.

Diese so befremdenden Züge von Liebesbedingungen und Sonderbarkeiten des Benehmens lassen sich trotz ihrer Kompliziertheit aus einer einzigen Quelle ableiten: sie entspringen sowohl im Liebesleben der Normalen als in dem der Neurotiker aus der infantilen Fixierung der Zärtlichkeit an die Mutter, sie stellen einen der Ausgänge dieser Fixierung dar. Die Liebesobjekte dieses Typus sind leicht kenntliche Muttersurrogate. Versuchen wir die Liebesbedingungen und das Liebesverhalten unseres Typus mit dem Objekt ihrer kindlichen Liebe der Mutter zu vergleichen, so ergibt sich folgendes: die Bedingung des »Geschädigten Dritten« erscheint als die Wiederholung der dem Kinde eigenen Stellung. Des Kindes erstes Liebesobjekt ist die Mutter, und sie ist an den Vater gebunden. Der Wunsch, alle mütterliche Zärtlichkeit für sich zu haben, die unbewußte Eifersucht gegen den Vater, hat in unserer Kindheit tief in uns Wurzeln geschlagen – so tief, daß wir als Erwachsene nicht einmal begreifen wollen, daß dergleichen Regungen jemals in unserem Seelenleben vorhanden waren. Es erklärt sich so auch, daß die Geliebte dieses Typus als Einzige, Unersetzliche erscheint, aus dem infantilen Zusammenhang, denn man besitzt nur eine Mutter. Die so häufige Reihenbildung dieser Liebenden, welche der Unersetzlichkeit des einzelnen Objektes zu widersprechen scheint, kann durch die Erfahrungen der Psychoanalyse verständlich werden. Das dem unbewußten Seelenleben Unersetzliche findet in der Auflösung in eine unendliche Reihe seinen Ausdruck, weil jedes Glied dieser

Reihe Befriedigung verspricht und doch als Surrogat keine völlige Befriedigung gewährt.

So großes Staunen diese Ableitungen auch erregen mögen, die stärkste Ablehnung, ja Entrüstung wird sich gegen eine Verbindung der Liebesbedingung, welche den irgendwie dirnenhaften Charakter des Wahlobjektes fordert, mit der infantilen Liebe zur Mutter kehren. Uns Erwachsenen erscheint ja die Mutter meistens gerade als diejenige Frau, deren Charakter und Sittlichkeit über allen Zweifel erhaben ist. Es würde uns schwer kränken, wenn ein anderer einen solchen Zweifel ausspräche, und es gibt im Leben Beispiele, die zeigen, daß berechtigte Bedenken gegen die Lebensführung der Mutter vom Sohne so tief empfunden wurden, daß er seinem Leben ein Ende machte. Wie ist es möglich, den schärfsten aller Gegensätze »Mutter« und »Dirne« zu vereinigen? In der Gegenwart freilich ist dieses Beginnen fruchtlos, doch sehen wir zu, ob nicht in der individuellen Vergangenheit eine Verknüpfung dieser krassen Extreme stattfinden konnte. Dem Knaben, der (etwa in der Vorpubertät) durch mehr oder minder typische Mitteilung das Geschlechtsgeheimnis erfährt, erscheinen nun die »Großen« in einem veränderten Lichte. Er schwankt zwischen der primären Liebe für seine Eltern und dem peinlichen Gefühl der Verachtung gegen sie, welches die Enthüllung ihrer Sexualbetätigung wachruft. Seine Gedanken finden einen vorläufigen Abschluß darin, daß er die Mutter, an deren Reinheit er nicht mehr glauben kann, mit der Dirne, von deren Existenz er vielleicht erst jetzt erfahren hat, vergleicht. Dieser Vergleich hat seine affektive Basis: die plötzliche Aufklärung hat in dem Knaben Erinnerungsspuren seiner frühinfantilen Eindrücke wieder wachgerufen und dadurch auch begrabene Regungen aus der Kinderzeit auferstehen lassen. In dem neugewonnenen Sinn fängt er nun unbewußt an, der Mutter seine sexuelle Begierde zuzuwenden und den Vater als Nebenbuhler zu betrachten. Es kommt dem Adepten der geschlechtlichen Geheimlehre nun vor, als sei der Sexualverkehr der Mutter mit dem Vater eine Untreue (ihm gegenüber). Wenn diese Regungen nicht rasch genug vorbeigehen, so können sie ihre Erfüllung nur in Phantasien finden, welche unter verschiedenen Maskierungen die Sexualbetätigung der Mutter zum Gegenstande haben. Der geschilderte Typus des Liebeslebens hat nun unbewußt die Verbindung von Mutter und Dirne, die wir aus den Erfahrungen der Pubertätsjahre ableiten, in sich bewahrt, und seine späteren Besonderheiten sind Fixierungen an die

Pubertätsphantasien des Knaben, welche sich mit den Liebesobjekten der Mannesjahre vermischen.

Die Tendenz zur »Rettung« der Geliebten und noch andere befremdende Züge dieses eigenartigen Typus der männlichen Liebeswahl und ihre Verknüpfung mit dem Mutterkomplex wird uns der Verlauf unserer Analyse aufklären.

Dasjenige Werk des Dichters, in welchem das Inzestthema am unverhülltesten behandelt wird, »Frau Beate und ihr Sohn«, wird sich uns als Ausgangspunkt empfehlen, um dieses Motiv bis in seine verhülltesten Ausläufer zu verfolgen.

Es fällt uns sofort ein, daß das erregende Moment der Novelle darin liegt, daß Hugo den Reizen einer Kokotte zu unterliegen droht. Fortunata zeigt die von uns geschilderte Liebesbedingung in reinster Form: sie ist eine Frau, »die ihren halbvergangenen Bühnenruhm nur einer schillernden Dirnenhaftigkeit verdankte, und deren Wandel und Ruf auch in ihrer späten Ehe keine Änderung erfahren hatten«. Doch auch diejenige Frau, welche ihren Sohn dieser Schauspielerin zu entreißen entschlossen ist, ist sich dessen bewußt, daß die Verbindung mit ihrem Gatten es war, welche sie vor dem Versinken in ein abenteuerliches Dasein wilder Gelüste bewahrte. Und es ist uns ja bekannt, wie sie immer tiefer gleitet, wie sie lockt und lächelt und noch in der Abwehr unbewußt heranziehen will. Verfolgen wir nun den Weg, den sie von einer leisen unbewußten Regung bis ans Ende ihrer Wünsche und ihres Daseins geht. Als die Möglichkeit in ihren Gedanken Gestalt annimmt, daß Hugo bei der Baronin ist, ahnt sie: »wie Hugo die Züge seines Vaters trug, so rann auch dessen Blut in ihm«. Diese Ähnlichkeit wird im Verlaufe der Erzählung immer stärker betont. Auch der Vater Hugos hatte einen solchen vollen süßen Kindermund. An jenem Abend, da Beate die Gewißheit erlangt, daß ihr Sohn ihrer mütterlichen Obhut entglitten ist und Fortunata besucht, daß er sein eigenes Leben abseits von ihr leben will, überfällt sie dunkle Melancholie. Ist sie nicht jünger als Fortunata, und wird nicht auch sie noch begehrt? Sinnliche Lust steigt beseligend und quälend in ihr auf, Erinnerungen an ihre Ehezeit, und als Fritz, ihres Sohnes Freund, ihr seine Liebe gesteht, zieht sie ihn mit verlangenden Armen an sich. Es ist uns ganz klar, daß Beatens Verhältnis mit dem Alters- und Spielgefährten ihres Sohnes auch eine Art Inzest darstellt. Fritz ist eine Ersatzperson Hugos und Hugo äußerlich und innerlich seines Vaters Ebenbild. Der Dichter hat uns über die ge-

heimen Wünsche Frau Beatens nicht im unklaren gelassen: da er sie im Halbschlaf von gemeinsamen Reisen mit ihrem Sohne träumen läßt. Die Leute würden sie frech ansehen und denken: »Ah, die hat sich da einen hübschen Burschen auf die Reise mitgenommen. Seine Mutter könnte sie sein. Wie? Die Leute halten sie für ein Liebespaar. Nun, warum nicht. Die können ja nicht wissen, daß der Bursch da ihr Sohn ist, und ihr merken sie wohl an, daß sie eine von den überreifen Frauen ist, denen die Lust nach so jungem Blute steht.«
Während sie Hugo auf ihrem Spaziergange etwas sagte, war ihr wieder, als richte sie diese Worte eigentlich an den Toten. »Werd ich wahnsinnig? Bin ich's schon? Und wie um sich in die Wirklichkeit zurückzurufen, faßte sie so heftig Hugos Arm, daß dieser fast erschreckt zusammenfuhr.« Wie ähnlich er seinem Vater sieht, muß sie wieder denken. Es sind edlere Züge als die Ferdinands. »Doch die hab ich ja nie gekannt, auch seine Stimme nie, es waren ja immer die Stimmen und Gesichter von anderen. Seh ich ihn heut zum erstenmal? ... Und es schauerte sie tief.« Und immer stärker werden in ihr dunkle Wünsche wach, eine schmerzliche Sehnsucht steigt aus der Tiefe ihrer Seele und flutet in seine über. Und als sie in dem Kahne, der durch die Nacht treibt, sich zur letzten Vereinigung aneinander drängen, ist es Beate, »als küßte sie in dieser Stunde einen, den sie gekannt und der ihr Gatte gewesen, zum erstenmal.«
Wir wollen nun aus dieser Novelle, deren psychologische Notwendigkeit und Wahrheit oft geradezu einen (durch die Verdrängung bedingten) peinlichen Eindruck macht, einzelnes herausheben, was eine nähere Betrachtung erfordert. Es ist in dem früher dargelegten Zusammenhang durchaus verständlich, wenn der Inzestwunsch seine Realisierung findet, nachdem Hugo im Pubertätsalter Aufklärungen über die sexuelle Betätigung seiner Mutter erhält. Das von uns konstatierte zeitliche und kausale Verhältnis ist vom Dichter so geschildert, als habe er den Freudschen Aufsatz benützt. (Was nach meinen Erkundigungen nicht der Fall war.) Die Aufklärung entfernt die überlagernden Schichten, die den infantilen Inzestwunsch verdecken. Fritz, Hugo und Rudi sind psychologisch derselbe; ihre Liebesbeziehungen sind Doubletten desselben Motives. In einer prachtvoll gesteigerten Szene hat Schnitzler dargestellt, wie die arme Frau die beiden Buben Rudi und Fritz in brutalster Weise über ihre geschlechtliche Befriedigung sprechen hört. Es ist dasselbe, was Hugo von der Baronin erfährt. Es bestätigt die von

Freud ausgesprochene Art der Psychogenese des Vergleichs zwischen Mutter und Dirne, wenn Beate nach Belauschung jener schimpflichen Aufklärungen wünscht, wieder eine Mutter zu sein, »wert jenes Sohnes, und nicht ein Frauenzimmer, über das verdorbene Buben unflätig schwatzen durften, wie über die erste beste Dirne«.

Ja, man kann sogar sagen, daß die Baronin und Beate, Fritz und Hugo nur dichterische Abspaltungen derselben Person seien. Dafür spricht nicht nur, daß Beate langsam auf dasselbe Niveau gelangt wie die Baronin. Das Verhältnis Beate–Fritz, Fortunata–Hugo ist dasselbe, beide sind Formen des Inzestes. Beate ist für Fritz ebenso Ersatzperson für die Mutter, wie die um vieles ältere Fortunata ein Muttersurrogat für Hugo ist. Ja, es fehlt auch nicht an Stellen, wo diese Beziehungen klarer hervortreten. Denn es verschlägt wenig, wenn Beate Fortunata den Sohn entreißen will. Beide Frauen sind Abbilder der einen Mutter-Imago und dieses Losreißenwollen nichts anderes als ein Versuch, den Inzestwunsch bewußt in sich zu beseitigen, ihn zu überwinden. Die Baronin spricht aus, daß sie sich für einen Sohn kein besseres Debüt wünschen könnte, als eine Liebschaft mit Beate; es wäre klüger gewesen, meint sie, wenn Beate ihr den Sohn sozusagen ans Herz gelegt hätte. Es paßt prachtvoll, daß Beate trotz ihrer Abwehr eines solchen Ansinnens einen Augenblick daran denkt, der Baronin Fritz als Ersatz anzubieten. Fritz, den sie dann selbst zum Geliebten nimmt, und der ihr ja nichts ist als eine Ersatzperson für den eigenen geliebten Sohn. Die Vermutung taucht auf, daß der Dichter anfänglich das Inzestmotiv in noch größerem Umfange und in noch stärkerer Ausgestaltung hervortreten ließ, und daß er diese Breite und Intensität durch die Motivdoublierung ersetzt hat. Ob diese Vermutung richtig, wieviel Anteil an der Konzeption das bewußte Denken, wieviel das unbewußte hatte, ob künstlerische oder ethische Gründe bei solcher Umgestaltung wirksam waren, entzieht sich naturgemäß unserer Kontrolle. Wir können nur sagen: daß die Beziehungen Fortunatas und Beatens dasselbe – nämlich den Inzest – bedeuten; daß der Inzestwunsch schon darin kenntlich wäre, auch wenn Schnitzler seine Erfüllung am Ende weggelassen und auch sonst jede Andeutung davon vermieden hätte.

Der oft betonten Ähnlichkeit Hugos mit Beatens verstorbenem Gatten entwächst eine solche Regung: Hugo ist ein jüngerer Ferdinand. Ein Motiv ist deshalb auffällig, weil es sich schon in einem früheren Werke des Dichters in der gleichen Form vorfindet. Als Beate den Sohn auf-

sucht, gleitet er mit einem Male vom Divan, »lag der Mutter zu Füßen, den Kopf in ihrem Schoß, und weinte bitterlich«. Wieder taucht eine Erinnerung an den toten Gatten in der Frau auf. Sie fragt sich, »ob sich Ferdinand nicht am Ende manchmal in ihrem Schoß von Enttäuschungen und Qualen ausgeweint, die er bei einer andern Frau erduldet«. Im »Weg ins Freie« kehrt Georg von einem kurzen Ausfluge, auf dem er eine starke Leidenschaft für eine andere gefaßt und mit ihr Anna die Treue gebrochen, zu der Geliebten zurück, knapp vor deren Mutterwerden. »Und plötzlich kniete er vor ihr auf dem Kies, ihre Hände in den seinen, sein Haupt in ihrem Schoß, fühlte, wie sie ihm die Hände leicht entzog, sie auf sein Haupt legte – und dann hörte er sich ganz leise weinen und es war ihm *wie in süß dumpfem Traum, als läge er, ein Knabe, zu seiner Mutter Füßen und dieser Augenblick wäre schon Erinnerung, fern und schmerzlich, während er ihn durchlebte.*«
Die unbewußte Fortwirkung der Inzestphantasien des Pubertätsalters im späteren Liebesleben des Mannes tritt hier klar hervor. Wir werden auf Georgs Verhältnis zu Anna noch zurückkommen.
Es scheint uns wichtiger, die Inzesttendenzen in ihren verborgenen Formen aufzusuchen, als dort, wo sie so offen wie am Ende der »Frau Beate und ihr Sohn« hervortreten. Eine dieser Formen ist die Verschiebung der Mutter auf die Tante. Frau Beate lehnt es ab, Fritz statt Herr Weber zu sagen, »da ich weder die Ehre habe, Ihre Tante noch Ihre Gouvernante zu sein«.[2] Fritz entgegnet galant, daß er sich so eine Tante wohl gefallen ließe.
So wie hier Beate die Tantenstellung mit der der Geliebten vertauscht, drängen sich wider Willen in Frau Berta Garlan Vergleiche zwischen Emil Lindbach und ihrem Neffen Richard auf. Als Emil sie küßt, erinnert sie diese Liebkosung an etwas. »Woran nur…? An die Küsse von einst, da sie ein junges Mädchen war? …An die Küsse ihres jungen Mannes? …Nein… Und plötzlich fiel es ihr ein: geradeso hatte ihr kleiner Neffe sie neulich geküßt.« Noch unverhüllter tritt uns das Verhältnis der Tante zum Neffen in dem Jugenddrama »Das Vermächtnis« als erotisches entgegen. Emma fühlt sich besonders durch ihres Neffen Art, zu schauen und zu lächeln, an ihren verstorbenen Mann erinnert.

[2] Auch die Gouvernante stellt sich, da viel älter, als cachiertes Inzestobjekt dar. Rudi Beratoner hat ein Verhältnis mit der Gouvernante seiner Schwester (3. Doublette des Inzestmotives).

Sie wird die Vertraute Hugos. Sein Vater spricht nicht gerade rücksichtsvoll die wahre Natur dieser Beziehungen aus, die vielleicht Hugo und seiner Tante selbst verborgen war: »Ich kenne die Welt, liebe Emma. Daher fasse ich die Dinge stets in ihrer wahren Bedeutung auf, nicht nach der landläufigen Moral. Und meiner Ansicht nach gibt es gar nichts, was einen jungen Mann mehr bildet, mehr reift als – die Verehrung für eine schöne, junge Frau – oder Witwe...« Dieser Charakter der Beziehungen zwischen Tante und Neffe enthüllt sich noch deutlicher als Ansatz zum Inzest, weil Hugos Vater einst selbst darnach gestrebt hat, Emmas Gunst zu erlangen: »Sans conséquence bei uns, liebe Emma – das weiß ich längst – die Söhne haben in solchen Fällen gewöhnlich mehr Glück als die Väter.« Die letzte Bemerkung Adolf Losattis erinnert uns daran, daß auch in Schnitzlers Novelle eine Motivdoublierung enthalten ist, welche sich dem Inzestthema einfügt: das Verhältnis Beatens zu Direktor Welponer. Der Direktor ist auf Bertram eifersüchtig, was sich Beate innerlich verbietet mit dem Hinweis auf ihre Treue dem Verstorbenen gegenüber. Er, der Alternde, spricht von Beatens Gatten, und es drängt sich ihr auf, »daß er Ferdinands Schatten mit Absicht heraufbeschwor, als wäre er bestellt, über ihre Treue zu wachen und sie vor einer nahenden Gefahr zu warnen und zu hüten«. Sie fühlt, daß dieser dem Greisenalter sich nähernde Mann einen eigenen Reiz auf sie ausübt, und spürt in Gesprächen manchmal ein Gefühl der Hilflosigkeit ihm gegenüber. Ja, sie kann sich vorstellen, daß sie, vor eine Wahl zwischen ihm und Dr. Teichmann gestellt, ihn als Gatten vorziehen würde, ihn, den »Altgeborenen«, wie er sich nennt. Die Züge dieses Verhältnisses, das seltsam zwischen Hochachtung, Widerstreben und Bereitschaft schwankt und eine junge Frau zu einem ihr an Alter und Bedeutung weit überlegenen Manne zieht, sind demjenigen der Tochter zum Vater ähnlich. Auch Frau Berta Garlan, die Beate in vielen Zügen gleicht, hat ein Gefühl der Verantwortlichkeit gegenüber einem sehr alten, ganz unbekannten Herrn, den sie im Park trifft. Auch hier – der alte Herr und Herr Rupius sind gleichsam Ersatzpersonen für den Vater – meldet sich der Ödipuskomplex: »Sie war sehr unangenehm berührt und hatte ein dunkles Gefühl von Unrecht gegenüber diesem alten Herrn.« Sie fragt sich, ob auch Emil einmal so ein uralter Herr sein würde – der Geliebte verwächst also mit dessen Bilde, d. h. es bestehen ähnliche Gefühlsbeziehungen zu beiden Personen. Sie sieht sich neben Emil einhergehen in der Kastanienallee daheim, aber sie war noch jung wie jetzt, und er fuhr im Rollstuhl. »Sie bebte leise. Wenn Herr Rupius es wüßte«... Es würde zu weit führen, hier auf die Besonderheiten in den Beziehungen Bertas und des Herrn Rupius einzugehen. Herr Rupius ist, wie wir jetzt erkannt haben, eine Ersatzperson des Vaters für Berta, wie Direktor Welponer für Beate, und in beiden tauchen aus verdrängten Tiefen kindlicher Regungen Inzestwünsche, die sich um seine Person ranken, auf.

Erstaunlich ist die Menge der Varianten desselben Themas in demselben Werk. Wir sind in unserer Verfolgung des Motives noch nicht fertig. Noch einen Anklang an den Inzest, der aus der Vergangenheit emportaucht, finden wir in dem Verhältnis, das Ferdinand Heinold mit einer alternden Witwe hatte. Es hatte ihm an Willenskraft gefehlt, sich aus diesen Banden zu befreien, und erst Bertas Forderung hatte er die Lösung des Verhältnisses zu danken. Es sieht so aus, als habe das jüngere Liebesobjekt erst den Mann erobern müssen, indem es ihn aus alten Beziehungen riß. So wie Fortunata für Hugo, so ersetzte auch für seinen Vater jene alte Witwe dasselbe Liebesobjekt, die Mutter.

Beate erinnert sich vor ihrem Gange zu Fortunata daran, daß sie einst wie heute zu einer Frau gegangen, um von ihr die Auflösung eines Verhältnisses mit einer geliebten Person zu fordern. Bei diesem »romantischen Entschluß« bewegten sie dieselben Gefühle wie heute. Während sie Fortunata die sonderbare Bitte vorlegt, ist sie vollkommen ruhig: »ja, genauso war ihr zumute gewesen, als sie vor neunzehn Jahren einer alternden Witwe den künftigen Gatten abgefordert hatte«. Es wird uns nicht schwer, in Beatens Verhalten die Merkmale der »Rettung« zu finden. Die Tendenz zur Rettung der geliebten Person, wie wir sie in der Freudschen Aufstellung eines männlichen Liebestypus erörterten, ist hier in einer Frau erwacht. Doch nicht nur hier, auch in andern Motiven der Werke des Dichters: Cäcilie im »Zwischenspiel« geht zu der früheren Geliebten ihres Mannes, um ihr die kompromittierenden Briefe abzufordern, weil sie die Rache des betrogenen Ehegatten gegen Amadeus befürchtet. Ebenso fürchtet Genia für den Gemahl die Rache Natters (»Weite Land«), sie hat Angst, »wie um einen Sohn – einen ziemlich erwachsenen, der sich in zweifelhafte Abenteuer begibt« (wie Frau Beate). Dr. Mauer deutet mit einem schönen Satze die Beziehung, die von hier zum Mutterkomplex führt, an: »Man möchte fast glauben, daß Frauen, die zu Müttern geboren sind, gelegentlich die Gabe besitzen, – es auch für ihre Gatten zu sein.« Beiläufig bemerkt: auch für

Genia ist die Liebschaft mit dem jüngeren Otto Aigner ein seelischer Ersatz für den Inzestwunsch. Auch hier ist die Mutter Ottos eifersüchtig auf die Geliebte des Sohnes.
Das Gemeinsame dieses Motives, die Rettungstendenz, erscheint so immer mit dem Mütterlichen dieser Frauen verbunden zu sein. Sie benehmen sich auch Gatten gegenüber wie Mütter.
Doch wir haben ja behauptet, daß der Rettungsgedanke gerade dem Typus der Männer, welchem die Gestalten der Schnitzlerschen Dichtung angehören, in ihrem Liebesleben eigen ist. Beispiele dafür stehen uns in Hülle und Fülle zur Verfügung. Von Anatol, der in seinen Armen die gefallene Emilie wieder zu einer neuen Jungfräulichkeit erheben will, bis zu Heinrich Bermann, der die Schauspielerin ihrem erotisch reichen Leben entreißen will. Fedor (»Märchen«) will Fanny aus ihrer seelischen Not, in welche sie die soziale Minderschätzung der Gefallenen gebracht, helfen. Herr Wandel bemerkt zu Fedors pathetischer Rede: »So ein Retter ist nun einmal was unwiderstehlich Komisches.« Paul (»Freiwild«) hat die ausgesprochene Absicht, Anna Riedel in ihrer mißlichen sozialen Lage beizustehen und sie vor allen Anfechtungen, denen sie entgegenzugehen droht, zu bewahren. Hugo Losatti hat Toni aus dem bedrückenden Milieu ihres Vaterhauses geführt, wie Georg Anna im »Weg ins Freie«. Von der flachen Eitelkeit ihres Gemahles hat das Verhältnis mit Rademacher die Frau Weihgasts erlöst, wie die Frauen der Freunde der Junggeselle (»Der Tod des Junggesellen«). Der adelige Jüngling Klemens hat die Geliebte im Triumph dem Künstlergesindel in München entführt. (»Literatur«.) Noch ein kleiner Zug aus dem »Weg ins Freie« paßt hierher: der Dichter Gleißner ist mit der Lösung zweier psychologischen Aufgaben beschäftigt, von denen die erste lautet: eine Dirne zur Heiligen zu machen.
Wir sehen in diesen Beispielen, wie sich die Rettungsabsicht bald auf die sexuelle Unbeständigkeit, bald auf die schlechte finanzielle Lage stützt. Beide bringen die Geliebte in Gefahren; der Mann will sie nicht nur vor Not schützen, sondern sie auch auf den rechten Weg bringen und dort festhalten. Die Psychoanalyse konnte feststellen, daß diese Gründe nur eine sehr gelungene Rationalisierung einer unbewußten Regung darstellen. Damit kommen wir zu dem überraschendsten Stück des Seelenlebens unseres Typus: das Rettungsmotiv führt uns tief in die Kindheit des Einzelnen zurück und enthüllt sich als Abzweigung aus dem Mutterkomplex. Das Kind erfährt, daß es den Eltern das Leben verdankt,

daß diese ihm das Dasein geschenkt haben. Es entstehen nun (neben zärtlichen) auch ehrgeizige Regungen in der Seele des kleinen Knaben, welche in den Wunsch auslaufen, dieses Geschenk irgendwie zu vergelten. Die Mutter hat uns das Leben geschenkt, das wird – mit Hilfe des infantilen Inzestwunsches – damit vergolten, daß man ihr ein Kind schenkt, ihr zu einem Kinde verhilft, natürlich einem, das die Züge des eigenen Ich trägt. Der Knabe tritt so in seinen Phantasien an die Stelle des Vaters. Wieso aber soll dieser Wunsch gerade in der Rettungsphantasie seinen Ausdruck finden? Wir müssen uns, um dies zu erklären, auf die Bedeutungen des Begriffes Retten, wie wir sie aus der Analyse der Träume erschlossen haben, berufen. Das Moment der Gefahr weist noch auf den Geburtsakt hin, der ja unsere erste Lebensgefahr ist.
Wenn eine Frau im Traume ein Kind aus dem Wasser rettet, so bedeutet das: sie hegt den Wunsch, ein Kind zu gebären. Im Mythos begegnen wir häufig diesem Zuge: die ägyptische Königstochter in der Mosessage bekennt sich als Mutter, da sie das Neugeborene aus dem Wasser herauszieht. Es ist nicht ohne Anteilnahme unbewußter Regungen zugegangen, daß Beate und ihr Sohn bei einer Kahnfahrt den Inzest begehen und den Tod finden.
Auch der umgekehrte Wunsch kommt, durch die erotische Fixierung an den Vater unterstützt, manchmal vor: die Mutter zu töten. (Umgekehrter Ödipuskomplex.) In jener Novelle Schnitzlers »Ein Muttermörder« finden wir ein solches Beispiel: der Sohn tötet die Mutter, die einst ihn töten wollte. Wir sehen auch hier den infantilen Vergeltungswunsch hervortreten, und es macht dem psychologischen Scharfsinn unseres Dichters alle Ehre, daß er die Psychogenese dieser Absicht in die frühe Kindheit zurückverlegt.
Wir konnten auch diesen wesentlichen Zug des hier beschriebenen Typus des Liebeslebens aus dem infantil-sexuellen Material, namentlich aus dem Inzestwunsch ableiten und wenden uns nun allgemeineren Merkmalen zu, welche den Einfluß des mütterlichen Vorbildes bei der Liebeswahl der dichterischen Gestalten zu erhärten versprechen.
Im »Schleier der Beatrice« hat Beatrice sich wohl in ihrer Kindheit mit der Mutter, welche den Mann betrogen hat, identifiziert, und auch sie betrügt nun wie ihre Mutter Filippo mit einem sozial Höhergestellten.
Im Liebesobjekt, das die Männer Schnitzlers wählen, ist die Mütterlichkeit einer der stärksten Reize. Wir begnügen uns damit, dies an zwei

Frauengestalten zu zeigen. Friederike (»Die Frau des Weisen«) führt so ein Janusgesicht: dem Gymnasiasten scheint sie bald als Mutter, bald als Geliebte. Auch hier – in dem Verhältnis des jungen Burschen zu der überreifen Frau – sind deutliche Anzeichen für den verborgenen Inzest. Der Held sieht Friederike in zwei verschiedenen Gestalten: »Meist seh ich sie als eine sanfte blasse Frau, die, mit einem weißen Morgenkleid angetan, im Garten sitzt, wie eine Mutter zu mir ist und mir die Wangen streichelt.« Dann wieder erinnert er sich jener Szene, da sie ihm gegenüber eine Zärtlichkeit entfaltete, »die gar nichts Mütterliches mehr hatte«: »Und plötzlich küßte sie mich. Zuerst dachte ich mir, das hat sie ja nie getan, aber als ihre Lippen sich von den meinen gar nicht lösen wollten, verstand ich, was dieser Kuß zu bedeuten hatte.« Sie selbst gesteht später, daß sie sich anfangs gedacht hat, er sei ein Kind, und sie habe ihn wie eine Mutter gerne, erst beim Abschied sei ihr das wahre Wesen ihrer Zärtlichkeit bewußt geworden. Wir bewundern wieder des Dichters intuitive Antezeption psychologischer Erkenntnisse, wenn er die Inzestwünsche hier in das Alter der Pubertät zurückverlegt.
Besonders stark treten die Verbindungslinien zwischen dem Charakter der Mutter und der Geliebten in der schönsten Frauengestalt Schnitzlers, der Anna Rosner im »Weg ins Freie«, hervor. So wie Anna hat auch Georgs Mutter sich in Gesang ausbilden wollen.[3] Georg, der wehmütig an die Verstorbene denkt, reiht sich an ihr Bild Annas ruhige Gestalt, »am Klavier lehnend, das Notenblatt in der Hand, die blauen lächelnden Augen auf die Tasten gerichtet, und er hörte sogar ihre Stimme in seiner Seele klingen«. Er kann sich später nicht vorstellen, daß Anna durch die Schwangerschaft häßlicher werden würde, »denn immer hat sie was Mütterliches in ihrem Aussehen«. Die Reise Georgs mit der Geliebten nach Italien ist vielleicht unbewußt im Dienste dieser Identifizierung Annas mit seiner Mutter unternommen: hier grüßt ihn die eigene vergangene Knabenzeit, »ja ein Hauch der verwehten Tage, da seine Mutter noch gelebt hatte, zitterte hier schon durch die fremdheimatliche Luft«. Erinnern wir uns an die Tagesphantasie Beatens, die mit dem Geliebten, dem Sohne, nach Italien fahren will. Am schönsten

[3] Auch Christine (»Liebelei«) hat ein bißchen singen gelernt, »aber ich habe nicht viel Stimme«. Durch eine Bemerkung Leo Golowskis werden wir darauf geführt, daß die eigentümliche Schwäche der Stimmbänder, an welcher Annas Künstlerkarriere scheitert, gleichsam der physiologische Ausdruck für ihre Bestimmung ist, »im Bürgerlichen zu enden«, d. h. für ihre Unfähigkeit des sexuellen Auslebens.

ist das Ineinanderfließen der unbewußten Liebe zur Mutter und der zur Geliebten in jener Szene geschildert, wo Georg das Sterbezimmer seiner Mutter betritt: »›Mutter‹, murmelte er und noch einmal ›Mutter‹... meinte aber zu seiner eigenen Verwunderung nicht mehr die längst Begrabene, die ihn geboren, jener andern galt das Wort, die noch nicht Mutter war, und die es in wenigen Monaten werden sollte... eines Kindes Mutter, von dem er der Vater war. Und nun klang das Wort plötzlich, als tönte etwas nie Gehörtes, nie Verstandenes, als schwängen geheimnisvoll singende Glocken in Zukunftsferne mit.«

Wir verstehen diese starke plötzliche Gefühlswirkung aus dem Auftauchen jener typischen Pubertätsphantasien, welche Georg mit dem Vater identifizieren und ihn von der Mutter ein Kind bekommen ließen. Während der Wehen Annas tritt noch einmal diese Phantasie hervor, denn Georg fällt es ein: »Wie Anna jetzt, so lag auch meine Mutter einmal da, ehe ich zur Welt kam. Ob mein Vater auch in solcher Angst herumgegangen ist?« Als Georg von seinen Zukunftsplänen spricht, sieht er Annas Augen »mütterlich auf sich ruhen. Und wie eine Mutter sprach sie zu ihm«. Wir haben schon jener Szene gedacht, da der Ungetreue sich in der Geliebten Schoß ausweint, wie einst der Knabe bei der Mutter.[4]

Für das Seelenleben des Kindes ist die Inzestphantasie typisch; es gibt keinen unter uns, der sie nicht erlebt hätte. Noch der Erwachsene beweist in der unbewußten Motivation seiner Liebeswahl und seiner ganzen Einstellung zur Frau die tiefgehende Wirkung jenes kindlichen Wunsches. In unsern Träumen kehrt er verhüllt wieder und wird für den Neurotiker zum Kernkomplex, der sein Scheitern im Leben bedingt. Otto Rank[5] hat in seinem Buche geschildert, wie diese Phantasie stärkste Impulse für das künstlerische Schaffen aller Dichter liefert. Wir werden auch in jener so reizvollen Mischung von Mädchenhaftigkeit und Mütterlichkeit Schnitzlerscher Frauengestalten die unbewußte Fortwirkung der infantilen Phantasien dieser Art erkennen müssen.

[4] Eine verhüllte Form des Inzestmotivs findet sich in der Liebe zum Lehrer, welche manche Mädchen der Schnitzlerschen Dichtung fühlen. Dem unbewußten Seelenleben liegt die Vertauschung von Lehrer und Vater sehr nahe. So ist Anna in ihren alten Lehrer verliebt gewesen. Else Ehrenberg hatte eine schwärmerische Neigung zu ihrem Zeichenlehrer und die Komtesse Mizzi ein Verhältnis mit dem Professor, der sie im Malen unterrichtete.

[5] [1912].

Die Vater-Imago

»Ich möchte eine Mama heiraten, wo kein Papa dabei ist.«
Ausspruch eines fünfjährigen Knaben[1]

Die im vorigen Kapitel geschilderte Rettungsphantasie der Pubertätszeit hat alte Kinderregungen auferstehen lassen: den Wunsch, die Mutter zu heiraten und den Vater, den störenden Nebenbuhler, zu beseitigen. Wenn sich die zärtliche Seite der Rettungsabsicht der Mutter zuwendet, so ist die trotzige, ja feindselige gegen den Vater gerichtet. Es ist, wie wenn der Trotz des Knaben sagen wollte: Ich brauche nichts vom Vater, ich will ihm alles zurückgeben, was ich ihn gekostet habe. Er bildet dann die Phantasie, den Vater aus einer Lebensgefahr zu retten, wodurch er mit ihm quitt wird, und diese Phantasie verschiebt sich häufig genug auf den Kaiser, König oder sonst einen großen Herrn und wird nach dieser Entstellung bewußtseinsfähig und selbst für den Dichter verwendbar (Freud). Diese bewußtseinsfähige Rettungsphantasie hat Schnitzler im Verlaufe des »Jungen Medardus« benützt: Medardus rettet Napoleon (dem Vater) das Leben, indem er Helene tötet. Er rettet den Kaiser ohne Wissen und Wollen, denn er wollte ihn ja ermorden, um den Vater zu rächen, so wie Hamlet seinen Vater rächen will. Die Rache für den Vater ist die stärkste Reaktionsleistung gegen die verdrängten Haßregungen; doch es entspricht der tiefsten Motivierung dieser Absichten, wenn die Rache wieder die Tötung einer Ersatzperson des Vaters zum Inhalte hat. Durch die unbewußte Lebensrettung gibt der Sohn dem Vater-Napoleon zurück, was er ihm schuldet: das Leben.

Der versteckte trotzige Sinn der Rettungsphantasie wird noch klarer in jenem typischen Motiv, das wir schon behandelt haben: dem des Ägi-

[1] Diesen Wunsch äußerte mein kleiner Neffe und zeigte damit, daß er den typischen Kinderinzestimpuls mit dem Todeswunsch gegen den Vater verband.

dius. Der Jüngling aus Heinrich Bermanns Opernstoff will den König, den er haßt und bewundert, ermorden. Er wird bestraft durch die Androhung des Todes und schließlich von dem König begnadigt. So soll auch Medardus den Tod finden, und auch ihm will Napoleon die Freiheit geben. Beide weisen das kostbare Geschenk zurück; sie benehmen sich wie trotzige Knaben, die dem Vater sagen wollen: ich will dir nichts zu verdanken haben, ich gebe dir zurück, was ich dir schulde. Wir sehen hier klar, daß das eigentlich Treibende der ganzen Rettungsphantasie ein trotziges Auflehnen gegen die väterliche Autorität ist.

Das Attentat des Ägidius und das des Medardus mißlingt: ein unbewußter Gegenwunsch ist vorhanden, welcher in der Zärtlichkeit und Achtung für den Vater seine Wurzeln hat. Des Ägidius Haß gegen den König war »immer sehr von Bewunderung entzündet«. Auch Medardus' Schwanken hat hier seine Gründe, denn wie bei Hamlet zeigt es die Verdrängung des infantilen Vaterhasses an. Die typische Ambivalenz der Gefühle, die zwischen Liebe und Haß wechseln, findet im Impulse zur Ermordung Napoleons und in seiner unwissentlichen Rettung Ausdruck.

Wir gelangen wieder zum Inzestwunsch zurück, wenn wir uns erinnern, daß Ägidius um die Königstochter geworben, welche der eifersüchtige König nicht dem Freier geben will. Noch klarer ist das Verhältnis bei Medardus, der vermutet, daß Helene die Geliebte Napoleons war. Der Impuls zum Vatermord und zur Vaterrettung hat in dem infantilen Wunsch der Vereinigung mit der Mutter seine tiefste unbewußte Motivation: der Vater wurde als hemmender Rivale empfunden.

Die Züge des Königs im Ägidiusstoff und die Napoleons weisen dasselbe menschlich-übermenschliche Gepräge auf. Der König mit seiner ungeheuren Wachheit den Menschen gegenüber, die zwischen Dämmerung und Dunkel hintaumeln, und Napoleon, der das wirre Treiben der Kleinen von seiner stolzen und ruhigen Höhe sieht und mit einem Winke lenkt, sind Kopien desselben Bildes: der Vater-Imago.

Es wird uns nicht wundern, wenn wir dieselben Charaktermerkmale bei einzelnen Personen der Dichtungen Schnitzlers wiederfinden; es ist die Rolle des Erhaben-Verzeihenden, dem niemand zu nahe treten kann, der fast übermenschlich auf die anderen herabsieht. Die »Frau des Weisen« und der Held dieser Novelle ist so von einem tiefen schweigenden Verzeihen eingehüllt. Der Professor weiß von ihrer Untreue und hat darüber geschwiegen. Er hat ebenso gehandelt wie der Professor in »Die Gefährtin«, der es schweigend duldet, daß sein Assistent seine Frau zur Geliebten hat. Alfred wirft dem Großmütigen vor: »Du hattest das Recht, mit mir zu tun, was du willst, aber zu spielen hattest du kein Recht.« Der König spielt mit Ägidius so und Napoleon mit Medardus. Remigio (»Die Frau mit dem Dolche«) sieht in Lionardo, der ihm die Frau genommen, nur ein schlechtes Instrument: er ist ihm gleichgültig, es regt sich in ihm kein Haß. Wie Ägidius und Medardus weist auch Lionardo das Verzeihen des Meisters zurück:

> »Tötet mich, Remigio!
> Ich nehme keine Gnade von Euch an.«

Wie diese Vater-Bilder, so ist auch der Oberst im »Ruf des Lebens« gezeichnet. (Max sagt von ihm: »Wie zu einem Freunde sprach er zu mir... wie zu einem Sohne...«) Seine Frau erklärt ihrem Geliebten, daß diesem Manne nie jemand etwas bedeutet habe, weder Freund noch Frau. Sogar das Moment des erhabenen Spieles mit Menschen fehlt nicht. »Du denkst, wir leben mit ihm unter Sonne und Sternen, und wir sind ihm nichts als Partner an einem Spieltisch.« Auch der Oberst hätte Max verziehen, und dieser fürchtet sein Verstehen. Und doch muß er die Großmut des Obersten wider Willen erfahren. Er fordert von dem Betrogenen den Tod: »Herr Oberst, es wäre menschlicher gewesen, es in einem abzutun.« Mit ruhiger Überlegenheit entgegnet der Oberst: »Menschlicher – ja. Aber das lag nicht in meiner Absicht.«

Doch der Vater oder seine Vertreter, seine Ersatzpersonen sind es zugleich, welche die Liebesbetätigung hemmen, ihm gegenüber können sich die Helden Schnitzlers niemals von einem gewissen Schuldgefühl freimachen, das aus der Lust, sein Verbot zu überschreiten, und Todeswünschen gegen ihn resultieren.

In Adolf Losatti, dem Vatertyp des »Vermächtnis«, werden wir das ursprüngliche Bild des Vaters sehen, der die Liebesbeziehungen seines Sohnes nicht billigt. Hugos Tante Emma spricht wohl in heftigen Worten gegen den Professor, was der Verstorbene gegen ihn auf dem Herzen hatte: »Du sprichst von Verzeihen? Was hast du – was hat überhaupt ein Mensch dem andern zu verzeihen?«

Als die ins Extrem geführte Lebensanschauung Losattis erscheint diejenige Ferdinands, der das Verhalten Hugos und seiner Geliebten streng und unerbittlich beurteilt. Auch er ist ein Teil der Vater-Imago – der dichterische Prozeß der Spaltung ermöglicht solche Doppelpersonen – und daß er gerade der Lehrer Hugos ist, weist uns wieder auf die unbewußte Gleichstellung von König, Lehrer und Vater zurück. Im Schicksal der Toni ist eigentlich ein großes Stück der Handlung des »Ruf des Lebens« vorweg genommen. Wir treffen hier den Stoff vielleicht früher, als der Dichter selbst ahnte, daß er ihn in breiterer Form einmal behandeln werde.

Toni hat den Vater um des Geliebten willen verlassen. Die Stimmung in ihrem Hause war drückend und peinigend, wie in dem Maries. Der Rittmeister wirft Marie vor, daß er seiner Familie wegen in Not und Sorgen geraten ist. Toni klagt: »Und je älter der Vater geworden ist, um so ärger ist das geworden. An nichts hat er eine rechte Freude gehabt. Und immer Sorgen, auch wenn's nicht notwendig war.« Daß Toni den zürnenden Vater allein sterben ließ, ist der noch schwache Ausdruck des Gedankens im »Ruf des Lebens«, wo Marie den Vater vergiftet. Die Vorwürfe, die dort der Vater selbst der Tochter wegen ihrer Lebenslust macht, muß Toni hier verspätet aus dem Munde Ferdinands, der sich zum Anwalt des Verstorbenen macht, hören (»Freilich ist's lustiger, mit einem Liebhaber zu leben, als am Krankenlager des Vaters zu wachen.«). Das Hauptmerkmal der beiden Väterbilder ist die Hemmung des Sexuallebens der Tochter. Es verging, wie Marie gesteht, seit jener Stunde, da sie mit dem Geliebten zusammen war, »keine mehr, in der ich nicht dem alten Mann da drinnen, der mein Vater ist, den Tod erflehte...«

Eine Auflehnung gegen das väterliche Verbot bedeutet jene Rede des Arztes, dem bange wird um so viel Schönheit und Jugend, die verwelken soll, »um nichts vielleicht als um ein paar Worte, die in einem Buche stehen«. Wie wir hier mit aller nur wünschenswerten Klarheit erkennen, erwächst der Todeswunsch gegen den Vater aus dem Verbote, das dieser dem Liebeswillen der jungen Generation entgegensetzt.

Wenn in Georg Wergenthin der Gedanke auftaucht, was wohl der Vater zu seinem Verhältnis mit Anna sagen würde, so werden wir das mit Recht auf die unbewußte Fortwirkung der väterlichen Kontrolle des Liebeslebens zurückführen.[2] Das Sonderbare ist, daß Georg seltsame Gefühle zwischen Achtung und Widerstreben gegen alle diejenigen älteren oder reiferen Personen verspürt, welche mit ihm über seine Bezie-

2 »Nachträglicher Gehorsam.«

hungen mit Anna sprechen. Namentlich der alte Dr. Stauber und der Komponist Eißler erinnerten ihn durch ihren gütigen, väterlichen Blick an den Vater. Er spottet wohl über sie, »aber in einem entlegenen Winkel seiner Seele war er ein wenig gerührt«. Es führen auch bewußte Assoziationen vom Vater zu den beiden Männern, die den verstorbenen Freiherrn sehr gut kannten. Dr. Stauber nimmt in einer höflich verblümten Moralpredigt die Rolle des Vaters Georg gegenüber ein und erinnert den jungen Mann am Ende an den Dahingeschiedenen, was Georg tief empfindet. Auch hier aus den milden Worten des Arztes klingt es wie ein Vorwurf über Georgs Liebesleben und läßt in ihm ein Bewußtsein seiner erhöhten Verantwortung zurück. Georg fühlt jede Frage über seine Karriere, seine Pläne und Aussichten dieser Personen, als wäre sie eine Prüfung, ob er auch ein Recht zu dem Verhältnis mit Anna habe. Er weist solche Einmengung in seine persönliche Angelegenheit innerlich ab und kann sich ihr doch nicht entziehen. Der alte Stauber und Eißler (sowie manchmal auch Leo) repräsentieren ihm unbewußt die Vater-Imago: das zeigt seine ambivalente Stellung ihnen gegenüber, sein Schwanken zwischen Zuneigung und Trotz. Die Affektintensität dieser Gefühle ist aus der Unzerstörbarkeit und Unsterblichkeit der kindlichen Ambivalenz dem Vater gegenüber zu erklären. Georg und manche andere Helden Schnitzlers erschaffen sich in älteren Personen *Revenants*, Abbilder der väterlichen Gestalt, um alle jene vergangenen, starken Empfindungen wieder zu erleben. Dabei ist sowohl die unbewußte Feindschaft, als auch die starke Sehnsucht, die dem Verstorbenen gilt, bestimmend. Im Schuldgefühl und Widerstreben, im »nachträglichen Trotz und nachträglichen Gehorsam« beleben sie die alten, begrabenen Gefühle der Kinderzeit.

Ist so die tiefste Schicht der komplizierten Regungen dem Vater und seinen Ersatzpersonen gegenüber erotischer Natur, so muß doch auch ein großer Teil davon aus ehrgeizigen Wünschen hervorgegangen sein. Es fällt uns auf, daß die Söhne in Schnitzlers Werken in vielen Fällen denselben Beruf wie der Vater ausüben. In einer fast ganz unbekannten Novelle des Dichters »Reichtum«[3] ist der Vater einmal Maler gewesen, dann aber durch Talentmangel und eigene Schuld herabgesunken zum Anstreicher. Auch der junge Waldein wird Maler. Der Vater ist stolz

[3] Veröffentlicht in der »Modernen Rundschau«, einer längst eingegangenen Wiener Halbmonatsschrift im Jahre 1891.

darauf, doch der Junge arbeitet oft gar nichts. Dann hilft er dem Vater bei der Arbeit. »Und es geschah auch, daß er mitten in der erbärmlichen Anstreicherei einen wahren Genius erwachen fühlte, den groben Pinsel, die Farben, den ganzen Taglohn hinwarf, nach Hause eilte und sich ins Zimmer verschloß, um zu zeichnen oder zu malen.« Wir sehen hier Vater und Sohn als Rivalen im selben Berufe, wobei der Sohn der Überlegene ist. Durch die ehrgeizigen Wünsche des jungen Mannes aber wird die Rivalität um die Liebe der Mutter verstärkt. Die Haßeinstellung zum Vater wird auf ein anderes Gebiet verlegt, das dem sexuellen ferne liegt und aller Anstößigkeit beraubt ist. Der junge und der alte Waldein werden wiederholt in der Gestaltung des Remigio und Lionardo in der »Frau mit dem Dolche«, beide sind Maler. Der Professor und der Assistent in »Die Gefährtin«, Dr. Stauber und sein Sohn, Professor Bernhardi und sein Sohn Oskar haben den gleichen Beruf, und auch bei allen diesen Gestalten ist die Rivalität in schwächeren oder stärkeren Zügen hervorgetreten.

Wir müssen uns in dem Verhältnis zwischen Vater und Sohn zwei Gestaltungsarten vor Augen halten: in dem einen Falle ist der Vater das unerreichbare Vorbild, und daraus erklärt sich die feindselige Einstellung, da er ja auch der unverdrängbare Rivale in der Liebe der Mutter ist. Alle Wünsche des Kindes gehen darnach, den Vater zu besiegen, sowohl in der Liebe als im Leben. Der andere Fall zeigt die Erfüllung der infantilen Wünsche: der Vater ist übertroffen, der eigene Ehrgeiz befriedigt. Als die höchste Wunscherfüllung und der erhebendste Triumph erscheint nun die Anerkennung und das Lob des Vaters. Oft sind beide Gefühlslagen, die der Verzweiflung und die des Triumphes, in einem Werke unorganisch vereinigt. So stellt für König Assad (»Alkandis Lied«) der verstorbene Sänger die Vater-Imago vor (er ist zugleich Assads Rivale in der Liebe der Königin): der starke Haß gegen den Vater zeigt sich darin, daß der König in seinem Reiche jede Erinnerung an ihn vertilgen und seine Lieder zu singen verbieten will. Doch die Königin belehrt ihn, daß der Ruhm Alkandis unvertilgbar ist, alle Versuche des Königs werden vergebens sein.

Die Unvergänglichkeit des väterlichen Andenkens entspricht der Unvergänglichkeit der Gefühle für den geliebten und gehaßten Mann. Unvertilgbar ist die Liebe, die im Herzen der Mutter für ihn lebt. Lionardo ist der Schüler Remigios und verzweifelt daran, ihn je zu erreichen, und muß es einsehen, daß er ihn auch bei Paola nie verdrängen kann. Selbst wenn Lionardo den Meister tötet, ist er nicht aus seinem Gefühlsleben geschwunden. Er ruft ihm zu:

»Ich haß' Euch so, daß ich Euch töten will,
wo immer in der Welt ihr mir begegnet,
und haß' Euch tausendfach, weil aller Tod
von meiner Hand Euch doch nicht töten kann,
der ihr der Welt fortlebt in Euerm Werk,
in ihrer Sehnsucht Euerm Weib und mir
in meinem Haß, der stärker als der Tod!«

Tatsächlich ist dieser Haß ewig und gleich ihm die Liebe, wir haben ja bemerkt, daß Georg Wergenthin seine Gefühle gegen den verstorbenen Vater immer wieder erlebt, indem er andern Personen wie dem Vater gegenübersteht. Noch in einer beiläufigen Bemerkung Oskars im »Professor Bernhardi« zeigt sich das Bedrückende des väterlichen Ruhmes: »Na, der Sohn von einem berühmten Vater zu sein, das hat auch seine Schattenseiten.«[4]

Wenn das Kind (und alle diese Gefühle haben ja ihren Ursprung im kindlichen Seelenleben) die reale Unerreichbarkeit des Vaters und die Unmöglichkeit seiner Verdrängung einsieht, so bleibt ihm ein Ausweg: die Phantasie bringt ihn bereitwillig an das ersehnte Ziel heran. Das wunscherfüllende Unbewußte zeigt ihm die Erreichung seines Ehrgeizes, zeigt sogar den Sohn als Sieger, vor dem der Vater sich beugen muß.

Als (in jener Novelle »Reichtum«) der Vater ein Bild seines Sohnes betrachtete, erwachte in ihm ein Gefühl des Vaterstolzes: »Du, das ist schön, sehr schön... So was... Franz... so was hab ich nie getroffen... auch in bessern Zeiten nicht.« Der Herzog Bentivoglio, der, wie die meisten Herrscher, die Vater-Imago darstellt, bereitet dem toten Dichter Filippo die schönste Genugtuung. Am Ende der Tragödie spricht er es aus, daß sein Zorn an ihn nicht herankann:

»Ein Lied, von dem verweht's der Zufall nicht –
ist ew'ger als der kühnste unsrer Siege,
der wieder nur Vergängliches erringt!...«

[4] Alexander der Große äußerte seine Besorgnis, daß der Vater ihm nichts zum Erobern übrig lassen würde.

So ergibt sich ein weiterer bewußtseinsfähiger Grund zur trotzigen Einstellung für die Söhne in Schnitzlers Dichtung: ihre künstlerischen Neigungen. Der Vater steht diesen entweder ganz ferne, oder er sieht sie mit wohlwollendem Spott. Am stärksten tritt dieser Zwiespalt wohl in »Lebendige Stunden« hervor, wo Hausdorfer als – man kann sagen: Adoptivvater – dem jungen Dichter die Eitelkeit seines Künstlertumes gegenüber dem wirklichen Leben vor Augen hält. Mit mildem Spott hört Georg Wergenthins Vater des Sohnes kompositorische Versuche.

Ebenso wie Georg hat auch Oskar im »Professor Bernhardi« künstlerische Neigungen: wenn er auch nur Widmungswalzer komponiert. Der Vater spricht im selben scherzhaften Ton darüber, wie der Freiherr von Wergenthin: »Was, du hast schon wieder was komponiert, und ich weiß gar nichts davon? (Zieht ihn scherzend am Ohr).« Ernster gestaltet sich in dem Verhältnis des Doktor Stauber und seines Sohnes die Frage der Berufswahl: hier handelt es sich um ein Schwanken zwischen Medizin und Politik, und der Vater ist dafür, daß Berthold wieder zur Medizin zurückkehre, die eine viel reinlichere Beschäftigung sei. Immerhin besteht auch in medizinischen Fragen ein gewisser Gegensatz zwischen den beiden. Man wird nicht fehlgehen, wenn man hier – der Roman enthält überhaupt viel Autobiographisches – einen Reflex jener Stimmungen erblickt, denen der junge Dichter Schnitzler, zwischen Medizin und Literatur schwankend, manchmal unterworfen war. Eine Briefstelle erhebt diese Vermutung zur Gewißheit: sie stammt aus dem Jahre 1892 und bezieht sich auf ein früheres Jahr: »Ich erinnere mich noch meines letzten Zusammentreffens mit Ihnen – auf irgendeinem Ball in einer Nacht, wie Sie schon lange, aber schon sehr lange ein berühmter Mann waren, während ich an mir, an meinem Beruf – an beiden – verzweifelnd, von niemandem ernst genommen, meinen Ehrgeiz als guter Gesellschafter und Demimondainer (in Bourgets Sinne) zu befriedigen suchte.«[5]

Jene Phantasieprodukte des Pubertätsalters, welche wir mit »Rettungsphantasie« bezeichneten, sind Teile eines größeren Komplexes von Phantasien aus eben jener Zeit: des sogenannten »Familienromanes«.

[5] Ich begehe keine Indiskretion, wenn ich diesen Brief ins Treffen führe, denn er ist veröffentlicht (Jüdischer Almanach, Wien 1900, S. 102f.). Er ist an Theodor Herzl gerichtet und vom 5. August 1892 datiert.

Zuerst wurde diese absonderliche Schöpfung in der Analyse von Neurotikern gefunden, doch die Psychoanalyse konnte bald zeigen, daß sie in abgeschwächter und veränderter Form auch im Seelenleben normaler Personen in der Pubertätszeit sehr häufig vorkommt. Otto Rank hat sie in den Gestaltungen des Mythos und in vielen Dichtungen[6] als Angelpunkt nachweisen können. Der Familienroman knüpft an die Phantasie von der Untreue der Mutter an und spielt mit dem Gedanken, daß der Träumer gar nicht der wirkliche Sohn des Mannes ist, welcher ihm bisher als Vater gegolten hat, sondern daß die Mutter ihn von einem andern (meistens höher gestellten, oft einem König etc.) empfangen habe. An der Bildung dieses Romanes haben zwei Motive den größten Anteil: die infantile Libido zur Mutter und die feindselige Einstellung zum Vater. Die Mutter begeht die Untreue mit einem Liebhaber, der die Züge des eigenen auf das Alter und geistige Niveau des Vaters gehobenen Ich trägt. Die Vaterschaft aber wird annulliert, ein anderer Vater (der dem Sinne nach der Träumer selbst ist) eingesetzt und damit zugleich der Ehrgeiz befriedigt, da die Abkunft des Träumers eine höhere, befriedigendere wird. Die Bedingung der Dirnenhaftigkeit der Mutter geht von diesen Phantasien aus.
Auf eine solche zum Bewußtsein gelangte Abkunftsphantasie reduziert die psychologische Analyse manche dichterische Schöpfung. Ein Drama Schnitzlers kann als Typus dieser Phantasiebetätigung betrachtet werden: der »Einsame Weg«. Die Mutter Felix' war ihrem Verlobten untreu. Felix ist der Sohn Julian Fichtners, eines jugendlicheren, heißblütigeren und anziehenderen Mannes. Frau Wegrat hat ihren Betrug ihrem Mann nicht gestanden, und so ist ihrem Sohne seine wahre Abkunft unbekannt. Doch er ahnt sie und hat sich mit dem Gedanken vertraut gemacht. »Warum schweigen Sie«, fragt er Julian vor der Aufklärung, »ich gehöre nicht zu den Menschen, die es nicht begreifen, nicht begreifen wollen, daß auch Mütter und Schwestern Frauen sind.« Und nun kommt es zur Aussprache und für Felix zu einer Art inneren Umkehr. Denn wenn wir uns vorstellen, daß das ganze Schicksal seiner Mutter, ihr Verrat und ihre Lüge von ihm phantasiert wurde, so entwertet er nun die Phantasie in seinem Bewußtsein; er bereut sie und versöhnt sich mit dem Vater. Das Andenken seiner Mutter ist ihm

[6] Vgl. dessen »Mythos von der Geburt des Helden«, Schriften zur angewandten Seelenkunde, Bd. 5 [1909].

ebenso heilig wie zuvor, und der Mann, der ihn erzogen, »gilt mir gerade soviel, als er mir bisher gegolten – und beinahe noch mehr«. Dieses Plus ist entscheidend: es zeigt Felix' Reue, die Liebe zu dem Vater an. Zugleich aber auch, daß sein Verhältnis zu dem Professor früher nicht von der wünschenswerten Herzlichkeit war. (Wie bei den anderen Söhnen ist auch bei Felix der Vater nicht mit dem gewählten Beruf zufrieden.) Auch ein Wort Wegrats müssen wir in diesem Sinne deuten: Als Felix nach Johannas Tode die Hand des Vaters ergreift und innig »Mein Vater!« ruft, sagt Wegrat: »Müssen solche Dinge geschehen, daß mir dieses Wort klingt, als hört ich's zum erstenmal...« Die Liebe zum Vater ist durch die seelische Reaktion auf die gegen ihn gerichtete Abkunftsphantasie Felix' gesteigert worden. Es entspricht dem an Kompromissen und Widersprüchen so reichen unbewußten Anteil an der Dichtung, wenn Felix nach der Erklärung seinem wirklichen Vater Julian Fichtner gegenüber die abweisende Seite seines Verhaltens zeigt, das früher dem vermeintlichen Vater gegolten hat. Julian ist eben eine Mischperson des wirklichen und phantasierten Vaters. So erklärt es sich, wenn Felix ihm sagt: »Ihr Sohn... Es ist nichts als ein Wort... Es klingt ins Leere. Ich sehe Sie an, ich weiß es, aber ich erfaß es nicht.« Wenn er es, wie Sala sagt, fühlt, »daß man sehr wenig für einen Menschen getan hat, wenn man nichts tat, als ihn in die Welt zu setzen«, so hat dieses Gefühl erst dem Professor gegolten. Versuchen wir uns vorzustellen, daß die vergangenen Vorfälle von Felix phantasiert, nicht wirklich geschehen sind, so zeigt sein späteres Verhalten die innere Auseinandersetzung und Versöhnung mit dem Vater. Er macht es wie der Dichter, dessen Schöpfung ja letzten Endes auch nichts anderes bedeutet, »als einen Gerichtstag halten über sein eigenes Ich«. Auch bei dem Träumer der Abkunftsphantasie stellt sich wie bei dem Dichter eine seelische Reaktion her. Der Familienroman erscheint ins Satirische gewendet in »Komtesse Mizzi«. Der junge Philipp hat angeblich einen bürgerlichen Vater; in Wirklichkeit aber ist Fürst Ravenstein sein Erzeuger. Es mutet wie eine Bestätigung der psychoanalytischen Theorien an, wenn der Bursche naiv gesteht, daß er das immer gewußt habe. Auch die sexuelle Begierde zur Mutter erscheint undeutlich an der Peripherie des Komödienhorizontes, denn Philipp gesteht, als er die vermeintliche Braut des Vaters gesehen: »Und wie gesagt, meine Angst war nur, daß sie zu jung sein könnte – für meine Mutter, nicht für deine Frau.« Der Fall wird dadurch kompliziert, daß Philipp auch seine Mutter nicht kennt, und es ist nun folgerichtig, wenn er die sonderbarsten Abkunftsphantasien bildet, die (wie die infantilen Sexualtheorien) eine groteske Mischung von Wahrheit und Irrtum darstellen. Das Fräulein Lolo (in Wirklichkeit die Geliebte des Vaters seiner Mutter) scheint ihm die natürliche Tochter des Grafen zu sein, also eine Schwester der Komtesse, und beide Schwestern lieben seinen Vater. Dann taucht ihm der Gedanke auf, daß Lolo seine Mutter sein könnte usw. Eine parodistische Darstellung der eigenen Familienphantasie, wie sie vor nicht langer Zeit der Gymnasiast sich ausgemalt hat, liegt vor. Suchen wir von hier den Weg, der zu den weniger deutlich gestalteten Familienromanen in Schnitzlers Werken führt.

Scherzhaft verwendet ist das Motiv auch in »Literatur«, wo Margarete, um Klemens zu imponieren, behauptet, daß vielleicht adeliges Blut in ihr fließt und im Hause ihrer Eltern Aristokraten verkehrt haben, deren einer vielleicht ihr Vater ist. Eine schwache Spur dieser Phantasie ist noch im »Weiten Land« zu finden; denn der Direktor Aigner kennt seinen eigenen Sohn nicht und wünscht ihn nicht zu kennen. Auch hier ist ein eigentümlich gespanntes Verhältnis zwischen Vater und Sohn zu bemerken.

Verfolgen wir das Motiv weiter, so ergibt sich, daß es auch im »Schleier der Beatrice« angedeutet ist. Frau Nardi hat ihren Mann mit einem Kavalier betrogen. Beatrice scheint es, als wäre sie im Elternhause nur zu Gast. Dieses Fremdheitsgefühl können wir uns so deuten, daß ihre Phantasie (und ihr Wunsch) ihr ein anderes Zuhause, andere Eltern des öfteren vorgaukeln.

Wir haben in den meisten unserer Beispiele die Abkunftsphantasie mit der von der Untreue der Mutter verknüpft gesehen, was um so natürlicher ist, als ja diese die unerläßliche Voraussetzung bildet. Wir verstehen nun auch, wie diese Tagträume mit Gedanken über die mütterliche Sexualbetätigung zusammenhängen, und werden auch die »Dirnenhaftigkeit« der Mutter, deren Vorstellung von uns so peinlich empfunden wurde, begreifen.

Die zwiespältige Stellung zum Vater ist keine nur den Gestalten unseres Dichters eigentümliche, sondern eine allen Menschen gemeinsame. Wenn das Material der Dichtung aus dem Leben gegriffen ist, so tritt besonders eine Frage an uns heran: Bleibt die Vatereinstellung im Leben eines Individuums immer dieselbe, oder sind Veränderungen innerhalb dieses Komplexes bemerkbar? Gewiß macht diese Gefühlsvereinigung Umwandlungen durch, und gerade das ist es ja, was uns in der Analyse am meisten interessiert.

Die Dramen und Novellen Schnitzlers aus seiner »Sturm- und Drangperiode« haben die individuelle Sexualfreiheit, das Sich-Ausleben zum Thema. In ihnen allen spürt man die Auflehnung, den Protest gegen den Vater, der dem Lebensdrange der Helden Hemmungen auferlegt. Diese Periode erreicht ihren Höhepunkt im »Vermächtnis« (1897), in welchem das feindselige Verhältnis zwischen Vater und Sohn am schärfsten gestaltet wird. Das Drama stellt den dichterischen Ausdruck der Vorwürfe, welche der Sohn den Eltern wegen ihrer engherzigen Lebensanschauung macht, dar und karikiert zugleich ihre zahlungsfähige Moral. Von da ab beginnt eine Klärung: statt der Tendenz tritt immer mehr die psychologische Analyse in den Vordergrund. Der Vaterkonflikt verschwindet nicht, im Gegenteil; doch was in der früheren Periode nur ein Vorwand zu stürmischer Revolution war, wird jetzt zergliedert, auf seine Grundlagen geprüft. Die ambivalente Einstellung gegen den Vater bleibt, allein sie erhält eine tiefere Begründung. Man kann sogar deutlich beobachten, wie in den späteren Werken des Dichters die Vater-Imago immer erhöhtere Bedeutung bekommt. Im »Medardus« will der Sohn sogar Rache für den toten Vater nehmen, was wie im Hamlet die stärkste Reaktion auf feindselige Wünsche ist. Seine Unentschlossenheit und sein Schwanken können wir uns nur durch die ihm eigene Ambivalenz erklären: sein Haß, der zur Tötung Napoleons führen soll, wird stetig durch Liebe gebunden, denn auch Napoleon erweist sich als Abspaltung des Vaterbildes. Medardus' Zögern und Zweifeln ist der Ausdruck seiner inneren Hemmung. Dadurch nun, durch diese zwiespältige Gefühlslage, verlieren wie bei Hamlet Impulse voll Mark und Nachdruck den Namen Tat. Wie wir sehen, ist hier das Vaterbild gespalten: der tote Vater des Medardus und Napoleon. Diese Spaltung ist im weitesten Umfang im »Weg ins Freie« durchgeführt; denn für Georg haben die meisten Männer seiner Umgebung Vaterzüge. In diesem Roman sind auch die meisten Doublierungen des Themas »Väter–Söhne« enthalten, was uns wieder die steigende Bedeutung des Vaterbildes beweist: Georg und der dahingeschiedene Freiherr, Oskar Ehrenberg und sein Vater, Dr. Stauber und der alte Arzt, Heinrich Bermann und sein gemütskranker Vater. Die seelische Analyse der Beziehungen des Vaters und des Sohnes hat hier im Sinne unserer Erklärung die intensivste Vertiefung erfahren. Eine Rechtfertigung und eine Auseinandersetzung tritt ein.

Besonders klar tritt bei Heinrich Bermann das typische Sohnesgefühl hervor; namentlich in dem »wie aus Zärtlichkeit und Widerwillen, aus Gefühlen von Anhänglichkeit und von Losgerissenheit gemischten Ton«, in dem Heinrich vom Vater sprach. Georg muß einsehen, daß Heinrichs Egoismus, der ihn der Enge des Elternhauses fernhält, »ihm zugleich Rettung und Befreiung bedeutete«. Die psychologische Selbstanalyse findet auch darin ihren Ausdruck, daß die Personen des Romanes viel über die Beziehungen von Vater und Sohn sprechen. Ich erinnere nur an das Gespräch, in dem Leo Georg erklärt, daß »es um die Welt vielleicht besser stünde, wenn die Eltern öfter von den Erfahrungen ihrer Kinder lernten, statt zu verlangen, daß diese sich ihrer Altersweisheit anbequemten. Sie kamen in ein Gespräch über die Beziehungen zwischen Vätern und Söhnen, über echte und falsche Arten von Dankbarkeit, über das Sterben von geliebten Menschen, über die Verschiedenheit von Trauer und Schmerz, über die Gefahren des Erinnerns und die Pflichten des Vergessens.« Das Vaterbild erscheint Georg in unendlich verklärtem Lichte, die ursprüngliche Liebe zu dem Dahingeschiedenen erhält eine allmähliche Verstärkung. Diese Richtung führt endlich im »Professor Bernhardi« zu einer Glorifizierung des Vater-Imago.

Von einer anderen Seite betrachtet, erkennen wir das Problem der Umwandlung des Vaterkomplexes in der Stellung zum eigenen Kinde. Die Rollen erscheinen vertauscht: der Vater gibt nun dem Sohne Rechenschaft über sein Leben und seine Sexualität (Julian Fichtner–Felix), er fürchtet das Alleinsein und fürchtet das Urteil des Sohnes. Und der Sohn wendet sich wirklich vom Vater ab. Georg Wergenthin wünscht kein Kind, und doch hat er sich unbewußt nach ihm gesehnt. Die ambivalente Einstellung zum eigenen Kinde tritt hervor. Friedrich Hofreiter eilt, da alle Beziehungen der Liebe ins Wanken geraten, dem geliebten Percy entgegen. Anderseits fürchtet er von dem Sohne, denn Otto ist ein Sohnersatz, verdrängt zu werden. Das Alter muß der Jugend den Platz räumen. Ferdinand Heinold wird (nach seinem Tode) in Anwesenheit seiner Frau und seines Sohnes, die voll Neugier lauschen, von einem bösen Buben verspottet, und ein ungleich Jüngerer, ein Repräsentant des Sohnestypus nimmt seinen Platz im Ehebette der geliebten Frau ein.

Fassen wir die Umwandlung des Vaterkomplexes in den letzten Werken des Dichters zusammen, so ergeben sich folgende auffallende

Züge: Im Verhältnis des Sohnes zum Vater wird das Vaterbild immer stärker hervorgehoben, seine guten Eigenschaften rücken immer mehr ans Licht, die feindselige Einstellung tritt zurück, und die Liebe zum Vater führt schließlich zu einer Apotheose seines Andenkens. Dazu paßt es, wenn der Vater sich jetzt förmlich vor dem Sohne rechtfertigt. Anderseits wird jetzt im Sohne der sexuelle Rivale gesehen, und die zwiespältige Einstellung wendet sich ihm zu. Es herrscht neben der Liebe zum Sohne nun eine gewisse Feindseligkeit gegen ihn (Hofreiter-Otto) und eine sonderbare Angst, von ihm im Leben und in der Liebe beiseite geschoben zu werden, ja sogar von ihm geschmäht zu werden.

Diese so widerspruchsvolle und der ursprünglichen Einstellung entgegengesetzte Gefühlskomplexion ergibt sich aus der typischen Umwandlung des Vaterkomplexes, wenn ein Dichter selbst Vater wird. Der ursprüngliche aus dem infantilen Seelenleben stammende Ödipuskomplex wird nun seelisch umgewertet. Der eigene Vater wird wieder in seine früheste Stellung des großmütigen und geliebten Mannes eingesetzt, was auf dem Wege der psychischen Reaktionsbildung leicht möglich ist. Die Mutter bekleidet wieder jene Rolle, welche sie in den Pubertätsphantasien inne hatte: sie wird mit der Signatur des Dirnenhaften versehen. (Genias Untreue, Beatens Wünsche und ihre Erfüllung.) Die Umwandlung der Sohnesgefühle in die Vatergefühle erfolgt aus einem reaktiven Bedürfnis nach Reue und Liebe gegen den einst auch gehaßten Vater. Die Abwendung von der Mutter (und Gattin) hat ihre Gründe in der unbewußten Vergeltungsfurcht der Personen: so wie sie dem Vater den Tod gewünscht haben und sich die Mutter aneignen wollen, so wird auch der eigene Sohn den Vater in der Liebe der Mutter verdrängen wollen. Eine Wiederauffrischung des infantilen Ödipuskomplexes ist die Folge dieser Regungen: nur wird jetzt auf Grund der eigenen verdrängten Wünsche gefürchtet, was einst Gegenstand der Sehnsucht war. Die Glorifizierung des Vaters wird nun gleichsam als Warnung für den eigenen Sohn unternommen: die Vergeltungsfurcht ist das Movens in dieser psychischen Umgestaltung und Umwertung. Überblicken wir die Etappen des Verhältnisses zwischen Vater und Sohn bei Schnitzler, so ergibt sich als Gesamtbild: zuerst Auflehnung gegen den Vater und Forderung der Sexualfreiheit (Darstellungen der unbewußten Todes- und Inzestwünsche), der Tod des Vaters und seelische Reaktionen der Reue, Sühne und Liebe dem Ver-

storbenen gegenüber. (Marie im »Ruf des Lebens«.) Der Tod des Vaters ist nach Freud das »bedeutsamste Ereignis im Leben des Mannes«. Der Wechsel des Sohnes- mit dem Vaterstandpunkt, Rechtfertigung des Vaters, weil man selbst vom Sohne Gehorsam fordert und seine Inzest-Neigung zur Mutter fürchtet. Zugleich aber bleiben die eigenen frühinfantilen Einstellungen des Vaterhasses und des Inzestwunsches im Unbewußten wirksam.
Die angewandte Seelenkunde hat erkannt, daß besonders zwei Mechanismen in der Entstehung der neurotischen Symptome ihre Wirksamkeit entfalten: die Mechanismen der Verdichtung und der Spaltung. Diese Mechanismen sind auch der dichterischen Phantasieschöpfung eigen. Wie im Traume einzelne Personen verschiedene Eigenschaften unserer wirklichen Bekannten vereinigen und so eine Kompromißgestalt zustande kommt, so entstehen Mischpersonen in der Dichtung durch Ineinanderfließen und Durchdringung zweier oder mehrerer wirklich gesehener Charaktere in einer Person. Wenn wir in Eißler und Dr. Stauber Abbilder von Georgs Vater gesehen haben, so bedeutet das nur, daß Georg durch ihre Änderungen und ihr Verhalten an ihn erinnert werde. Sie hören deshalb nicht auf, Eißler und Dr. Stauber zu sein.
Wir haben gesehen, daß der Dichter im Sinne seiner eigenen sich verändernden Tendenzen die Beziehungen zwischen Vätern und Söhnen dargestellt hat. Dabei ist zu bemerken, daß das in seinen Dramen und Novellen geschilderte Verhältnis nicht etwa seinem eigenen Verhältnis zum Vater entspricht, sondern daß es eine übertreibende affektvolle Schilderung seelischer unbewußter Regungen darstellt, die wir alle in der Kinderzeit verspürt haben, und deren dynamische Fortwirkung wir alle auch als Erwachsene spüren. Wir sagten oft: diese und jene Gestalt sei eine Vater-Imago. Das will nun nicht heißen: sie ist das Abbild des wirklichen Vaters, sondern sie stellt die Projektion einer solchen Vorstellung des Vaters, einer Gefühlseinstellung zum Vater dar. Der Projektionsmechanismus, welcher eigene seelische Wahrnehmungen so nach außen stellt, objektiviert und personifiziert, erweist sich da als der bedeutsamste seelische Weg der dichterischen Tätigkeit. Als eine fortgesetzte Projektion fassen wir den Mechanismus der Spaltung auf. Vertritt eine Person des Dichters seine eigene seelische Regung, so ist es nur folgerichtig, daß er kompliziertere Gefühle auf mehrere Personen verteilt. Das so häufige Ambivalenzverhalten ist für solche Spaltung sehr geeignet. Der Dichter spürt etwa zu einer Person Zu- und Abneigung,

in einer erdichteten Gestalt stellt er nun das Objekt seiner Zärtlichkeit, in einer anderen das seiner Feindseligkeit nach außen, er projiziert also seine zwiespältigen Gefühle durch die Schaffung zweier (oder mehrerer) Gestalten. Die Person, welcher diese Einstellung gilt, wird gleichsam zerlegt, in die ihr zugewendeten Gefühle gespalten. Wir bemerken, daß der Verdichtungs- und Spaltungsmechanismus ganz verschieden sind: die Regungen, die hier in einem Kompromißausdruck vereinigt werden, werden dort nach außen gestellt und gewinnen jede einzeln ihre Selbständigkeit. Die Verdichtung, die sich aus der Verdrängung verpönter Gedankenzüge ergibt, dient der inneren Erledigung von Konflikten und der Bearbeitung aufsteigender Wünsche und Befürchtungen. Doch mit solcher Bearbeitung ist noch nicht alles für die dichterische Gestaltung getan, sondern der weitaus schwierigere Teil ist die Projektion und die Spaltung des so bearbeiteten Materials, das Nach-außen-Stellen der eigenen Gefühlskonstellation.
Wir wollen nun daran gehen, unsere jetzt gewonnene Einsicht in das dichterische Schaffen dazu zu benutzen, um die Psychogenese des »Professor Bernhardi« zu verstehen. Der Plan dieses Dramas muß in dem Dichter schon lange geschlummert haben, der Roman Nürnbergers und die Komödie Heinrich Bermanns im »Weg ins Freie« weisen bereits denselben Stoff auf. Nürnbergers Roman spielt in einer halbvergangenen Zeit, in jener lügendampfenden Welt, »in der erwachsene Menschen für reif, altgewordene für erfahren und Leute, die sich gegen kein geschriebenes Gesetz vergingen, als rechtlich, in der Freiheitsliebe, Humanität und Patriotismus schlechtweg als Tugenden galten...« Zum Helden seines Buches hat Nürnberger einen tätigen und braven Mann gewählt, der auf der Höhe Übersicht und Einblick gewinnt und in das Leere hinabstürzt. Heinrich Bermann will seinen Vater zur tragikomischen Mittelpunktsfigur seines politischen Dramas nehmen. Ein Jude, der sein Vaterland liebt, ist ihm unbedingt eine tragikomische Gestalt, wenigstens war er es »zu jener liberalisierenden Epoche der siebziger und achtziger Jahre, da auch kluge Menschen dem Phrasentaumel der Zeit unterlegen sind«. Wie man sieht, sollte das Judentum in Heinrichs Komödie eine große Rolle spielen, wie es ja auch im »Professor Bernhardi« – nicht überall zum Vorteil der dramatischen Einheit – hervortritt. Es sind in nicht allzu großer Veränderung die Linien von Schnitzlers letztem Drama, die in Heinrichs Komödienplan sichtbar werden. Dieser Professor Bernhardi, Gründer einer großen Heilanstalt, Jude,

leidend unter den politischen Verhältnissen Österreichs, geliebt und bekämpft, und des Dichters Vater, Medizinprofessor, Gründer der Poliklinik, Jude, geachtet, geliebt und bekämpft, haben nicht so viel in den tatsächlichen Begebenheiten gemein als in den Gefühlen, welche die Umwelt ihnen widmet. Der Professor ist in manchen Zügen das idealisierte Abbild des Vaters. Dennoch setzt sich die Kritik an ihm durch: er ist durch seinen Kampf eine tragische Figur, doch durch die Erfolglosigkeit dieses Kampfes und dadurch, daß er nicht seine letzten Konsequenzen zieht, tritt ein komisches Moment hinzu. Also wirklich eine tragikomische Figur wie Heinrichs Komödienheld. Erreicht in der Gestalt des Professors die Glorifizierung der Vater-Imago einen Höhepunkt, so fehlt es dennoch nicht an Zügen, welche uns beweisen, daß auch die alte infantile Einstellung des Trotzes und Spottes im Drama enthalten ist. Sie ist nun einer Abspaltung der Vater-Imago gewidmet: dem Minister Flint. So sonderbar es klingen mag, diese dem Professor so entgegengesetzte Gestalt ebenfalls als Vaterbild aufzufassen, es ist dennoch durch die unbewußten Vorgänge bei der Dichtung erweisbar. Wir erinnern an das, was wir über die Spaltung gesagt haben: zwei Gefühlsregungen, die Ambivalenz gegen eine Person kann der Dichter (wie der Träumer) durch zwei verschiedene Personen oft geradezu konträren Charakters darstellen. Erinnern wir uns daran, daß Dr. Stauber von Heinrichs Vater erzählt, welchen Ruhm ihm eine Parlamentsrede gebracht habe. »Damals war es an einem Haar gehangen, daß der jüdische Provinzadvokat Justizminister geworden wäre.«
Heinrich horcht aufmerksam, denn »das ließe sich am Ende für die politische Komödie verwenden«. Im Professor Bernhardi ist beides, die Parlamentsrede und Ministerstellung verwendet, sie fallen aber merkwürdigerweise nicht dem Helden, sondern seinem Gegenspieler zu. Auch die dynastische Begeisterung, der Phrasentaumel, die vorgeschobene Humanität ist da, doch sie sind Charakterisierungsdetails im Bilde Flints. Es wird uns schon hier wahrscheinlicher, daß wirklich eine Spaltung des Vaterbildes eingetreten ist. Wir haben schon darauf hingewiesen, daß der ursprüngliche Konflikt des »Professor Bernhardi« den eigentlichen eines anderen Dramas Schnitzlers, des »Vermächtnis«, ausmache. Dort hat der Vater das Liebesleben seines Sohnes verurteilt, und noch das Andenken an den Toten wird durch leise Vorwürfe beeinträchtigt. Im »Professor Bernhardi« ist es gerade der Vaterrepräsentant, der die Sterbende reuelos hinüberschlummern lassen will und ihrem

Liebesleben kein moralisches Vorurteil entgegenbringt. Wir werden uns dies durch die oben dargelegte psychische Umwertung und Umwandlung innerhalb des Vaterkomplexes erklären müssen. Dennoch ist ein solcher Vorwurf da, denn der Minister Flint stellt sich plötzlich auf die Seite der Religion und Moral. In alten und pathetischen Phrasen endet er eine Rede, die ursprünglich gegen die Moralheuchelei gerichtet war und später, nur mühsam durch eine dünne Schicht von Liberalität und Humanität übertüncht, der alten Ordnung der Dinge ein tiefes Kompliment macht. Ähnlich wie er fällt auch Hugos Vater, der den Kampf mit den hergebrachten Vorurteilen aufnehmen will, vor der gesellschaftlichen Meinung in die Knie. Man vergleiche nur pathetisch-liberale Ausdrucksformen des Professors Losatti mit einzelnen Aussprüchen des Ministers Flint. Auch Hugos Vater hat die selbstgefällige, ja schon parlamentarisch wirkende Art, auch in Privatgesprächen eine getragene Rede zu halten: »Eine Pflicht haben wir zu erfüllen, das ist das erlösende Wort.« »Der Kampf beginnt. Gott sei Dank, ich bin der Mann, ihn durchzuführen...« Ein Bekannter wird von ihm bezeichnet als »ein Mann ohne engherzige Vorurteile, ein Vorkämpfer für alle freisinnigen Ideen wie ich selbst – ja ich kann sagen – Schulter an Schulter haben wir seinerzeit...« Man vergleiche damit die Freisinnigkeit und die Liberalitätsprahlerei des Ministers. Auch er ist eines der Elemente des Vaterbildes, in ihm ist das vom infantilen Trotz und der infantilen Feindseligkeit beherrschte Bild des Vaters wiedergegeben, wie in Professor Bernhardi die Projektion der kindlichen Liebe und Zärtlichkeit dem Vater gegenüber, welche durch die spätere seelische Umwandlung reaktiv verstärkt wurden.[7] Wir sehen, daß trotz des Anschwellens der

[7] Vermutungsweise möge hier eine Annahme Platz finden, die sich mir aufgedrängt hat. Sie geht von der Namenswahl des Dichters aus und nimmt ihre Begründung von dem heuristischen Prinzip der Psychoanalyse, der durchgängigen Determiniertheit des Seelischen. Professor Bernhardi erinnerte mich nämlich an jenen Professor Bernard im »Sterben«, welcher Felix sein nahes Ende prophezeit. Ich glaube, daß diese Namenswahl durch unbewußte Assoziationsverbindungen bestimmt war. In jener Novelle sagt der Professor Bernard dem Kranken die grausame Wahrheit, die einem Todesurteil gleichkommt; hier will Professor Bernhardi dem sterbenden Mädchen um keinen Preis die Ruhe der letzten Stunden durch die Aufklärung ihres Zustandes verbittern. Im »Sterben« empfindet Felix eine starke Genugtuung, als er vom Tode des Professors hört, was der feindseligen in Todeswünschen sich äußernden Einstellung zum Vater des jungen Mannes entspricht. Beide Züge würden wieder die seelischen Veränderungen im Rahmen des Vaterkomplexes, wie sie durch das Älter- und Vaterwerden des Dichters bedingt sind, bezeigen. Ich will gerne Skeptikern diese Vemutung preisgeben, obwohl ich für mein sterblich Teil an ihr festhalte. Keinesfalls aber möchte ich einen Einwand gegen

zärtlichen Gefühle für den Vater, dennoch die aus den Kinderzeiten stammende Gefühlskonstellation, die einen deutlichen Anteil von Feindseligkeit hat, erhalten bleibt und sich durchzusetzen vermag.
Diese Ambivalenz ist es auch, welche den Dichter hindert, Partei zu ergreifen und ihn zu einer (scheinbaren) Gerechtigkeit und Objektivität zwingt, worüber noch in anderem Zusammenhange gesprochen werden wird.
Es wurde hier versucht, in größeren Zügen, die vieles feiner Nuancierte unberücksichtigt lassen mußten, das Werden und die Allmählichkeit der Umwandlung der Beziehungen zwischen Vätern und Kindern in den Werken dieses Dichters und Seelenkenners aufzuzeigen. Wir haben von der ersten Äußerung dieser Gefühle bis zum letzten Werk den Vaterkomplex verfolgen können und Gelegenheit gehabt, die seelische Vertauschung des Sohnesstandpunktes mit dem Vaterstandpunkt zu beobachten. Ich möchte nicht versäumen, hier ein Gedicht aus Schnitzlers Jugenddichtungen anzuführen, welches den meisten der zahlreichen Verehrer des Dichters unbekannt sein dürfte und nicht nur den infantilen Trotz gegen den Vater, sondern auch eine frühe Ahnung von der später erfolgenden seelischen Umwandlung zeigt.

An die Alten[8]

Ihr habt es überwunden!
Von eurem stillen Winkel aus
blickt ihr die Straße nun hinaus
und habt euch drein gefunden.
Ihr laßt es drängen, lärmen.

die Art der Betrachtung, die hier vorliegt, unerledigt lassen. Er könnte sich in die Form kleiden: Diese Namensähnlichkeit ist purer Zufall. Doch auf dem Boden, auf dem wir Psychoanalytiker stehen, erscheint uns seelischer Zufall als eine contradictio in adjecto. Ich glaube nicht, daß es Zufall ist, daß die drei Heldinnen Schnitzlers, welche dirnenhafte Charakterzüge tragen, Berta, Beatrice, Beate, ähnlich klingende Namen haben. Es scheint mir sogar eine wenn auch unbewußte Absicht in den lateinischen Endungen der Namen Albertus, Amadeus, Medardus zu liegen. Ist es Zufall, daß die meisten Personen, welche im Sinne unserer Analyse den Vatertyp verkörpern, Professoren sind? Bernard (»Sterben«), der Gatte in »Die Frau des Weisen«, wie jener in »Die Toten schweigen«. Der Vater Georgs ist Privatgelehrter und Ehrenpräsident der botanischen Gesellschaft. In den Dramen ist der Professorentitel des Vaterrepräsentanten noch öfter: Losatti (»Vermächtnis«), Wegrat (»Einsame Weg«), Robert Pilgram (»Gefährtin«), Bernhardi sind Beispiele dafür.

[8] Gedruckt in der Zeitschrift »An der schönen blauen Donau«, Jahrg. 1890.

Es scheint euch ganz verwunderlich,
wie da die tollen Jungen sich
erbittern und sich härmen.
Ihr ruft nach euren Söhnen!
Noch ist es ihnen allzuschwer,
an all das Elend rings umher
sich friedlich zu gewöhnen.
Sie stürmen durch die Gassen,
daß all der Gram und Haß und Neid
fortdauern *muß* für alle Zeit –
sie können's nicht erfassen.
Auch ihr mit jungen Herzen
habt wohl da unten mitgekämpft,
mühselig endlich nun gedämpft
die alten großen Schmerzen.
Gemach in eurer Klause!
Wen's nicht zu schwer getroffen hat,
wird bald der dummen Mühe satt
und schleicht wie ihr nach Hause.
Ergebung heißt die Tugend.
Bald schau'n auch wir wie ihr in Ruh'
dem ewigen Kampf der Straße zu
und seufzen: kranke Jugend!«

Es sei beiläufig im Anschluß an dieses Gedicht an das bedeutsame Gespräch erinnert, das Dr. Stauber mit seinem Sohne (im »Weg ins Freie«) führt. Der Gegensatz der Generationen ist auch hier im Vordergrunde sowohl im Allgemein-Menschlichen als auch in speziellen Fragen wie Berufswahl und Politik. Der alte Doktor findet beispielsweise, daß Berthold sich in krankhafter Art in seine politischen Ideen verbohrt. »Verzeih Vater«, bemerkt der junge Arzt, »es hat nicht jeder die beneidenswerte Gabe, von gewissen Erscheinungen im öffentlichen Leben, wenn sie ihn persönlich nichts angehen, einfach den Blick abzuwenden«. Es ist derselbe Ton in diesem Romandialog wie in jenem Gedicht, obwohl siebzehn Jahre dazwischen liegen.
Wir durften das Werk Arthur Schnitzlers im Lichte einer neuen, vertiefteren Seelenkunde betrachten. Allgemein-Menschliches drängt, mit persönlichen Gedankenzügen unauflösbar verknüpft – ohne Willen des

Dichters, ja oft gegen seinen Willen – ans Licht des Bewußtseins. Inmitten der tiefen Unsicherheit menschlicher Verhältnisse aber, welche darzustellen Schnitzler nicht müde wird, erscheint eine Beziehung trotz – oder wegen – aller Hemmungen und Gegensätze als die einzig feststehende, ja als eigentlich unzerstörbare: die zwischen Vater und Sohn.

Das Verhältnis zwischen Brüdern

> Da sprach der Herr zu Kain: »Wo ist dein Bruder Abel?« Er aber antwortete: »Ich weiß es nicht. Bin ich der Hüter meines Bruders?«
>
> *Buch Genesis IV, 9*

In dem Roman »Der Weg ins Freie« wird das Verhältnis zwischen den beiden Brüdern Georg und Felician mit eigenartigen Akzenten beschrieben. Der Dichter bezeichnete das Charakteristische dieses Verhältnisses selbst als eine »eigentümliche Befangenheit, die dem doch so innigen Verhältnis zwischen den Brüdern eigen«. Diese Befangenheit hindert sie, sich über die intimsten Gedanken und Erlebnisse miteinander auszusprechen. Eine besondere Färbung erhält eine Szene durch diese seltsame Einstellung, in welcher die Brüder zur Übung die Florette kreuzen. »Nur weiter, rief Georg und empfand es wie ein Glück, daß er in verwegener Stellung, die blitzende Waffe in der Hand, dem Bruder gegenüberstehen durfte.« Sollten wir hinter diesem Wohlgefühl das Auftauchen einer feindlichen Strömung gegen den Bruder erblikken? Die Befangenheit zwischen den Brüdern als das Zeichen einer geheimen, nie ganz entschwindenden Rivalität?

In den Kinderjahren läßt sich beobachten, wie Geschwister trotz aller gegenseitigen Liebe feindselige Strömungen zeigen. Das ist für das Kind bei seiner egoistischen Natur ganz natürlich: jedes der Geschwister benachteiligt es. Es muß mit ihm die Liebe der Eltern, die Zärtlichkeiten der Verwandten teilen. Der Bruder ist ein Rivale. Auf der andern Seite ist er Genosse der Freuden und Leiden der Kleinen und der liebste Spielgefährte. Er wird also nicht nur geliebt, was selbstverständlich ist, sondern auch beneidet und eifersüchtig überwacht. Die Spuren dieser kindlichen Einstellungen im Verhältnis der Brüder werden natürlich im späteren Leben immer mehr verwischt, die feindlichen und eifersüchtigen vergessen, verdrängt und brechen nur selten, wo es am wenigsten vermutet wird, aus den Tiefen des Unbewußten hervor. Wir wollen uns diese Gefühlskonstellation gern von einem so vorzüglichen Psychologen, wie Maupassant es ist, bestätigen lassen. Er erzählt in »Pierre et Jean« die Geschichte zweier Brüder, zwischen denen plötzlich unheimlich schnell Haß entsteht, weil der eine eine große Erbschaft gemacht hat. »Aber eine unbestimmte Eifersucht, eine von jenen in Seelentiefen schlummernden Eifersuchtsregungen, die zwischen Brüdern oder Schwestern, bis sie erwachsen sind, langsam reifen und zum Durchbruch kommen, etwa bei der Verheiratung des einen oder bei irgendeinem Glück, das dem andern widerfährt, blieb immer zwischen ihnen wach, eine brüderliche, dumpf schlummernde Feindschaft...« Feinsinnig verlegt auch der Dichter den Anfang dieser Regungen in die Kindheit. »Peter, der fünf Jahre alt gewesen, als Hans geboren wurde, hatte mit der Feindschaft des kleinen verzogenen Lieblings dies andere kleine Wurm betrachtet, das plötzlich Vater und Mutter liebten, und das so viel Liebe und Liebkosung erfuhr.«

Es handelt sich also bei dem Verhältnisse zwischen den beiden Brüdern Georg und Felician um eine allgemein menschliche Gefühlsverteilung, um die Ambivalenz der seelischen Regungen.[1] Vielleicht können uns im Roman enthaltene Details nähere Aufschlüsse über die Natur dieser Beziehungen liefern. Georg fühlt ein leises Bangen, seinem Bruder Bericht über seine Beziehungen zu einem jungen Mädchen zu geben. Dennoch fühlt er das Bedürfnis danach, sich darüber mit dem Bruder auszusprechen und zu beraten. Auch Felician steht mit großer Reserve der Geliebten des Bruders gegenüber, er sieht sie nie und läßt sie nur einmal grüßen. Seine Worte über Georgs Beziehungen zu Anna sind nicht frei von Bedenken und einem liebevollen Tadel. Sollte sich die geheime Eifersucht auf eine Frau beziehen? Georg teilt dem Bruder mit, daß Annas und sein Kind gestorben ist. Es folgt eine herzliche Unterredung zwischen beiden. Sie läßt aber Georg in einer Stimmung zurück, welche der Dichter selbst »zwiespältig bewegt« nennt. Als Grund dafür wird ein Mißtrauen, das in Georg Felician gegenüber wach geworden ist, angeführt. »Ganz unangenehm ist es ihm ja doch nicht, daß es so gekommen ist.« Georg hat also den Bruder in Verdacht, daß er eine ge-

[1] Daß zwischen Schwestern eine analoge Einstellung besteht, spricht Bernard Shaw mit einem zynischen Worte aus, das fast eine psychoanalytische Erkenntnis des Unbewußten vermuten läßt. »In der Regel gibt es nur einen Menschen, den ein englisches Mädchen noch mehr als seine Mutter haßt, und das ist die älteste Schwester.« (»Man and superman.«)

linde Genugtuung über das Fehlschlagen von Georgs Liebeshoffnungen empfinde. Welche Gründe könnten diesen Verdacht rechtfertigen? Vielleicht eine Erinnerung aus frühen Kinderjahren. Beide Kinder hingen mit großer Liebe an der Mutter und waren wohl wie alle Kinder auf den Teil der Zärtlichkeit, welche die Mutter dem Bruder widmete, eifersüchtig. Das gespannte Verhältnis zwischen den Brüdern geht in letzter Linie auf die infantile Eifersucht auf die Liebe der Mutter zurück.

Noch verständlicher wird diese Herleitung, wenn wir bedenken, daß der ältere Bruder dem jüngeren gegenüber gleichsam die Vaterstelle vertritt. Georg fühlt sich verpflichtet, Felician Rechenschaft für seine Liebesbeziehungen abzulegen. Felician wieder fragt mit leisem Tadel über Georgs Planlosigkeit, ob man denn nicht verpflichtet sei, in wichtigen Dingen ein Programm zu machen. Ebenso wie Georgs Erotik steht Felician auch skeptisch seiner Künstlerlaufbahn gegenüber. Auch hier spottet er über Georgs Mangel an Initiative und über seine unpraktische Denkungsart. Erinnern wir uns, daß im ersten Teil des Romans erzählt wird, daß auch beider Vater den künstlerischen Tendenzen Georgs dieselben Gefühle entgegenbrachte. Auch bei den seltenen Unterredungen zwischen den Brüdern erscheint Felician Georg gleichsam als Stellvertreter des Vaters:

»Dann tat er Hut und Stock beiseite, setzte sich zu ihm aufs Bett, und Georg mußte an Morgenstunden seiner Kinderjahre denken, da er beim Erwachen manchmal seinen Vater so am Bettrand sitzen sah.« Wir wissen, daß das Kind auch dem Vater gegenüber dieselbe Gefühlseinstellung hat, die sich aus Achtung und Trotz, Liebe und Neid zusammensetzt.

Wenn in diesem Roman die Beziehungen der Brüder nur eine kleine Rolle spielen, so hat sie Schnitzler in einer prachtvollen Novelle »Der blinde Geronimo und sein Bruder« zum Hauptvorwurfe seiner psychologischen Analyse und Darstellungskunst gemacht. Sie kann geradezu als die künstlerische Darstellung der durch die Psychoanalyse aufgedeckten Gefühlsambivalenz im Brüderverhältnis bezeichnet werden. Ich setze den Inhalt der Erzählung als bekannt voraus und begnüge mich, der fein nuancierenden Seelenforschung des Dichters zu folgen. Beim Anblick von Kindern muß Carlo an die eigene mit dem Bruder verlebte Kinderzeit und an das Unglück, das er unabsichtlich dem Bruder gebracht, denken. »Denn er erinnerte sich jenes Tages auch heute noch, nach beinahe zwanzig Jahren, mit vollkommener Deutlichkeit. Noch heute klang ihm der grelle Kinderschrei ins Ohr, mit dem der kleine Geronimo auf den Rasen hingesunken war... Er hatte wie oftmals mit dem Bolzen nach der Esche an der Mauer geschossen, und als er den Schrei hörte, dachte er gleich, daß er den kleinen Bruder verletzt haben mußte, der eben vorbeigelaufen war. Er ließ das Blasrohr aus den Händen gleiten, sprang durchs Fenster in den Garten und stürzte zu dem kleinen Bruder hin, der auf dem Rasen lag, die Hände vors Gesicht geschlagen, und jammerte.« Die psychoanalytische Methode hat einen Schlüssel geboten, wie wir die Tat Carlos aufzufassen und zu deuten haben. Wir werden uns der zwischen den Brüdern herrschenden Gefühlsambivalenz erinnern und das dem Bruder zugefügte Übel der unbewußten feindseligen Strömung auf die Rechnung setzen. Gewiß war es nicht so, daß Carlo den Bruder bewußt und absichtlich getroffen, jedoch der Fehlschuß scheint eine unbewußte Determinierung zu haben. Auch Fehlgreifen, Versprechen und Verlegen und andere ähnliche Erscheinungen im Alltagsleben haben, wie Professor Freud gezeigt[2], ihre verborgene Motivierung. Sie sind als Ausdruck verdrängter, weil moralisch anstößiger Wunschregungen aufzufassen, die sich durch Fehlleistungen durchsetzen. Als eine dieser verdrängten Wunschregungen ist der typische Kinderwunsch anzusehen, dem Bruder, dem Rivalen zu schaden. Wir werden annehmen, daß auch in dem unglückseligen Schuß ein solcher dunkler Impuls wirksam war. Die psychoanalytische Heilmethode hat in ihrem Verfahren bei Neurotikern ähnliche Wünsche aus der Kinderzeit regelmäßig aufdecken können. Was im Seelenleben der Neurotiker und Gesunden eine Wunschphantasie war, die unterdrückt und geächtet wurde, das hat der Dichter hier als Wirklichkeit, als zur Realität geworden, gestaltet.

Wie weit der psychologische Scharfsinn des Dichters geht, kann daraus ersehen werden, daß ein Patient von sich fast genau dieselbe Phantasie erzählt, welche Schnitzler hier hat erfüllt werden lassen. Ein Zwangsneurotiker berichtet aus der Kinderzeit[3]: »Mit meinem jüngern Bruder... habe ich als Kind gerauft. Daneben hatten wir einander sehr lieb und waren unzertrennlich, aber mich beherrschte offenbar Eifersucht,

[2] Zur Psychopathologie des Alltagslebens. 4. Aufl. 1912 [1901 b]

[3] Freud, Bruchstück der Analyse einer Zwangsneurose. (Jahrbuch für psychoanalytische und psychopathologische Forschungen. Bd. I) [1909 d].

denn er war der Stärkere, Schönere und darum Geliebtere... Also nach einer solchen Gelegenheit, gewiß vor 8 Jahren, denn ich ging noch nicht in die Schule, in die ich mit 8 Jahren gekommen bin, tat ich folgendes: Wir hatten Kindergewehre von der bekannten Konstruktion; ... ich lud meines, sagte ihm, er solle in den Lauf hineinschauen, er werde etwas sehen, und als er hineinschaute, drückte ich los. Es traf ihn auf die Stirne und machte ihm nichts, aber es war meine Absicht gewesen, ihm sehr wehe zu tun. Ich war dann ganz außer mir, warf mich auf den Boden und fragte mich: Wie habe ich das nur tun können? Aber ich habe es getan.«

Solche Regungen sind gewiß allgemein menschlich, und doch ist es vielleicht kein Zufall, daß hier die Absicht eines Zwangsneurotikers zum Vergleich herangezogen wurde. Denn der Patient reagierte auf seine Wünsche, die auf den heftigsten Widerstand in seinem Innern stoßen, mit Vorwürfen. Diese Vorwürfe aber tauchen noch lange Jahre später wieder (mit anderen vereint) drohend und unheimlich aus der Versenkung des Unbewußten empor. Vergessen wir nicht, daß es ein Dichter ist, der uns die Geschichte Carlos und Geronimos erzählt, und sagen wir uns, daß der Fehlschuß auch nur als Darstellungsmittel des zwischen den Brüdern herrschenden Verhältnisses gebraucht sein kann und das Hauptgewicht der psychologischen Analyse zufällt. Wir kommen dann zu dem wichtigen Schlusse, daß für Dichter und Neurotiker das Gedachte und Gewünschte dem Wirklichen und Erfüllten gleichgesetzt ist. *Dasselbe Antlitz, eh' sie geschehen, dasselbe zeigt ihnen die vollbrachte Tat.* Der Schuß und seine Wirkung brauchte nur gewünscht zu sein, die psychologischen Folgen wären dieselben. Die Eigentümlichkeit, die Traum und Dichtung gemeinsam haben, ist, daß sie eine Wunschregung nur als verwirklicht darstellen, einen Optativ in einen Indikativ verwandeln. Die Wünsche Carlos und die des später zum Zwangsneurotiker Gewordenen sind dieselben. Doch auch die seelische Konstellation, die der Arzt und der Dichter in ihrem Aspekt nach der Tat zeigen, zeigen die auffallendste Übereinstimmung.

Wir haben schon bemerkt, daß der Übeltäter in Freuds Analyse Zwangsvorwürfe und -handlungen, die von jener kindlichen Tat den Ausgang nahmen, als Krankheitssymptome produzierte. Auch Carlo will sich nach dem Schusse umbringen, und da ihm ein Geistlicher diesen Entschluß ausredet, widmet er sein ganzes Leben mit erhöhter Sorgfalt dem erblindeten Bruder. Kehren wir zu unserer Annahme zurück, daß der Dichter den Schuß nur als Symbol einer Wunschhandlung darstellt, und daß in Wirklichkeit nur der Wunsch und nicht die Tat selbst vorhanden war, so würden wir diese zwanghafte Besorgnis nur als Reaktionsbildung auf die verdrängte Feindseligkeit ansehen. Der Vorfall, den Schnitzler als rezentes Moment einführt, dient ebenfalls nur zur Darstellung des Gefühlslebens der Brüder. Immer stärker wird nach der Irreführung des Fremden das Mißtrauen Geronimos gegen Carlo. Carlo erkennt, daß dieses Gefühl immer vorhanden war. »Nicht von heute konnte das Mißtrauen des Blinden sein, längst mußte es in ihm geschlummert haben, und nur der Anlaß, vielleicht der Mut hatte ihm gefehlt, es auszusprechen.« Haben wir früher angenommen, daß die Übeltat Carlos, welche die Erblindung Geronimos herbeiführte, nur der dichterische und plastische Ausdruck für eine feindliche Gefühlsregung war, so schreiten wir jetzt, kühner gemacht, zu einer weiteren Hypothese, die uns vielleicht noch tiefer in das psychologische Gefüge des Brüderverhältnisses sehen läßt. Denn in diesem Punkte gleichen die Dichter den Neurotikern: sie produzieren Phantasien von Vorgängen, die regressiv Taten vertreten sollen. Die von ihrer Phantasie geschaffenen Geschehnisse aber sind Symbole für die ihnen und ihren Personen eigene Gefühlskonstellation. Wir fassen also auch den vermeintlichen Diebstahl an dem Bruder – auf dieser Erwägung weiterbauend – nur als Darstellung eines Gefühles auf und deuten das Mißtrauen Geronimos so, daß wir uns sagen, es sei wenigstens als Angst vor der Gefahr, in welcher er durch die naheliegende Versuchung Carlos schwebt, berechtigt. Carlo also ist nach unserer Auffassung in steter Versuchung, den Bruder zu betrügen; daß diese Versuchung nicht zur Tat wird, ist durch die widerstrebenden zärtlichen und moralischen Strömungen in Carlo bedingt. Daß solche verlockende Gedanken in ihm auftauchen, wird jeder begreiflich finden, der erkannt hat, wie drückend ein Verhältnis ist, in dem man jemandem Dankbarkeit und Mitleid schuldet. Carlo selbst bedenkt einen Augenblick, ob es nicht das klügste wäre, den blinden Bruder allein zu lassen, sich für immer von ihm zu trennen. Doch sofort macht sich das Zärtlichkeits- und Mitleidsgefühl geltend und verdrängt diesen egoistischen Wunsch. In gleicher Weise wird Carlo auch den Wunsch verspürt haben, dem Bruder einen Teil der Einnahme zu verheimlichen. Zwei Gründe erleichterten seine Wiederkehr. Die Verheimlichung war gefahrlos, da der Blinde den Bruder nicht kontrollieren kann, dieser Gedanke bedeutet eine die moralischen Skrupel zurückdrängende Förderung des Unternehmens. Geronimo betrinkt sich oft und traktiert mit dem langsam erworbenen Gelde andere Leute; wäre es nicht besser, das Geld für kommende, schlechtere Zeiten zu sparen und davon warme Kleider für den Bruder zu kaufen: eine Rationalisierung des egoistischen Vorsatzes Carlos. Ist unsere Annahme, daß wir es in der Novelle Schnitzlers mit einer plastischen Veranschaulichung der Seelenregungen Carlos zu tun haben, richtig, so bedeutet der rätselhafte Vorfall mit dem Fremden und seine Folgen nur den Ausdruck der öfteren Wiederkehr des Wunsches Carlos, seinen zwanghaft werdenden Charakter, der sich immer stärker trotz Carlos Widerstand aufdrängt. Die Versuchung wird so intensiv, daß Carlo glaubt und fürchtet, der Bruder müsse seine Wünsche erkennen. So stellt sich also Geronimos Mißtrauen als der dichterische Ausdruck der von Carlo gehegten Befürchtung dar. Der Zwangsimpuls aber, den Bruder zu bestehlen, wird von der moralisierenden und zensurierenden Instanz des Seelenlebens mit schwerem Angstgefühl beantwortet. Eine sonst unerklärliche Szene bildet dafür einen schönen Beleg. Carlo hört aus jedem Wort, das Geronimo mit den Gästen spricht, einen geheimen Sinn, der sich gegen ihn selbst richtet. Er flüchtet sich ins Freie, in die dunkle Nacht. Hier aber tauchen nacheinander zwei starke Gefühle in ihm auf, die wir nur als Reaktion auf seine unbewußten Wünsche deuten können. »Der Regen hatte aufgehört, die Luft war sehr kalt, und der Gedanke erschien Carlo beinahe verlockend, weiter zu gehen, immer weiter, tief in die Finsternis hinein, sich am Ende irgendwohin in den Straßengraben zu legen, einzuschlafen, nicht mehr zu erwachen.« – Was in dieser Assoziation auffällt, ist das Wesen des Kompromisses, das sie zeigt. Denn der Wunsch, nicht mehr zu erwachen, ist nicht nur durch die Überlegung, daß Carlo dann nichts mehr vom Zwist mit dem Bruder weiß, gegeben, sondern der Todeswunsch bedeutet hier zugleich die Selbstbestrafung für seine unbewußten Wünsche. Mit dem Sühnegedanken aber ist ein zweiter, schon früher aus den Tiefen auftauchender Impuls verbunden: weiter zu gehen, immer weiter, den Bruder zu verlassen. Kurz darauf drängt sich Carlo wieder ein unerklärliches Gefühl auf: »Carlo stand wieder in tiefer Finsternis. Plötzlich schrak er zusammen. Das erste Mal in seinem Leben machte ihm das Dunkel Angst. Es war ihm, als könnte er es keine Minute länger mehr ertragen. In einer sonderbaren Art vermengten sich in seinen dumpfen Sinnen die Schauer, die er für sich selbst empfand, mit einem quälenden Mitleid für den Bruder und jagten ihn nach Hause.« Das Angstgefühl bezieht sich in erster Linie auf sich selbst und ist wieder als Reaktion des verdrängten Wunsches zu verstehen. Die Verbindung aber, welche der Dichter hier so feinsinnig und nuanciert zwischen den eigenen Schauern und dem Mitleid für den Bruder herstellt, zeigt, daß diese Wünsche sich gegen Geronimo richteten. Auch hier wieder der vermittelnde Charakter, der sich zwischen bewußter Verwerfung und unbewußter Bejahung der Wünsche Carlos geltend macht.

Die Zwangsvorstellungen haben in den meisten Fällen eine sehr große Verschiebbarkeit, so daß sie sich vom ersten Objekt, dem sie gelten, immer mehr entfernen und auf entlegene und harmlosere übertragen werden. Der Dichter zeigt dieses Phänomen, indem er die Versuchung des Diebstahles in Carlo sich gegen zwei Fremde richten läßt. Der Impuls wird so stark, daß er ausgeführt wird, er wird zur Zwangshandlung. Die Zwangshandlungen und -ideen weisen vornehmlich einen Zug auf, der für unsere Analyse wichtig ist: die Bedingung des Kompromisses zwischen zwei einander widerstrebenden Regungen. Sie dienen teils dem Durchbruch der Versuchung, teils der Abwehr eines erwarteten Unheils. Dieser Charakter prägt sich in der bewußten Motivierung und ihrer unbewußten Unterstützung von Carlos Diebstahl klar aus: er wird unternommen, um jenes Goldstück zu ersetzen, um das Carlo den Bruder betrogen hat (betrügen wollte), und dient also als Schutzmaßregel gegen diesen Impuls.[4] Zu gleicher Zeit werden dadurch die schmerzlichen Folgen, welche eine solche Tat für die beiden Brüder hätte, abgewendet; das gefürchtete Unheil wird nicht eintreten. Die feindliche Einstellung gegen Geronimo setzt sich teilweise durch, indem doch ein Diebstahl – durch seelische Verschiebung an Fremden – von Carlo ausgeführt wird.

Doch intensiver noch die zärtliche Regung: die Tat wird unternommen, um Geronimos Mißtrauen zu beseitigen und seine Liebe wieder zu gewinnen. Die darauf folgenden Szenen der Novelle bestätigen unsere Auffassung: denn als der Gendarm die Brüder verhaftet, glaubt Carlo die Gedanken Geronimos zu verstehen: »So also stehen die Dinge«, mußte Geronimo wohl denken. »Carlo bestiehlt nicht nur

[4] Man beachte, daß sich der Impuls gerade in diesem Diebstahl dennoch durchsetzt; er hat nur eine Verschiebung (vom Bruder auf die Reisenden) erfahren.

mich, auch die anderen Leute bestiehlt er...« So erkennt Carlo durch diesen vorgestellten Gedanken des Bruders den Mechanismus der Verschiebung, der in seinem Verhalten tätig war; es meldet sich noch in dem Schuldgefühl wegen des an dem Fremden begangenen Diebstahles das Bangen wegen der verdrängten Gedankensünde gegen den Bruder. Carlo fürchtet, der Richter werde der Erzählung von dem rätselhaften Fremden, der mit schicksalhafter Gewalt in das brüderliche Verhältnis eingegriffen, keinen Glauben schenken. Mit Recht, denn wir wissen, daß der dämonisch und schattenhaft gezeichnete Reisende nichts als das unbewußte Seelenleben Carlos selbst in seiner Unheimlichkeit und dynamischen Gewalt bedeutet. Der erschütternde Ausgang der kleinen Erzählung läßt noch einmal in starken und milden Akkorden die beiden Seelenregungen in Carlos Brust zusammenklingen: die Verhaftung nimmt er als gerechte Strafe seiner verderbenbringenden Wünsche auf sich, sie bedeutet ja zugleich die siegreiche Verwerfung dieser unbewußten Regungen. Sie können ihm nun nichts mehr anhaben. Das Bewußte und die Zärtlichkeit für den geliebten Bruder, mit dem er sich über Abgründe hinweg für immer verbunden weiß, haben gesiegt. Die Versöhnung mit Geronimo befreit ihn von allem geheimen Schuldgefühl. »Ihm war, als könnte ihm jetzt nichts Schlimmes mehr geschehen – weder vor Gericht noch sonst irgendwo auf der Welt. – Er hatte seinen Bruder wieder... nein, er hatte ihn zum erstenmal...«

Fragen wir uns nun nach den tiefsten Motiven der Zwangsideen Carlos, so werden wir zwei annehmen. Dem einen war unsere bisherige Analyse gewidmet: der selbstsüchtigen Regung, den Bruder zu übervorteilen. Wir wenden uns dem zweiten zu, welche wir in sexuellem Neid erblicken müssen. Denn Geronimo wirft Carlo vor, er bestehle ihn nur, um das Geld der Magd Maria zu schenken, die er für die Geliebte Carlos hält. Als die Fuhrleute dem blinden Sänger Geld schenken und es Carlo für den Bruder geben wollen, wehrt Geronimo ab. »Lieber mir, lieber mir! Es könnte daneben fallen – daneben!« – »Wieso daneben?« – »Eh nun, zwischen die Beine Marias.« Die geheime Feindseligkeit und Rivalität der Brüder hat also ihre zweite Wurzel im sexuellen Neid.[5]

[5] Es sei dahingestellt, ob nicht der Schuß und die verhängnisvolle Folge des Erblindens dem Kastrationskomplex entstammen. Das Auge wird im unbewußten Seelenleben oft als Sexualsymbol gebraucht. Vgl. verschiedene Beiträge im Zentralblatt für ärztliche Psychoanalyse 1913, Heft I.

Angedeutet ist das auch, wenn Geronimo die vermeintliche Geliebte Carlos an sich ziehen und mit ihr zärtlich werden will. Es erscheint fast wie eine Bestätigung der hier vertretenen Ansicht, wenn Carlo nach den Motiven, welche wohl den fremden Reisenden zu jener Irreführung verleitet haben mögen, sucht und unter ihnen auch das des sexuellen Neides vermutet. (Wir haben schon gesagt, daß der Fremde nur das eigene gestaltgewordene unbewußte Triebleben Carlos ist.) »War ihm vielleicht einer wegen eines Frauenzimmers böse?«

Der Dichter hat selbst durch die Erzählung von Carlos Fehlschuß gezeigt, daß die sonderbare Einstellung des Brüderpaares auf die frühe Kinderzeit zurückgeht. Es ist anzunehmen, daß auch die erste sexuelle Rivalität der Brüder sich in diesem Alter zuerst fühlbar machte. Unsere Analyse hat die Ähnlichkeiten, die zwischen den Gedanken und Taten Carlos und den Zwangsideen und -handlungen der Neurotiker bestehen, stark hervortreten lassen.

Gerade die Zwangsneurose aber zeigt deutlicher als jede andere, daß »die Momente, welche die Psychoneurosen formen, nicht im aktuellen, sondern im infantilen Sexualleben zu suchen sind«[6].

[6] Vgl. Freud, Bemerkungen über einen Fall von Zwangsneurose. Jahrbuch für psychoanalytische und psychopathologische Forschungen, Bd. I [1909 d].

Träume

Alle verschiedenen Arten und Grade der Träume erforscht zu haben, würde bedeuten, in einem weit tieferen Sinne als irgendeinem heutigen Kenner der menschlichen Seele zu sein.
Gerhart Hauptmann, Emanuel Quint

Der Traum ist nach Freud die Via regia des Seelenlebens. Es kann hier unmöglich ein Resümee der Traumlehre dieses genialsten aller Psychologen gegeben werden. Es seien vielmehr einige Träume aus den Werken unseres Dichters herausgegriffen und durch ihre Analyse gezeigt, welche unbewußten Vorgänge, welche unterdrückten Regungen der Träumer in ihnen wirksam sind.
Ein Traum bildet die Peripetie des Dramas, in dem Schnitzler eine heutige verfeinerte Liebesauffassung mit dem Rausch der Renaissancezeit in eins verschmelzen ließ.
Beatrice erzählt ihren Traum, dessen Deutung um so weniger Schwierigkeiten macht, als seine Wirkung, die der Dichter uns zeigt, darüber die weitgehendsten Aufklärungen gibt und wohl auch geben soll.

»Ich war die Herzogin. Auf einem Thron
In einem großen Saal bin ich gesessen,
Der Herzog neben mir, und viele Menschen –
Es waren hundert oder tausend Männer
Und Frauen und Kinder waren da, dieselben,
Die täglich in den Gassen ich begegne.
Auch du warst da und knietest vor mir nieder
Wie all die andern. Doch ich wußte nicht,
Daß du Filippo warst; es war dein Antlitz eben!
Du gingst vorüber wie die andern und
Verschwandest. Sieh, auch dieses weiß ich noch,
Daß ich die Hand hier auf die Lehne stützte,

Den weichen Samt mit meinen Fingern strich,
Und so hab ich gelächelt, siehst du – fürstlich!
Ein wenig stolz, doch gütig auch. Dann klang
Musik, so schön und voll wie viele Orgeln!
Doch wußt ich, keine Orgeln sind's – und suchte
Mit meinen Augen nach den Musikanten
Und fand sie nicht. Da stand der Herzog auf,
Nahm meine Hand und führt' mich durch den Saal,
Vorbei den Menschen, die sich tief verneigten.
Die große Türe tat sich auf, und plötzlich
Verstummte die Musik und Stille war,
So still wie's auch in tiefster Nacht nicht ist.
Nun schritten wir durch einen schmalen Gang,
Der ohne Decke war. Die Wände reichten
Unendlich hoch, und oben war der Himmel,
Viel weiter als er sonst, mit roten Wolken.
Dann schritten Stufen wir hinab ins Dunkle –
Ich sah den Herzog nicht, sah gar nichts mehr,
Mit einmal hört' ich seine Stimme nah
An meinem Ohre ›Beatrice‹ flüstern,
Und heller wurd' es, grüne Kerzen brannten
In einer Ampel ob dem Bett, ich sah
Des Herzogs Augen leuchten über mir –
Und fühlte seine Lippen nah den meinen,
Noch spürt' ich ihren Hauch – und so erwacht' ich.«

Der Psychoanalytiker wird sich hier willig der Führung des Dichters selbst anvertrauen und sich nur damit begnügen, die Deutung Filippo Loschis durch einen Hinweis auf die rezenten Traumquellen und ihre Stärkung durch unbewußte Regungen zu ergänzen. Es ist kein Zweifel möglich, daß der Traum Wünsche Beatricens als erfüllt zeigt: sie ist die Herzogin. Alle Bewohner der Stadt neigen sich vor ihr. Es folgt nun die Szene, welche allem Anschein nach die Introduktion einer Brautnacht bildet. Wie reagiert nun Filippo auf die Erzählung des Traumes? Er sieht die Geliebte beschmutzt:

»So wenig warst du mein, daß, schlossest du
Die Augen, deine Seel' auf Abenteuer
Ausfliegen konnte, und ich war dir nur

Von tausend einer, kniete wie die andern...
Willst du, daß dem gefäll'gen Eh'mann gleich
Ich fremden Kuß von deinen Lippen trinke
Und kommst daher als Dirne deines Traumes?«

Er nimmt also den Traum als Kennzeichen einer Neigung zur Untreue. Seine Auffassung der Traummotive deckt sich – soweit die dichterische Ausdrucksweise mit der wissenschaftlichen übereinstimmen kann – mit der Freuds:

»Doch Träume sind Begierden ohne Mut,
Sind freche Wünsche, die das Licht des Tags
Zurückgejagt in die Winkel unsrer Seele,
Daraus sie erst bei Nacht zu kriechen wagen.«

Der Traum Beatricens gehört zu jenen, bei denen ein Tagesgedanke den »Unternehmer« hergibt, der sich auf den Kapitalisten des Unbewußten stützt (Freud). Er hat seine Anknüpfungspunkte in Erlebnissen des Tages und in vorbewußten Gedanken.
Die ganze Stadt ist durch die bevorstehende Belagerung in Aufregung. In aller Augen erscheint nur der Herzog als Retter. Beatrice aber hat in Begleitung ihrer älteren Schwester Rosina den Herzog gesehen. Er sah das schöne Mädchen lange an. In der Bewunderung ihrer Schönheit und in der Vernachlässigung Rosinas durch den Herzog, besser gesagt, in den aus beiden Erlebniselementen resultierenden Gefühlen liegt das Movens des Traumes. Beatrice selbst weist darauf hin, als sie Filippo die Begegnung erzählt.

»Denk nur: kein Blick für sie! Ich glaubte schier,
Sie würde krank vor Schmerz, denn du mußt wissen,
Sie liebt ihn sehr, den Herzog. Andre liebt sie auch,
Um wahr zu reden. Doch den Herzog so,
Daß sie dies Jahr, da er auf Reisen weilte,
Vor Sehnsucht krank ward – und nun kommt er wieder
Und reitet uns vorbei und sieht nur mich.«

Bei der Traumbildung waren also der Stolz auf die Bewunderung des Herzogs und die Befriedigung über den Vorzug, den sie dadurch gegenüber der Schwester erhielt, entscheidend. Eine wichtige Bestätigung erhalten wir durch Beatricens Mund:

»Es war so schwül. Ich ging in meine Stube,
Nur um dem Zorn Rosinas zu entfliehn –
Geschlagen hätt' sie mich, sie tat's schon oft –
Und auch ein andres Kleid – für dich – zu nehmen
Und andre Schuh'. Da setzt ich mich aufs Bett
Und wollte mir die Bänder schnüren, weißt du,
Und schlummert' ein und träumte sonderbar.«

Sie geht in ihr Zimmer, um dem Zorn Rosinas zu entfliehen. Dieser Zorn hat seinen Grund in der Bewunderung, die der Herzog Beatrice zuteil werden ließ. Die Furcht, von der Schwester geschlagen zu werden, beschäftigt sie. Der Traum stellt sich uns jetzt als eine Rachephantasie gegen Rosina dar: die Stellung, welche die Schwester gewünscht, nimmt Beatrice ein. Sie ist die Gattin oder Geliebte des Herzogs. Zum Unterschied von anderen Träumen sind hier nicht unbewußte, sondern vorbewußte und unerledigte Wünsche am Werke. Versetzen wir uns in die Gefühlslage Beatricens: durch den schmeichelhaften Blick des Herzogs ist ihr Stolz und ihr Ehrgeiz wachgerufen. Der auftauchende Wunsch, daß sie, die arme Krämertochter, Geliebte des vielbewunderten Herrn werden könne, wird mit einem Hinweis auf die Treue, die sie Filippo Loschi schuldig ist, beantwortet und unterdrückt. Doch hat sie einen Triumph über ihre Schwester errungen, was wieder ihrer Eigenliebe schmeichelt. Auf ihrer Stube, in die sie aus Angst vor dem Zorn der Schwester geflüchtet, kleidet sie sich für den Besuch bei Loschi um: noch sind die Gedanken bei dem Vorgefallenen. Die Angst vor der Schwester und die Befriedigung über ihren Sieg, die Bewunderung des Herzogs erscheint ihr angemessen, da sie jetzt (beim Umkleiden) ihren Körper sieht. Sie kleidet sich aber für den Geliebten um; bei diesem Gedanken schiebt sich allmählich das Bild des Herzogs für Filippo ein; er ist der Geliebte. Der Traum hat viele Wünsche Beatricens erfüllt: ihren Ehrgeiz, ihre Rachsucht, eine auftauchende erotische Neigung zu dem von aller Welt (und auch ihr) bewunderten Herzog und endlich – last not least – ihre Selbstliebe, ihren Narzißmus. Schon dieser letzte Faktor aber hat seine Wurzeln im Unbewußten. Denn diese narzißtische Einstellung ist ein Überbleibsel einer infantilen Gefühlslage, in der die Liebe dem eigenen Körper zugewendet war. Die Ergebnisse der Traumforschung belehren uns aber darüber, daß vorbewußte Gedanken nur dann zur Traumbildung geeignet sind, wenn es ihnen gelingt, eine Stärkung aus den Tiefen des Unbewußten an sich zu ziehen. In der Selbstbewunderung und Selbstliebe Beatricens, die wir in der Traumproduktion wirksam fanden, haben wir ein Stück des unbewußten Seelenlebens, das zugleich einen Teil der nie ganz überwundenen Kinderregungen bildet, erfaßt. Wir wollen nun beachten, ob sich nicht auch hinter den andern Traumgedanken unbewußte Wünsche verbergen, die sein Zustandekommen bewirkten. Der Einstellung Beatricens zu ihrer Schwester liegen sicherlich alte, vergessene Kindergefühle zugrunde; es ist die typische Ambivalenz der Gefühlsregungen, die immer zwischen Geschwistern herrscht. Rosina ist die ältere Schwester, sie wird von Beatrice selbst als leicht zugänglich geschildert, sie hat mehrere Liebhaber. Beatrice muß ihr als der älteren gehorchen und manches harte Wort und manchen härteren Schlag von ihr empfangen. Ja, man kann sagen: daß Rosina die mütterliche Gewalt übernommen hat. In ihrem Leben imitiert Beatrice die Mutter, sie bleibt dem Milieu, aus dem sie erwachsen ist, treu: auch sie betrügt einen Geliebten, um einem Höheren ihre Liebe zu schenken. Man könnte sagen: sie identifiziert sich mit der Mutter. Diese Identifikationstendenz macht sich auch im Traume geltend. Filippo ist nur einer von vielen, der Herzog aber ist an die Stelle des Geliebten gerückt, so wie einst Frau Nardi dem Aristokraten Chiaveluzzi die Rechte eines Gemahls eingeräumt hat. Zeigt dieser Zug die Gefühlsfixierung Beatricens an das Vorbild der Mutter als starkes Moment, so werden wir nicht zögern, eine dieser Strömung entgegengesetzte zu finden, wenn wir die Deutung von Beatricens Traum auch aus einer zweiten Determinierung herleiten, welche sich aus den unbewußten Vorgängen ergibt. Der Herzog ist wie so oft im Traume die Ersatzperson für den Vater; in ihrem Traume setzt sich Beatrice an die Stelle der Mutter; sie ist die Frau des Vaters und hat die Mutter verdrängt. Damit ist aber ein alter Kinderwunsch, der aus der allgemein-menschlichen Inzestfixierung der Kinder zu dem andersgeschlechtlichen Teil des Elternpaares entspringt, in Erfüllung gegangen. Die seelische Strömung, die, aus dem Unbewußten kommend, diesen starken Beitrag zur Traumbildung gegeben hat, wurde durch einen kleinen, aber wirksamen Zug in ihrer Realisierung unterstützt: dem Vater des Mädchens steht seit jener Entdeckung des Treubruches seiner Frau die Zeit still: er behandelt Beatrice und ihre erwachsenen Geschwister, als wären sie noch Kinder. Er spielt mit ihnen, erzählt ihnen Märchen. Es konnte dem unbewußten Wunsche, der sich als traumbildend erwies, nicht

schwer werden, diese Wahnbildung anzunehmen, um sein Ziel zu erreichen, welches das Emportauchen der infantilen Inzestneigung war.
Gewöhnlich sind die Träume erwachsener Personen nicht so klar und rasch deutbar, wie es dieser Traum Beatricens ist. Sie zeigen auch die Wunscherfüllung nicht so deutlich. Dagegen sind diese Charaktere den Träumen von Kindern eigen, und so können wir es nur begreifen und billigen, wenn der Dichter Beatrice einen starken Zug von Kindlichkeit im Denken und Handeln verleiht. Die kindliche Hemmungslosigkeit, das fast naive Jenseits von Gut- und Bösestehen der Gestalt bildet ja einen ihrer feinsten Reize.[1]
Ins moderne Leben führt uns wieder »Frau Berta Garlan« zurück, das in feiner Analyse in eine Frauenseele und ihre Wirren blicken läßt. Sie ist aus der kleinen Provinzstadt, in der sie leer die Tage verbrachte, mit Frau Rupius nach Wien zur Schneiderin gefahren, hat auf ihren Spaziergängen elegante Damen und Herren betrachtet und in lieblichen Erinnerungen an ihre Mädchenzeit geschwelgt. Nun sitzt sie wieder im Eisenbahncoupé, Frau Rupius gegenüber. Berta fühlt ein lebhaftes Unbehagen; sie hätte den Tag vergnügter verbringen können. Wenn sie Emil Lindbach, ihren Jugendfreund, den berühmt gewordenen Virtuosen getroffen hätte – wie anders hätte sie den Tag ausgefüllt! Diese Assoziationen leiten einen Tagtraum ein, der sich bald, durch die Ruhe im Coupé und durch die gleichmäßige Bewegung des Zuges gefördert, in einen Traum im Schlafe verwandelt. »Und sie wären miteinander herumspaziert und hätten einander von der langen Zeit erzählt, die sie durchlebt, ohne voneinander zu wissen, und sie wären miteinander in ein vornehmes Restaurant gegangen, zu Mittag speisen, und einige hätten ihn natürlich gekannt, und sie hörte ganz genau, wie sich die Leute darüber unterhielten, wer ›sie‹ eigentlich wäre. Sie sah auch schön aus, das neue Kleid war schon fertig, und die Kellner bedienten sie mit großer Höflichkeit, besonders ein kleiner Junge, der den Wein brachte, – aber das war eigentlich ihr Neffe, der selbstverständlich hier Kellnerjunge geworden war, statt zu studieren. Plötzlich traten in den Saal

[1] Diese Wesensart Beatricens ist des öftern vom Dichter hervorgehoben. Vgl. Beatrice: »Doch ist's gewiß, du läßt mich nicht allein?« Filippo: »Du Kind.« Später sagt Filippo: »Du eitles Kind, bewegt dich das so sehr?« Er spricht zu ihr, wie ausdrücklich bemerkt wird, »wie zu einem Kinde«. Auch der Herzog hat am Ende diesen Eindruck: »Warst du nicht, Beatrice, nur ein Kind?«

Herr und Frau Doktor Martin, sie hielten einander so innig umschlungen, als wenn sie ganz allein wären; da stand Emil auf, nahm den Geigenbogen, der neben ihm lag, und hob ihn gebieterisch, worauf der Kellner das Ehepaar Martin zur Tür hinausjagte. Darüber mußte Berta lachen, viel zu laut, denn sie hatte schon ganz verlernt, wie man sich in einem vornehmen Restaurant benimmt. Aber es ist ja gar nicht vornehm, es ist einfach die Gaststube ›Zum roten Apfel‹, und die Militärkapelle spielt irgendwo, ohne daß man sie sieht. Das ist nämlich eine Kunst des Herrn Rupius, daß Militärkapellen spielen können, ohne daß man sie sieht. Jetzt aber kommt gleich ihre Nummer dran. Hier ist das Klavier – aber sie hat ja gewiß das Klavierspielen längst verlernt, sie wird lieber entfliehn, damit man sie nicht zwingt. Und gleich ist sie auf dem Bahnhof, Frau Rupius erwartet sie schon und sagt: Es ist die höchste Zeit – und sie gibt ihr ein großes Buch in die Hand, das ist nämlich die Fahrkarte. Doch Frau Rupius fährt gar nicht weg, sie setzt sich auf eine Bank, ißt Kirschen und spuckt die Kerne auf den Stationschef, der sich darüber sehr freut. Berta steigt ins Coupé – Gott sei Dank, daß Klingemann schon da ist! – er winkt ihr mit gekniffenen Augen zu und sagt: Wissen Sie, was das für ein Leichenzug ist? Und Berta sieht, daß auf dem anderen Gleise ein Leichenwagen steht. Sie erinnert sich nun, daß der Hauptmann gestorben ist, mit dem die Tabaktrafikantin den Herrn Klingemann betrogen hat; natürlich, darum war heute das Konzert im ›Roten Apfel‹. Plötzlich bläst ihr Herr Klingemann auf die Augen, lacht, daß es dröhnt; Berta schlägt die Augen auf – da saust eben ein Zug am Fenster vorbei. Sie schüttelt sich. – Was für wirre Träume! Und fing es nicht sehr schön an? Sie versucht, sich zu besinnen. Ja, Emil spielt eine Rolle – aber sie weiß nicht mehr, welche.«

Der Tagtraum, der die wechselnden Bilder einleitet, beschäftigt sich noch mit der Begegnung mit dem lange nicht gesehenen Jugendfreund. Er erfüllt so den geheimen Wunsch, der Berta in die Stadt trieb. Sie sieht ihn und sich in einem vornehmen Restaurant; man kennt ihn. Damit ist eine stolze Regung, die auch ihrem Wachbewußtsein nicht ferne lag, zur Herrschaft gelangt: der Geliebte ist berühmt, und man neidet ihn ihr. Die nächsten Gedanken schmeicheln wieder ihrer Eitelkeit und knüpfen an die Tagesreste an: sie ist in die Stadt gekommen, um sich ein neues Kleid zu kaufen. Es ist im Traume schon fertig. Als sie zum Bahnhof fuhr, weiß sie, »daß sie jetzt hübsch und jung aussieht, und dabei fühlt sie sich so sicher, es kann ihr nichts geschehen«. Es tauchte schon hier im Wachleben die Eitelkeit auf: wie hübsch wird es sein, wenn sie das nächste Mal in dem neuen Kleid und mit dem kleinen Strohhut wieder durch die Stadt fährt. Der Traum läßt sie diese Situation sehen und erfüllt dadurch zwei Wünsche: sie, der allmählich das Alter naht, sieht wieder jung und hübsch aus. Die narzißtische Ichbesetzung, die im Liebesleben der Frau eine noch größere Rolle als in dem des Mannes spielt, hat hier ihren Ausdruck gefunden. Der Kellnerjunge ist ihr Neffe und bedient sie sehr höflich: der Traum greift (wie später) auf das Konzert im »Roten Apfel« zurück, bei dem ihr Neffe Richard mit ihr zärtlich gescherzt hatte. Nun tritt das Ehepaar Martin in den Saal, einander zärtlich umschlungen haltend. Wieder hat der Traum eine Erinnerung benutzt: am Sonntage der Abreise hatte der Schwager Gäste, darunter auch das Ehepaar Martin, bei sich gehabt. Das Ehepaar aber benahm sich in nicht ganz gesellschaftsmäßiger Form. »Frau Martin hatte sich neben ihren Mann gesetzt, während sie zugleich einen Blick auf Berta warf... Sie strich ihrem Gatten durchs Haar, legte ihre Hand auf seine Knie und schien ein Bedürfnis zu haben, den Leuten zu zeigen, wie glücklich sie wäre.« In Frau Berta hat dieser Anblick eine lebhafte Ablehnung gefunden. Sie übte mit einigem Recht innerlich Kritik an dem Benehmen der Frau Martin: die Zärtlichkeiten sind in der Gesellschaft deplaciert. Diese Kritik übt sie auch im Traume: das Ehepaar benimmt sich, »als wenn sie ganz allein wären«. Doch wie kam diese ganze Szene in Bertas Traum? Zwei Gründe sind wohl dafür entscheidend gewesen: Berta konnte ihren Unwillen über die gesehene Szene niemandem mitteilen; das gesellschaftliche Konventionell zwang sie, jede Bemerkung darüber zu unterdrücken. Der Traum holt jetzt das Versäumte nach. Doch würde diese Unterdrückung nicht so wirksam gewesen sein, wenn nicht die Zärtlichkeiten der Frau Martin bei Berta auf starke Affekte, die durch einen Taktfehler unmöglich in solcher Intensität bedingt waren, gestoßen wären: vornehmlich auf den Affekt des Neides. Berta ist eine junge Witwe, sie hat keine sexuelle Befriedigung, und nicht einmal die Erinnerung an schönere Tage kann ihr etwas bedeuten, da sie ihren Gatten nie geliebt hat. Sie ist allein, ihre Liebesfähigkeit und ihre Liebessehnsucht finden nirgends einen Ausweg. Und so muß in ihr, der Einsamen, Ungeliebten, ein bitteres Gefühl des Neides angesichts des Glückes der anderen auftauchen. Ihre innere Ablehnung der gesehenen Szene hat ihre tiefsten Motive in dieser Strömung. Der Traum gewährt ihr das Ersehnte: den Geliebten, sie ist ja mit Emil. Frau

Martin hat keinen Vorzug ihr gegenüber voraus: auch sie wird geliebt. Wie affektbetont aber die Erinnerung an die Zärtlichkeiten der Frau Martin sind, zeigt die fernere Entwicklung des Traumbildes: Emil läßt das Ehepaar durch den Kellner hinausjagen. Mit dieser Schmach, die Frau Martin und ihrem Gemahl zugefügt wird, nimmt Berta Rache für den sonntägigen Zärtlichkeitsaustausch. Die Art, wie Emil das Ehepaar verjagt, ist immerhin auffällig: er nimmt den Geigenbogen und hebt ihn gebieterisch. Es ist in diesem Zusammenhange, der ja das Liebesglück Bertas im Gegensatze zu dem des Ehepaares behandelt, mehr als wahrscheinlich, daß dieser Zug einer sexuellen Symbolik entstammt. Der erhobene Geigenbogen bedeutet, wie aus vielen Traumanalysen bekannt ist, fast immer den erigierten Penis. Er ist in dieser Verwendung ein Darstellungsmittel für die Potenz. Also Bertas Traum sagt damit: Hier seht her, auch ich bin glücklich, ich habe einen sehr potenten Geliebten. So erklärt sich dann auch das Lachen Bertas: es ist nicht nur ein Ausdruck der Befriedigung über die schmachvolle Behandlung des Ehepaares; Berta lacht, so wie man über eine Entblößung lacht. Der Zusatz »denn sie hatte ganz verlernt, wie man sich in einem vornehmen Restaurant benimmt«, weist ebenfalls auf diese Auffassung hin. Anscheinend unvermittelt vertauscht der Traum jetzt seine Szenerie: es ist nicht ein vornehmes Restaurant, es ist die Gaststube »Zum roten Apfel« in Bertas Wohnort. Daß eine Militärkapelle spielen kann, ohne daß man sie sieht, ist eine Kunst des Herrn Rupius. Herrn Rupius und seine Frau hatte Frau Berta einige Tage vorher besucht. Im Romane ist das eigentümliche Verhältnis zwischen Frau Rupius und ihrem Manne geschildert. Rupius ist gelähmt, und seine Frau fährt manches Mal nach Wien. Berta vermutet, daß sie diese Reise unternimmt, um ihren Liebhaber zu besuchen und die ihr im eigenen Hause versagte sexuelle Befriedigung zu finden. Während ihres Spazierganges verdichtet sich in Bertas Gedanken diese Ahnung fast zur Gewißheit. Berta hat bei ihrem Besuche den Eindruck gewonnen, als wüßte auch Herr Rupius um den eigentlichen Zweck der Reisen seiner Frau. In den Beziehungen zwischen den Ehegatten liegt für Berta ein undefinierbares Gefühl, das zwischen verzeihender starker Liebe und Bangen und Entsetzen schwankt. Berta fühlt dunkel, daß in dem Verhältnis zwischen diesen beiden Menschen irgend etwas Geheimnisvolles walte, das »ganz zu verstehen sie nicht klug oder nicht erfahren oder nicht gut genug war«. Wir können es uns jetzt deuten, was es heißt, daß Herr Rupius über die

Kunst verfügt, eine Militärkapelle spielen zu lassen, ohne daß man sie sieht. Es wird damit auf die geheimnisvollen Beziehungen zwischen Herrn Rupius und seiner Frau angespielt und auf jene Reisen, von deren Zweck niemand in der Stadt etwas ahnt. Die Musik ist hier, wie man sieht, für geschlechtliche Beziehungen eingesetzt. Welche individuelle Wurzeln dieser Ersatz bei Frau Berta hat, werden wir sofort erkennen. (Auf die allgemeine Symbolik, die dieser Verschiebung zugrunde liegt, brauche ich nur hinzuweisen.)

Jetzt soll Berta spielen. Aber sie hat ja das Klavierspielen längst verlernt, und sie fühlt den Wunsch, zu entfliehen, damit man sie nicht zwingt. Auch hier ist eine Erinnerung an den vorigen Sonntag wirksam, an dem sie in jener Gesellschaft Klavier spielen sollte und sich mit einem Hinweis auf ihre Kopfschmerzen entschuldigte. Doch fühlte sie sofort, daß dies eine Ausrede sei, und sagte: »Ich habe keine Lust.« Wenn wir an der Oberfläche bleiben wollten, brauchten wir hier nur die Wiederkehr jener Szene zu erblicken. Überzeugt aber, daß jedem so ausgeprägten Traumelement ein psychischer Wert zukomme, der es erst berechtigt und befähigt, in den Traum aufgenommen zu werden, werden wir in unserer Analyse auch hier einsetzen müssen. Warum wollte Berta in jener Gesellschaft nicht spielen, und welche Kräfte veranlaßten diese Erinnerung im Traume? Berta hat vor einigen Tagen Herrn Klingemann, der im Rufe eines Roué steht, getroffen. Er machte ihr Komplimente über ihr Klavierspiel und setzte hinzu: »Wissen Sie, was ich für einen Eindruck habe? Daß Ihnen die Musik alles ersetzen muß.« »Er wiederholte ›Alles‹ und sah sie dabei so an, daß sie rot wurde.« Der Ausspruch muß empfindliche Stellen ihres Seelenlebens getroffen haben, dafür spricht ihr Rotwerden. Ihr Weigern, in jener Gesellschaft Klavier zu spielen, bezieht sich auf jene Komplexe. »Ich habe keine Lust«, sagte sie, und wenn sie ihre unbewußten Gründe befragen könnte, müßte sie fortfahren: »Ich habe keine Lust, Klavier zu spielen. Die Musik kann mir nicht alles, sie kann mir vor allem nicht die Liebe ersetzen. Ihr seid glücklich und zufrieden und befriedigt, ich bin allein und unglücklich. Ich möchte auch lieben und geliebt werden. Das Klavierspiel ist doch kein Ersatz dafür.« Diese Gedanken sind auch im Traume wirksam, doch kommen noch schwererwiegende hinzu. Wir haben schon früher bemerkt, daß Berta mit jenem Traumelement, das die geheime Musikkunst des Herrn Rupius feststellt, auf die geschlechtlichen Beziehungen hingewiesen hat. Die erwähnte Bemerkung Klingemanns aber erleichtert die Vertauschung der beiden Tätigkeiten: Klavierspielen und Koitieren. Ihre Abwehr im Traume gilt insofern dem Auftauchen der Sexualbegierde.[2] Sie hat das Klavierspiel (-Liebesspiel) längst verlernt. Doch was soll es heißen, daß man sie zwingen will? Auf wen bezieht sich diese Abwehr, und welchen Grund hatte sie, einen sexuellen Angriff von jemandem zu fürchten oder zu wünschen? Erinnern wir uns doch des weiteren Verlaufes der Begegnung mit Klingemann, von dem die Anregung zu der unbewußten Verbindung zwischen Klavierspiel und Liebesbetätigung ausging. Er macht Annäherungsversuche, berührt, neben ihr auf einer Bank sitzend, ihren Arm. Plötzlich fühlte sie sich von rückwärts umschlungen, ihren Kopf über die Lehne der Bank zurückgebeugt, eine Hand über ihre Augen gehalten. Einen Moment lang hatte sie die Empfindung, als fühlte sie die Hand Klingemanns über den Augenlidern, und rief: »Aber sind Sie denn verrückt?« (Ihr Neffe Richard war, wie sich sofort herausstellt, der zärtliche Übeltäter.) Wir werden in ihrer Empfindung den unbewußten Wunsch und die bewußte Ablehnung in bezug auf die vermuteten Zärtlichkeiten Klingemanns erblicken. Von ihm droht also die Versuchung: diese wünscht und fürchtet sie zugleich. Eine andere Stelle des Traumes wird uns beweisen, wie richtig unsere Deutung war. – Nun versetzt sie der Traum auf den Bahnhof, wo Frau Rupius wartet. Es ist eine Wiederholung einer realen Situation. Frau Rupius »gibt ihr ein großes Buch in die Hand, das ist nämlich die Fahrkarte«. Diese sonderbare und ungebräuchliche Verkehrsanweisung ist erklärt durch die Schilderung der Fahrt in die Stadt, die der Dichter gibt. Frau Rupius hatte nämlich bald nach der Abfahrt ein Buch aus der Reisetasche gezogen und darin gelesen; »es hatte beinahe den Anschein, als wollte sie ein längeres Gespräch mit Berta vermeiden, und diese war ein wenig gekränkt«. Das Gefühl wird jetzt im Traume kompensiert: auch Berta bekommt ein Buch zum Lesen. Gleichzeitig drückt dieser Zug auch einen gewissen Hohn aus, er holt eine Regung nach, die, in Worte ge-

2 Die Wahl des Ausdruckes im Traume (und bei seiner Erzählung) ist, wie unsere psychologische Erfahrung gezeigt hat, von großer Bedeutung. Wenn es vor dem beabsichtigten Klavierspiel Bertas im Romane heißt: »Jetzt aber kommt gleich ihre Nummer dran«, so wird jeder Wiener wissen, was in dem Zusammenhange, den wir im Traume zwischen Musik und Sexualität hergestellt haben, das Wort »Nummer« zu bedeuten hat. Es ist dies eine vulgäre Wiener Bezeichnung für den Geschlechtsakt. Durchaus wahrscheinlich ist es, daß gerade dieser Ausdruck, dessen Bedeutung dem Wiener Dichter sicher bekannt ist, durch unbewußte Determinierung gewählt wurde.

kleidet, etwa so lauten müßte: Ich glaube, daß Frau Rupius in die Stadt eines Liebesabenteuers wegen fährt, sie liest aber ruhig ihr Buch, statt mit mir darüber zu sprechen. Bertas Sympathie hat Frau Rupius durch ihren Mangel an Vertrauen enttäuscht. Gehen wir auf den Grund der Wiener Reise der beiden Damen zurück, so wird sich uns eine weitere, tiefer reichende Aufklärung dieses Traumelementes darbieten. Beide fahren in die Stadt, um sich einem Geliebten hinzugeben. In Bertas Wachphantasien spielt nicht nur der Eine eine Rolle, auch andere Männer werden als Liebesobjekte gewünscht und von ihrem Bewußtsein abgelehnt. Ihr Traum erscheint als Dirnenphantasie. Sie, die alle sexuellen Wünsche und Versuchungen bewußt zurückweist, sieht sich im Traume als Prostituierte. Die ganze Macht der sexuellen Begierde kann in diesem Berufe hemmungslos ausgelebt werden. In Wien haben die unter sittenpolizeilicher Aufsicht stehenden Prostituierten ein Kontrollbuch. Als Symbol der Reiseabsichten Bertas und Frau Rupius' steht hier das große Buch. Frau Rupius aber fährt nicht weg, sie ißt Kirschen und spuckt die Kerne auf den Stationschef. Wieder ist es eine reale Situation, an welche das Traumelement anknüpft. Denn bevor Berta einschlief, um diesen Traum zu träumen, hatte Frau Rupius im Coupé Kirschen gegessen und die Kerne zum Fenster hinausgeworfen. Wahrscheinlich hatte Berta auch auf dem Perron den Stationsvorstand gesehen; so erklären sich diese Elemente als rezente Erinnerungsmomente. Wir bemerken schon, daß der Traum zwei zeitlich getrennte Situationen in eine einzige zusammenfaßt.

Halten wir uns ferner gegenwärtig, daß der Zweck der Reise von Frau Rupius der ist, von allem Tratsch des kleinen Städtchens fern ihre Beziehung zu einem Manne, der nicht ihr Gemahl ist, zu pflegen, und erinnern wir uns daran, daß der Traum es liebt, metaphorische Redensarten ins Wörtliche zu übersetzen. Der tiefere Sinn, der hinter dieser absurden Traumszene liegt, ist der: Frau Rupius fährt nicht weg, sie geniert sich gar nicht, in der Stadt ihr Liebesverhältnis zu pflegen. Der Stationschef in dem kleinen Städtchen gehört sicherlich zu den Honoratioren im Traume und ist hier als Vertreter der Moral und öffentlichen Meinung gesetzt. Frau Rupius spuckt die Kirschenkerne auf ihn, d. h. sie spuckt auf die öffentliche Meinung, sie ist ihr gleichgültig, sie macht doch, was sie will. Daß der Stationschef sich darüber sehr freut, ist der Ausdruck von Bertas Gefühl, daß die Leute keinen Anstoß an den Heimlichkeiten der Frau Rupius nehmen. Der Traum zeigt einen allgemeinen Charakterzug: er ist egoistisch. Sollte ein Zusammenhang zwischen dem Benehmen der Frau Rupius in dieser Szene und Berta selbst bestehen? Gewiß ist ein solcher vorhanden. Denn Berta wird durch die Meinung der Leute von jedem Liebesglück ausgeschlossen; auch sie möchte wie Frau Rupius auf die beschränkten Kleinstädter, die bei der Frau jeden außerehelichen Liebesverkehr verdammen, »spukken«. Wir werden sofort sehen, wie auch dieser Wunsch sich erfüllt. Als Frau Berta ins Coupé tritt, winkt ihr Klingemann. »Gott sei Dank«, sagt sie sich im Traume, »daß Klingemann schon da ist.« Seine Werbungen sind an der armen, vereinsamten Frau also nicht spurlos vorübergegangen, ihr Unbewußtes hat sich gegenüber ihrer bewußten Ablehnung im Traume durchgesetzt. Herr Klingemann macht sie auf den Leichenzug aufmerksam, der auf dem andern Geleise steht. Der Hauptmann ist gestorben, mit dem eine Tabaktrafikantin Herrn Klingemann betrogen hat. Von dem Verhältnis mit der Tabaktrafikantin und jenem Betrug hat Klingemann selbst Berta auf dem Spaziergange »mit stolzer Trauer« erzählt. Wenn jener Hauptmann gestorben ist und Herr Klingemann Berta darauf hinweist, so ist hier eine Eigentümlichkeit des Traumes kenntlich, derzufolge Sterben für höchsten Lebensgenuß, für Liebe gesetzt werden kann. Es ist so, als wollte Klingemann sagen: Sehen Sie, jeder und jede liebt: der Hauptmann, die Tabaktrafikantin und wir alle freuen uns unseres Lebens, nur Sie sind allein und kennen die Liebe nicht. Genießen auch Sie dieses Glück.

Zum Tode des Hauptmanns in der eigentlichen Bedeutung würde wohl der nachfolgende Satz: »Natürlich, darum war heute das Konzert im ›Roten Apfel‹« wenig passen. Ist unsere Analyse richtig, dann ist auch das Konzert ein Ausdruck der Lebenslust. (Vgl. die früheren Bemerkungen über Musik und Sexualität.) Bei jenem Konzert waren auch Herr Klingemann und seine Geliebte erschienen. Die Herren dankten kaum seinem Gruße, und die Damen taten, als wenn sie ihn nicht bemerkt hätten. Wir kommen hier also wieder auf die außereheliche Geschlechtsbeziehung und ihre gesellschaftliche Ächtung zurück, gegen die Berta sich auflehnt. Auch sie will jetzt ihr Leben nicht vertrauern, auch sie will noch einmal mit dem Geliebten glücklich sein! Herr Klingemann bläst ihr auf die Augen, eine Variation jener vermeintlichen Umarmung bei dem Spaziergang. Es bedeutet aber wohl einen Kuß und im weiteren Verlauf den Geschlechtsverkehr, nach dem Berta bewußt und noch mehr unbewußt sich sehnt.

Wir gehen nun daran, einige Träume aus dem Romane »Der Weg ins Freie« der Analyse zu unterwerfen.

Nach einem kurzen Erholungsaufenthalte an einem reizvollen See kehrt Georg nach Wien zur Geliebten, die Mutter werden soll, zurück. Auf der Rückfahrt hat er einen sonderbaren Traum, der auf ihn selbst einen tiefen Eindruck macht und ihn zum Nachdenken anregt. Das Traumgebilde verdient also wahrhaftig unser Interesse.

»Langsam stieg Georg aus dem untern Schiffsraum empor, auf schmaler, teppichbelegter Treppe, zwischen lang gedehnten, schiefen Spiegeln und in einen langen, dunkelgrünen Plaid gehüllt, der nachschleppte, wandelte er unter dem Sternenhimmel auf dem menschenleeren Verdeck auf und ab. Am Steuer, bewegungslos wie immer, stand Labinski, drehte das Rad und hatte den Blick zum offenen Meer gerichtet. Welche Karriere! dachte Georg. Zuerst Toter, dann Minister, dann ein kleiner Bub mit einem Muff, und heute schon ein Steuermann. Wenn er wüßte, daß ich auf diesem Schiff bin, so würde er sicher appellieren. ›Geben Sie acht‹, sagten hinter Georg die zwei blauen Mädeln, die er vom Seeufer her kannte; aber schon stürzte er hin, verwickelte sich in den Plaid und hörte den Flügelschlag weißer Möwen über seinem Haupt. Gleich darauf saß er unten im Salon an der Tafel, die so lang war, daß die Leute am Ende ganz klein aussahen. Ein Herr neben ihm, der dem alten Grillparzer ähnlich sah, bemerkte ärgerlich: ›Immer hat dieses Schiff Verspätung, schon längst sollten wir in Boston sein.‹ Nun bekam Georg große Angst, denn wenn er beim Aussteigen die drei Partituren im grünen Einband nicht vorweisen konnte, so wurde er unbedingt wegen Hochverrates verhaftet. Darum sah ihn auch der Prinz, der den ganzen Tag auf dem Verdeck mit dem Rad hin und her raste, manches Mal so sonderbar von der Seite an. Und um den Verdacht noch zu steigern, mußte er an der Tafel in Hemdärmeln dasitzen, während sämtliche Herren, wie immer auf Schiffen, Generalsuniformen und alle Damen rote Samttoiletten trugen. ›Gleich sind wir in Amerika‹, sagte ein heiserer Steward, der Spargel verteilte, ›nur noch eine Station.‹ Die andern können ruhig sitzen bleiben, dachte Georg, die haben nichts zu tun, ich aber muß gleich ins Theater schwimmen. Und in dem großen Spiegel ihm gegenüber erschien die Küste; lauter Häuser ohne Dächer, die terrassenartig immer höher hinaufstiegen, und ganz oben in einem weißen Kiosk mit durchbrochener Steinkuppel, ungeduldig, wartete die Musikkapelle. Die Glocke auf dem Verdeck ertönte, und Georg stolperte mit seinem grünen Plaid und zwei Handtaschen die Treppe hinauf zum Garten. Aber man hatte den unrichtigen hertransportiert; es war nämlich der Stadtpark; auf einer Bank saß Felician, neben ihm eine alte Dame in einer Mantille legte die Finger an die Lippen, pfiff sehr laut, und mit außergewöhnlich tiefer Stimme sagte Felician: ›Kemmelbach-Ybs.‹ Nein, dachte Georg, solch ein Wort nimmt Felician nicht in den Mund... rieb sich die Augen und erwachte.«

Wir wenden nun unsere Aufmerksamkeit den einzelnen Traumelementen zu. Gleich beim ersten Satz sind wir genötigt, den Dichter zu Hilfe zu rufen. Was ist das für ein Schiff, das im Traume Georgs erscheint? Georg ist es nach dem Erwachen ganz klar, daß der Dampfer, auf dem er die Konzertreise nach Amerika unternommen hatte, eigentlich das Schiff bedeutete, auf dem Ägidius seinem düstern Schicksal entgegenfuhr. Es können nicht oberflächliche Assoziationen sein, welche dabei den Vermittler spielten, denn noch einmal taucht die Gestalt des Ägidius bedeutsam im Traume auf. Georg muß irgendeine Beziehung zu diesem Ägidius haben, welche jene erdichtete Gestalt befähigt, in Georgs Traum zu gelangen. Wir kennen bereits das seltsame Schicksal dieses Helden, der den König morden wollte und dafür in seltsamer Weise bestraft wurde. Seine Fahrt und das ihm angebotene Liebesglück wird durch einen dunkeln Spruch getrübt. Wir konnten eine zwanghafte Unheilserwartung in diesem Plane aufdecken, welche die seelische Reaktion auf des Ägidius feindselige Wünsche gegen den König und auf den Liebesgenuß darstellte. Georg fühlt sich wegen seines Verhältnisses mit Anna ebenfalls seltsam schuldbewußt, ein Gefühl, das in manchen Gesprächen deutlich zutage tritt. Wie Ägidius fürchtet auch er eine dunkle Strafe und diese Strafe von dem (im Jenseits weilenden) Vater. (Der König im Ägidiusstoff ist, wie bereits erwähnt, der Vaterersatz.) Wir haben schon dargelegt, auf welche infantilen Erlebnisse Wunsch und Befürchtung in der Analyse zurückgeführt werden können. Der Ägidiusplan und Georgs Traum weisen uns auf die oft betonte zwangsneurotische Einstellung, welche den (in der Kinderzeit) verbotenen Liebesgenuß (vom Vater) gesühnt werden läßt. Dem Vater muß Rechenschaft gegeben werden, und er wird die Übertretung des Verbotes bestrafen.

Wie Ägidius, so steigt auch Georg aus dem untern Schiffsraum empor. Ja, es ist nach Georgs Assoziation dasselbe Schiff. Die Verbindung wird dadurch hergestellt, daß sowohl Georg als Ägidius auf ihm einem dunkeln Schicksal entgegenfahren. Das Bild vom Lebensschiff, der Lebensfahrt, wie es sich, auf eine uralte Symbolik gestützt, in Sagen und Dichtungen immer wieder findet, schwebt vor.[3] Wir erwarten von dem Traume eine Art Biographie des Träumers.[4]

Welche Beziehungen aber konnte Georgs Phantasie zu der Gestalt des Ägidius haben, welchen Affektteil wies er ihr zu, und warum tat er es? Wir erkennen das sofort, wenn wir das nächste Traumelement näher betrachten: Labinski steht am Steuer. Georg wundert sich über dessen Karriere: erst Toter, dann Minister, dann ein kleiner Bub mit einem Muff und heute schon ein Steuermann. Erinnern wir uns, daß Labinski ein Freund Georgs gewesen, der Grace geliebt hatte. Grace aber war Georgs Geliebte geworden, und der junge Mann hatte deshalb einen Selbstmord verübt. Es ist ein seltsames Gespräch zwischen Georg und Grace an Labinskis Grab im Romane erwähnt. Wir haben in anderem Zusammenhange nachgewiesen, daß Georg Labinskis, seines Nebenbuhlers, Tod gewünscht hat und sich deshalb schuldbewußt fühlt. Die seltsame Karriere Labinskis geht wohl auf eine infantile Sexualtheorie zurück, welche annimmt, daß ein Mensch zur Welt kommt, wenn ein anderer stirbt.[5]

Die Etappen dieser Karriere sind indessen ziemlich schwer deutbar, und ich wage nur Vermutungen darüber anzustellen: der kleine Bub mit dem Muffe weist auf Georgs Kind hin, das eben geboren werden sollte. Auch ihm hat Georg den Tod gewünscht, wie ich in dem Abschnitt über die »Allmacht der Gedanken« dargelegt habe; der Minister vertritt wohl den Vater, wobei vielleicht eine Assoziationsreihe über den Tod von Heinrich Bermanns Vater läuft, der fast Minister geworden wäre. Labinski tritt dann als Steuermann auf, weil das Schuldbewußtsein, das Georg mit der Erinnerung an dessen Tod verknüpft, eine

[3] Vgl. Schiller, Xenien: »Mit tausend Masten schifft in den Ozean der Jüngling, still auf gerettetem Kahn treibt in den Hafen der Greis.«

[4] Freud, Traumdeutung, Biographische Träume [1900 a, S. 354]

[5] Freud, Drei Abhandlungen zur Sexualtheorie [1905 d] und Jung: Konflikte der kindlichen Seele. Jahrbuch für psychoanalytische Forschungen, Bd. I [Bd. 2, 1910, S. 33–58].
Im Alter von 3 Jahren fragt Anna ihre Großmutter: »Warum hast du so verwelkte Augen?« Großmutter: »Weil ich halt schon alt bin.« Anna: »Aber gelt, du wirst dann wieder jung?« Großmutter: »Nein, weißt du, ich werde immer älter, und dann werde ich sterben.« Anna: »Und dann wirst du wieder ein kleines Kindlein?« Die kleine Anna hat die Vorstellung, ihre alte Großmutter könnte sich in ein Kindchen zurückverwandeln.

entscheidende Wirkung auf seinen Lebenslauf nehmen kann. Georg ist also mit Ägidius darin gleich, daß beide ein Schuldgefühl hegen, das auf geheime Todeswünsche zurückgeht.[6] So erklärt sich auch der nachfolgende Satz des Traumes: »Wenn er wüßte, daß ich auf diesem Schiffe bin, würde er sicher appellieren.« Es meldet sich hier wieder das heimliche Schuldgefühl.

Die zwei blaugekleideten Mädchen sind eine Reminiszenz an jenen Aufenthalt am See. Sie sagen: »Geben Sie acht.« Diese Warnung bezieht sich wahrscheinlich auf die gefürchtete Strafe für seine Todeswünsche. Georg stürzt hin und hört über seinem Haupte den Flügelschlag weißer Möwen. Es sind die Totenvögel. Wieder werden wir an die seltsame Ähnlichkeit von Georgs und Ägidius' Schicksal gemahnt: auch Ägidius wird von dem Fremden auf den nahen oder fernen Tod hingewiesen. Eine zweite Überdeterminierung ist so naheliegend, daß man sie nicht recht abweisen kann: An jenem See, wo die zwei blauen Mädchen Georgs Klavierspiel zuhörten, hat der junge Künstler eine schöne Frau kennengelernt und war mit ihr in nahe Beziehungen getreten. Mit dem Treubruch, den er dadurch Anna gegenüber begangen, verknüpft er selbst später im Gedanken den Tod seines Kindes, als hätte er ihn dadurch verschuldet. Die Warnung der beiden Mädchen gilt also auch der Versuchung, die von jener schönen Frau ausgeht, und Georgs Fall im Traume bedeutet eben ein Unterliegen, »Fallen im geschlechtlichen Sinne«. Die weißen Möwen, die dabei über ihn wegfliegen, sind wieder die Todesvögel, welche den von ihm verschuldeten Tod seines Kindes verkünden.[7]

Gleich darauf sitzt er im Salon an einer Tafel, die so lang ist, daß die Leute am Ende ganz klein aussehen. Diese merkwürdige Anschauung wird nur im Zusammenhange mit dem nächsten Satze verständlich. Ein Herr neben ihm, der dem alten Grillparzer ähnlich sah, bemerkte ärger-

6 Labinski erscheint hier mit allen andern Objekten verknüpft, denen Georgs Todeswünsche galten: mit dem eigenen Vater und dem Kind, das Anna gebären soll. Als Bestätigungen unserer Auffassung mag es dienen, daß Labinski auch in den halluzinatorischen Täuschungen Georgs fast immer zeitlich oder assoziativ mit diesen Objekten verbunden ist. Als Georg das letzte Mal das Haus besucht, wo sein Kind geboren wurde und starb: »Es war ihm, als bestände die Möglichkeit, daß irgend jemand plötzlich auf den Balkon heraustreten könnte. Labinski vielleicht, der sich seit jenem Traum nicht mehr gemeldet hatte?«

7 Wie so häufig bedient sich auch hier der Traum einer Darstellung durch den Gegensatz. Die weiße Farbe ersetzt die schwarze, die Farbe der Trauer und des Todes.

lich: »Immer hat dieses Schiff Verspätung, schon längst sollten wir in Boston sein.« Im ersten Kapitel des Romanes werden die Erinnerungen, die in Georg an den vor kurzer Zeit verstorbenen Vater auftauchen, geschildert. Georg macht einen Spaziergang durch einen Park, und dabei sieht er einen glattrasierten Herrn, »der ihm durch seine Ähnlichkeit mit dem alten Grillparzer aufgefallen war«. Wenn wir vermuten, daß im Traume diese Gestalt als Ersatz für Georgs Vater auftaucht, so könnte das im ersten Augenblick verwunderlich erscheinen. Dennoch ist diese Verschiebung in hohem Grade plausibel. Wir haben schon gesagt, daß das Schiff Georgs Lebensschiff bedeute. Der alte Herr ist ärgerlich, daß es nicht schon längst in Boston ist, daß es Verspätung hat, d. h. er drückt seinen Ärger darüber aus, daß Georg nicht schon lange einen Beruf, einen Lebensinhalt hat. Warum er gerade in Boston einen solchen suchen soll, ist leicht zu deuten. Georg hatte mit dem alten Dr. Stauber über seine Zukunftspläne gesprochen. Während er aber »in betonter Wichtigkeit von seinen Bemühungen und Aussichten erzählte, glaubte er zu fühlen, daß alles, was er sagte, von Dr. Stauber nur als Rechtfertigungsversuch für das Aufschieben seiner Verheiratung mit Anna aufgefaßt würde«. Dr. Stauber erzählte wiederum von einem Vetter, der nach Amerika ausgewandert sei und in Boston als Violinspieler bequem sein Auskommen findet.[8]

Hier haben wir also die Erklärung für jenen Zug im Traume. Es ist wieder das Sträuben und die Angst vor jeder Rechtfertigung über seine Plan- und Berufslosigkeit, die auftauchen.

Doch könnten diese Gefühle dem alten Doktor Stauber allein gelten; warum sollten sie über ihn hinaus sich auf Georgs Vater beziehen? Wieder führt uns die Analyse in jenes einleitende Kapitel zurück, in dem schon alle Akkorde der späteren Entwicklung des Romanes leise angeschlagen sind. Georg erinnert sich daran, daß er einmal dem Vater eigene Kompositionen vorgespielt hatte. Als er tief in allerlei Variationen gekommen war, hatte der Vater lächelnd gefragt: »Wohin, wohin?« »Georg, wie beschämt, ließ den Schwall der Töne verklingen, und nun, herzlich wie immer, doch nicht in so leichtem Ton wie sonst, hatte der Vater mit dem Sohne ein Gespräch über dessen Zukunft zu führen begonnen, das diesem heute durch den Sinn zog, als wäre es von mancher

[8] Auch Frau Ehrenberg und ihre Tochter hatten einmal im Gespräch mit Georg geäußert, er solle eine Konzerttournee nach Amerika machen.

Ahnung schwer gewesen.« Auch hier sind es also die Zukunftspläne, -hoffnungen und -befürchtungen, über die sich dieses Gespräch zwischen Vater und Sohn entspinnt.
So wie damals der Vater, so hatte auch jetzt Dr. Stauber ein ähnliches Gespräch über Georgs Zukunft geführt, und ähnliche Gefühle des Widerstrebens und der Selbstverteidigung und -rechtfertigung müssen in Georgs Seele dabei erwacht sein. Doch noch auf einem andern Grunde beruht es wohl, daß sich für Georg die Vater-Imago mit dem Bilde des alten Dr. Stauber verbindet und in eins zusammenfließt: es ist Georgs Verhältnis zu Anna. Er selbst fragt sich einmal, wie wohl der Vater dieser Verbindung gegenüber stehen würde. Und auch Dr. Stauber kommt in jenem so stark nachwirkenden Gespräch darauf zu sprechen.
Das Unerwartete dieser plötzlichen Mahnung an den geliebten Toten hat auf Georg eine tiefe Wirkung geübt: es »ließ eine so heftige Sehnsucht in ihm aufsteigen, daß er sie nur zu lindern vermochte, indem er von dem Entschwundenen zu reden begann«. Wir sehen, wie auch hier zwischen Georgs Vater und Dr. Stauber Verbindungen existieren, und begreifen nun, wieso jener alte Herr, der Georgs Vater bedeutet, sich ärgert, warum Georg nicht schon längst die Bostoner Stellung inne hat; warum sein Lebensschiff immer Verspätung hat. Von dieser Aufklärung aus wird es uns vielleicht leichter fallen, auch jene sonderbare Raumanschauung, welche die Leute an den Enden der Tafel ganz klein aussehen läßt, zu deuten. Es ist die vorweggenommene Wunscherfüllung auf den Vorwurf, daß Georg keine Stellung und Bedeutung habe: er ist im Traume so groß, daß ihm gegenüber alle anderen Leute klein erscheinen. Wir merken schon, daß hier der Begriff »groß« doppelsinnig gebraucht wird: einmal rein räumlich, nach dem Maße der Ausdehnung, dann aber auch metaphorisch: je nach der intellektuellen und sozialen Bedeutung eines Menschen. Dieses Wörtlichnehmen und die dahinterliegende seelische Einstellung aber führt auf das Kindesalter zurück. Der kindliche Wunsch, groß zu sein, hat sich, durch eine aktuelle Wunschregung unterstützt, hier realisiert. Dieser Kinderwunsch war ebenfalls durch das Vorbild des Vaters gegeben, und so laufen die seelischen Bahnen wieder in das Verhältnis zu dem geliebten und beneideten Vater zusammen. Durch dieses Traumelement aber ist der Vorwurf des Vaters: Georg habe nichts in seinem Leben erreicht, widerlegt; alle anderen sind klein ihm gegenüber. Demselben Gedanken

entspringt auch die folgende Angst Georgs: wenn er nicht die drei Partituren vorweisen konnte, so wurde er unbedingt wegen Hochverrates verhaftet. Die drei Partituren sind gleichsam seine Legitimation, sein Befähigungsnachweis: er kann etwas, er kann einen Kapellmeisterposten bekleiden. Doch warum sollte er einen Hochverrat begangen haben? Wieder spielt hier geheimnisvoll die Gestalt des Ägidius herein, denn dieser hat ja den König, der den Vater ersetzt, ermorden wollen. Wieder hat sich Georg mit ihm identifiziert auf Grund der gleichen Wunschregungen, die in seinem Unbewußten lebendig sind. Auch er hat feindselige Wünsche gegen den Vater, dem er nicht nur seiner Planlosigkeit, sondern auch seiner Beziehungen zu Anna wegen Rechenschaft ablegen sollte, und diese Wünsche verdichten sich zu Todesgedanken; ihre Verdrängung ist hier durch die Angst angezeigt.
Der Prinz, der den ganzen Tag auf dem Verdeck radfährt, sieht ihn deshalb so sonderbar an. Dieses Traumelement knüpft an die Begegnung, welche Anna und Georg in Italien mit dem Prinzen von Guastalla hatten, an. Der Prinz mochte wohl das schöne Paar oft von der Seite her betrachtet haben; hier im Traume ist er als eine Art Spion verwendet, was wohl daher rühren mag, daß seine Blicke dem mißtrauischen Georg unangenehm waren. Wir müssen nur bedenken, daß Georg mit der schwangeren Anna reiste und sich und sie, die nicht seine Frau war, von der Neugier der Reisenden beobachtet fühlte. Der Prinz stellt als eine hohe Persönlichkeit die Georg kritisierende gesellschaftliche Meinung dar. Daß er wie rasend hin und her fährt, drückt wohl den Spott Georgs aus und bezieht sich auf die vielen rastlosen Reisen, die von dem Prinzen im Roman erzählt werden.
Nun folgt im Traume eine exhibitionistische Szene: Georg muß in Hemdärmeln an der Tafel sitzen, während alle andern Reisenden besonders feierlich gekleidet sind. Wir kennen die mangelhafte Bekleidung im Traum als Ersatz der völligen Nacktheit. Wir wissen auch, daß die exhibitionistische Neigung bis in die frühinfantile Zeit zurückgeht. Doch läßt sich hier erkennen, welches rezente Material für das Auftreten der Entkleidung im Traume vorlag. Georg denkt daran, wie er und jene Frau, deren Geliebter er bis heute gewesen, in einer Nacht halbtrunken vor Lust nackt auf den Balkon hinausgetreten waren. Wie sind nun diese jedenfalls doch lustbetonten Gedanken in diesen Traum gekommen, und wie erklärt sich der peinliche Affekt Georgs? Wir kommen wieder auf den Todesgedanken zurück. Dann, als in Georg (nach

dem Traume) Erinnerungen an diese Nacktheitsszene auftauchen, reihen sich folgende Befürchtungen an: »Wie leicht hätte es sein können, daß ich heute sechs Schuh unter der Erde läge mit einer Kugel mitten durchs Herz. Es kann noch immer so kommen.«

Wir verstehen nun auch die Angst Georgs im Traume und warum er nackt sitzen muß, »um den Verdacht noch zu steigern«. Denn auch dieses Verhältnis mit der schönen Frau erfüllt ihn mit Schuldbewußtsein: er hat ihren Gatten und zugleich die treue, sanfte Anna betrogen.

Gleich sind wir in Amerika, sagt der Steward.[9] Diese Äußerung bildet gleichsam eine Selbstberuhigung Georgs im Traume. Denn Amerika ist ja die Zuflucht der Verbrecher. Zugleich aber ist es das Land, wo er den Beweis für seine Fähigkeiten erbringen kann, wo er soziale Bedeutung und Ruhm erlangen wird. Es ist so, als wollte der Traum sagen: Ich bin ein großer Künstler, ich kann mir diese sexuellen Freiheiten erlauben. Eine dritte Determinierung ist dadurch gegeben, daß Amerika jene Insel ersetzt, auf der Ägidius, mit dem sich Georg identifiziert, der Tod erwartet.

Georg muß ins Theater schwimmen: er muß sich die Stellung (und damit die Verzeihung seiner »Sünden«) erwerben. Die Häuser ohne Dächer sind wohl eine Reminiszenz an die Italienreise, die Georg mit Anna unternommen hat. Der Kiosk mit der Musikkapelle ist der Ort, wo Georg Kapellmeister werden soll. Doch bekommt er eine andere Bedeutung durch Georgs eigene Assoziation. »Und der Kiosk mit der Musikkapelle war die Halle gewesen, wo den Ägidius der Tod erwartete.« Also auch Georg erwartet dort der Tod, und zwar von seiten des rächenden Vaters (Königs) für alle seine Vergehen. Georg stolpert die Treppe hinauf zum Garten. Das Stolpern ist wohl determiniert durch eine innere Hemmung, die Angst vor Rechenschaft und Verantwortung, die sich hier als Gehhemmung manifestiert.

Auch hier laufen die beiden Bedeutungen Amerika nebeneinander. Man hat den unrichtigen Garten hertransportiert: den Stadtpark. Georg kann hier seinen Befähigungsnachweis nicht erbringen, er wird schuldig gesprochen werden. Der Garten und der Kiosk darin ersetzen ja die Halle des Ägidius. Hier wird Georg-Ägidius bestraft werden, den

[9] Ich gestehe, daß ich das Element des Spargelausteilens in diesem Zusammenhange ohne Zwang nicht deuten kann. Doch vermute ich, daß es sich um eine sexuelle Symbolik (Spargel = Penis) handelt.

gefürchteten Tod erleiden. Wir werden bald sehen, wer das Urteil spricht.
Auf einer Bank sitzt Felician, neben ihm eine alte Dame in einer Mantille legte die Finger an die Lippen, pfiff sehr laut, und mit außergewöhnlich tiefer Stimme sagt Felician: »Kemmelbach-Ybs«. Die alte Dame in einer Mantille kommt schon im ersten Akt-Kapitel des Romans vor, wo Georg sie wirklich auf einer Bank im Stadtpark sitzen sieht. Von Georg selbst erhalten wir die Aufklärung, daß jene alte Dame »eigentlich niemand anders war, als Frau Oberberger... Aber hatte sie nicht wirklich ausgesehen wie eine ganz alte Dame, als er sie vor ein paar Tagen an der Seite ihres leuchtenden Gemahls in der Loge des kleinen, weiß-roten Kurtheaters erblickt hatte?« Wieso aber Frau Oberberger und Felician hier zusammenkommen, darüber scheint uns der Umstand, daß Frau Oberberger sehr laut pfeift, Aufklärung zu geben.
Erinnern wir uns, daß hier die Lebensführung Georgs beurteilt und bestraft werden soll. Sind Felician und Frau Oberberger die Richtenden? Bewußt hat Georg, wie im Romane erzählt wird, den Impuls gefühlt, mit Felician über seine Beziehungen mit Anna zu sprechen, ihm gleichsam Rechenschaft abzulegen. In einem nachklingenden Gespräch hat Felician dem Bruder liebevollen Tadel über seine Planlosigkeit in seiner Kunst und in Liebesangelegenheiten ausgesprochen. Er ist also mit einiger Berechtigung in die Richterrolle gewählt worden. Daß auch Frau Oberberger von Georgs Unbewußtem zu einem solchen Kritikerberuf erwählt wird, hat seine Gründe in manchem Gespräch, das im Roman erzählt wird. So trifft sie einmal Georg auf der Treppe des Hauses Ehrenberg und sagt ihm: »Wissen Sie, daß Sie sehr blaß sind? Sie müssen ein nettes Leben führen...« Dem vorübergehenden Hofrat Wilt teilt sie mit, daß sich Georg soeben zu einer Orgie begebe, wie das so seine Art sei. Wir sehen, wie hier das Unbewußte längst vergessene Episoden aus des Träumers Leben heranzieht, um die Traumgedanken darzustellen. Ich glaube durch diese Deutung des Auftretens der beiden Personen noch nicht die letzte Aufklärung darüber gegeben zu haben. Denn auch Felician und Frau Oberberger sind Ersatzpersonen. Felician tritt als älterer Bruder an Stelle des Vaters, wie ich an anderer Stelle nachgewiesen habe.[10] (Auch Ägidius erhält die Entscheidung über sein

[10] Vgl. das Kapitel »Das Verhältnis zwischen Brüdern«.

Schicksal von seinem Vater.) Er ist es, der Georgs Verhalten, namentlich seine Liebesbeziehungen, beurteilen wird. Aber auch Frau Oberberger ist eine andere, Georg näherstehende Person im Traume: die verstorbene geliebte Mutter. Dafür spricht die besondere Betonung ihres Alters. Auch sie übt Kritik an Georg (sie peift laut). Auch sie ist mit seinen Liebesabenteuern nicht einverstanden. Warum? Wie aus dem Romane hervorgeht, kann nur Eifersucht das Motiv sein. Denn Frau Oberberger fragte in jenem erwähnten Gespräch Georg: »Was ist das übrigens für ein Weib, durch das Sie mir diesmal entrissen wurden?« Überdies wird noch gesagt, daß Georg manchmal die Möglichkeit eines Verhältnisses mit Frau Oberberger erwogen hatte. Nach unserer Annahme wäre also Georg seiner Mutter mit jener andern Frau am Seeufer untreu geworden? So ungereimt diese Annahme für den ersten Augenblick erscheinen will, sie ist doch als Reflex einer seelischen Einstellung begreiflich. Denn die Liebeswahl Georgs ist durch das Vorbild seiner Mutter bestimmt, und Anna, der er untreu wurde, zeigt diese mütterlichen Züge unverkennbar.[11] Felician und Frau Oberberger repräsentieren Vater und Mutter, und die Affekte, welche ihrem Auftreten im Traume gelten, erhalten aus dem kindlichen Seelenleben erst ihre starke Resonanz. Der Traum schließt, da die Todesangst Georgs ihre Spitze erreicht hat, mit dem erlösenden Ausruf des Kondukteurs »Kemmelbach-Ybs«, den Georg noch Felician in den Mund legt.

Nach dem Erwachen fragt sich Georg, was denn nur das Gespenstische an dem Traum gewesen war? Es war seine eigene Gestalt, »wie sie zu beiden Seiten neben ihm in den langgedehnten, schiefen Spiegeln hundertmal vervielfacht einhergeschlichen war«. Wie werden wir das verstehen? Es ist eine Selbstdarstellung seiner inneren Spaltung. Beachten wir nur: er liebt Anna, zu der er jetzt fährt, doch er liebt auch jene andere Frau, von der er kommt, und in deren Armen er Anna vergessen konnte. Während seines Nachdenkens über den Traum kehren in einer zwanghaften Form immer die Worte wieder, die jene geliebte Frau ihm vor wenigen Stunden zugeflüstert: »Wie bald wirst du mich vergessen haben…« Er sieht sie vor sich, doch er beschwört andere Erinnerungsbilder herauf, jagt sie mit Willen an sich vorbei. Die Erinnerung an seinen Treubruch ist ihm jetzt peinlich, deshalb will er jenes Bild durch andere verdrängen. Doch wie zum Trotz sieht er die Gestalten

[11] Anna soll ja jetzt Mutter werden.

seiner früheren Geliebten Grace und Marianne, Sissy und Else, die flüchtig sein Wohlgefallen erregten, und am Ende Anna, zu der er jetzt zurückkehrt. Wird sie ihn nicht fragen, ob er ihr treu gewesen?

Die vervielfachte eigene Gestalt im Traume stellt den Georg, der sich in seine gleichzeitigen Neigungen teilen konnte, dar. Sie zeigt ihn als den Schauspieler, der viele Rollen auf einmal spielt. Hier ist auch der rezente Anlaß des Traumes: auf der Fahrt zu Anna tauchen Erinnerungen an seinen Treuebruch auf, und nun setzen sich im Traume alle Regungen der Angst, des Zweifels über das eigene Schicksal, der Eitelkeit durch. Denn die wunscherfüllende Tendenz des Traumes ist der Gedanke: Ich bin ein großer Künstler, mir ist es erlaubt, viele Geliebte zu haben und die Treue zu brechen.

Der Traum, der Georg auf der Weiterfahrt sehr beschäftigt, leitet zu anderen Gedanken über; er denkt an das Kind, das Anna ihm gebären wird, und wieder erwacht endlich die Sehnsucht an die Frau, die er eben verlassen hatte. Aus selbst gerufenen Bildern jagte es ihn wieder durch Träume. »Er ging über den Sommerheidenweg in sonderbarem Dämmerlicht, das ihn mit tiefer Traurigkeit erfüllte. War es Morgen? War es Abend? Oder trüber Tag? Oder war es der rätselhafte Glanz irgendeines Gestirns über der Welt, das noch niemandem geleuchtet hatte als ihm?« Plötzlich stand er auf einer großen freien Wiese, wo Heinrich Bermann hin und her lief und ihn fragte: »Suchen Sie auch das Schloß der Dame? Ich erwartete Sie schon lange.« Sie stiegen eine Wendeltreppe hinauf. Heinrich voran, so daß Georg immer nur einen Zipfel des Überziehers erblicken konnte, der nachschleppte. Oben auf einer riesigen Terrasse, von der man die Stadt und den See sah, war die ganze Gesellschaft versammelt. Leo hatte seinen Vortrag über Mollakkorde begonnen, hielt inne, als Georg erschien, stieg vom Katheder herab und führte ihn selbst zu einem freien Stuhl, der in der ersten Reihe neben Anna stand. Anna lächelte glückselig, als Georg erschien. Sie war jung und strahlend in einer herrlichen, dekolletierten Abendtoilette, gleich hinter ihr saß ein kleiner Bub mit blonden Locken, im Matrosenanzug mit breitem, weißem Kragen, und Anna sagte: »Das ist er.« Georg machte ihr ein Zeichen, zu schweigen, denn es sollte ja ein Geheimnis sein. Indessen spielte Leo oben als Beweis seiner Theorie das cis-moll-Nocturne von Chopin, und hinter ihm an der Wand, lang, hager und gütig, lehnte der alte Bösendorfer im gelben Überzieher. »Alle verließen in großem Gedränge den Konzertsaal. Georg gab Anna den Theatermantel um die Schultern und sah die Leute ringsum strenge an. Dann saß er mit ihr im Wagen, küßte sie, empfand große Wonne dabei und dachte: könnt es doch immer so sein! Plötzlich hielten sie vor dem Hause in Mariahilf. Oben am Fenster warteten schon viele Schüler und winkten. Anna stieg aus, verabschiedete sich von Georg mit einem pfiffigen Gesicht und verschwand im Haustor, das lärmend hinter ihr zufiel.«

Da fällt uns vor allem die sonderbare Stimmung auf, welche über dem Sommerheidenweg lagert und Georg mit tiefer Traurigkeit erfüllt. Noch einmal kommt in dem Romane dieselbe Stimmung vor. In jener Szene, da Georg im Garten spazieren geht, nachdem er sein Kind tot gesehen hatte; er fragt sich, woran ihn das sonderbare Licht und die Stummheit des Gartens erinnere: »Allmählich fiel ihm ein, daß ihn vor kurzem in einem Traum solch ein schwerer, nie geahnter Dämmerschein umgeben und seine Seele mit unverständlicher Traurigkeit erfüllt hatte.« Georg war es, bevor der Arzt ihn vom Tode des Kindes unterrichtete, als »ginge irgendwo in den Wolken ein unbegreifliches Spiel um seine Sache«, als würde dort die Entscheidung über Tod und Leben des noch ungeborenen Wesens fallen. Erinnern wir uns, daß Georg später den Zwangsgedanken ausspricht, er habe durch das Vergessen der bevorstehenden Geburt und durch das Verhältnis mit jener schönen Frau den Tod seines Kindes verschuldet. Wir kehren damit zum Ausgangspunkte des Traumes zurück. Georg dachte vor dem Einschlafen an die Stunden der Lust, die er eben mit jener Frau verlebt hatte. Einige Sekunden früher hatte er sich mit der Frage beschäftigt, wie Anna den Treubruch wohl aufnehmen würde. Gewisse Stimmungen kamen über ihn, die wir nur als Gewissensbisse verstehen können und als Angst vor dem Unheil, das aus jenem Treubruch entstehen könnte. Wir haben auch in der Analyse des früheren Traumes bemerkt, daß die Erinnerung an das kurze Verhältnis mit Todesgedanken verknüpft war. Diese Todesgedanken hatten auch, wie ich oben ausgeführt habe, einen realen Grund: Der Gemahl der schönen Frau konnte von dem Verhältnis Kenntnis erhalten und Georg in dem unvermeidlichen Duell töten. Der seelische Mechanismus der Zwangsneurose geht von solchen Gedanken über ein bevorstehendes Unheil, das aus unbewußten Wünschen resultieren soll, aus. Dieses Unheil wird zuerst für die eigene Person gefürchtet, allmählich verschiebt sich der Furchtaffekt auf andere, fast immer nahestehende Personen. Auch Georg fürchtete,

wie wir oben gesehen, zuerst für sich die Folgen jenes Verrates, dann aber glaubt er daran, daß sie sich im Tod des Kindes gezeigt haben. Im Eingange unseres Traumes, der durch die Erinnerung an das genossene Liebesglück und Georgs Untreue geweckt wird, ist dieser Gedanke schon lebendig. Das sonderbare Licht und der drohende Himmel sind gleichsam Vorboten des gefürchteten Unglückes, das Georg wegen jenes Verhältnisses treffen soll. In den Wolken geht irgendein Spiel »um seine Sache«.[12] Hat der Traum an Georgs Besorgnisse, die ihm selbst, Anna und dem Kinde gelten, angeknüpft, so erfüllt er seine Funktion als wunscherfüllend, indem er diese Besorgnisse durch einige freundliche, ja glückstrahlende Bilder verscheucht. Heinrich Bermann fragt ihn, ob er auch das Schloß der Dame suche. Heinrich Bermann war bei Anna und Georg, wie in dem Roman geschildert wird, zu Besuch gewesen. Der Ausdruck »Schloß« ist wohl bedingt durch das alte Palais, in dem Georg und Anna ihre ersten Liebesstunden verlebten. Heinrich Bermann steigt auf der Wendeltreppe voran. Georg erblickt immer nur den nachschleppenden Zipfel seines Überrockes. Auch dieses Bild knüpft an ein wirkliches Erlebnis. Bei dem ersten gemeinschaftlichen Spaziergange Georgs und Heinrichs ging Heinrich, den umgehängten Überzieher haltend, immer um einige Schritte voraus, und einige Zeit schien es, als hätte er Georgs Anwesenheit völlig vergessen. Dieser Eindruck verletzte Georg, und er empfand Heinrichs Benehmen als taktlos. Es ist charakteristisch, daß die vorübergehende Episode nicht vergessen wurde und jetzt – ein Jahr nach dem Spaziergange – in Georgs Traum wieder auftaucht.
Auf der Terrasse war die ganze Gesellschaft versammelt. Hier mischt sich wohl eine Erinnerung an einen jener Gesellschaftsabende bei der Familie Ehrenberg ein, bei denen Georg und Anna einige Male zusammen waren wie hier im Traume. Leo hatte seinen Vortrag über Mollakkorde begonnen, hielt inne, als Georg erschien, stieg vom Katheder herab und führte ihn selbst zu einem freien Stuhl, der in der ersten Reihe neben Anna stand. Georg liebt und schätzt den über seine Jahre reifen jungen Mann sehr. Georg hatte auch Leo seine Kompositionen vorgespielt, und dessen Lob hatte ihm sehr wohlgetan.

12 Der Affekt der Traurigkeit im Traume ist durchaus nicht als unberechtigt abzuweisen, er hat sich nur verschoben und gilt jenem gefürchteten Unglück, nicht der Landschaftsstimmung.

Leo ist Musiker, also berufen, über Georgs Talent zu urteilen. Auch der Zug des Vortrages über Mollakkorde ist der Wirklichkeit entnommen. Denn Leo glaubt einem Gesetze auf der Spur zu sein, nach dem Dur- und Mollakkorde der menschlichen Seele so verschiedenen Eindruck machen, und setzt dies Georg und Heinrich in einem langen Gespräche auseinander. Dieses Traumstück erklärt sich uns also als Befriedigung des Ehrgeizes Georgs. Leo, der Vortragende, unterbricht sich bei Georgs Eintritt, steigt vom Katheder und führt ihn in die erste Reihe neben Anna. Wir werden sicher nicht überrascht sein, wenn die Wertschätzung Georgs für Leo nicht ausreichte, um die bevorzugte Stellung, die der junge Mann im Traume einnimmt, zu rechtfertigen. Um diese Rolle zu verstehen, knüpfen wir an das letzte Element dieses Traumstückes an: Leo führt Georg zu einem freien Sessel neben Anna. Sieht das nicht so aus, als wollte er die beiden vereinigen? Seine Zustimmung zu ihrem Liebesbund geben? Kehren wir zu dem wirklichen Gespräch zwischen Georg und Leo zurück. Georg zweifelt im Laufe des Gespräches nicht mehr daran, daß Leo von seinem Verhältnis zu Anna weiß, und »war ein paar Sekunden so verlegen, als wenn er sich vor ihm zu verantworten hätte...« Als Georg Leo für den folgenden Tag zu sich einlud, hatte er plötzlich das unangenehme Gefühl, »als wenn er eben eine theoretische Prüfung mit mäßigem Erfolge bestanden hätte und ihm für morgen das praktische Examen bevorstünde«. Auch hier also die Vorstellung, als wäre Leo Georgs Lehrer wie im Traume.[13] Georg erwartet Leos Besuch mit einigem innern Widerstreben. »Sollte Georg ihm gegenüber erweisen, daß sein Talent ihn berechtigte, Annas Geliebter zu sein oder Vater ihres Kindes zu werden?« Dasselbe Widerstreben und dieselbe Verantwortlichkeit hat sich uns bei Georg schon zweimal gezeigt: gegenüber Dr. Stauber und seinem Bruder Felician. In der Gefühlslage zu diesen beiden ist etwas, das zwischen Liebe und Trotz an die Gefühle erinnert, die Georg seinem Vater widmete. Erinnern wir uns, daß Georg auch Dr. Stauber und Felician gegenüber glaubte, gewissermaßen Rechenschaft über seine Beziehungen zu Anna und seine künstlerischen Zukunftspläne ablegen zu müssen. Es scheint, als ob Georg unbewußt einige Personen seiner Umgebung, die älter oder doch gefestigter und gereifter als er sind, mit dem toten Vater

[13] Es sei darauf verwiesen, daß der Traum in seiner Regression auf das kindliche Denken Lehrer und Vater nebeneinanderstellt und mit Vorliebe vertauscht.

identifizierte. Auch bei Leo ist es der Fall. Es ist nicht zufällig, daß der Dichter einmal sagt, Leo habe Georg »gütig, beinahe väterlich« angeblickt. Und wie eine verspätete Auseinandersetzung erscheint es, daß die beiden in ein Gespräch kommen über das Verhältnis zwischen Vätern und Söhnen, »über echte und falsche Arten von Dankbarkeit, über das Sterben von geliebten Personen, über die Verschiedenheit von Trauer und Schmerz, über die Gefahren des Erinnerns und die Pflichten des Vergessens«. Wir wissen auch, daß Georg sich im Gedanken damit beschäftigt, was wohl der Vater, wenn er noch lebte, zu den Beziehungen mit Anna gesagt hätte.

Der Traum, in dem Leo mit Georgs Vater identifiziert wird, zeigt Georgs schwere Selbstvorwürfe beseitigt, seinen Ehrgeiz befriedigt; sein Verhalten gerechtfertigt (wie der vorige Traum). Der Vater ehrt ihn, er führt ihn in die erste Reihe, und er ist mit dem Verhältnis zu Anna vollständig einverstanden, er billigt es und führt die beiden einander zu.

Der Traum zeigt in seinem weiteren Verlaufe eine schöne Familienszene. Anna ist glückselig, als Georg erscheint, sie zeigt ihm einen reizenden Buben als ihren Sohn. Auch hier ist der Traum wieder wunscherfüllend gewesen. Die gefürchteten Folgen von Georgs Untreue, das Sterben Annas und seines Kindes, sind nicht eingetreten; beide leben und sind gesund und glücklich. Doch noch in einem andern Punkte haben Georgs Wünsche in diesem Zuge Erfüllung gefunden. Trotz aller Flucht vor dem Familienleben und der Angst davor, in so jungen Jahren Pflichten des Vaters zu tragen, muß es eine Strömung in ihm geben, die sich darnach sehnt. Das zeigt sich nicht nur in dem tiefen Eindruck, den der Tod seines Kindes auf ihn macht, sondern noch mehr vielleicht, als er von Frau Golowski erfährt, daß es geboren wurde. »Er faßte ihre beiden Hände, spürte, wie er über das ganze Gesicht lachte, ein Strom von Glück, wie er so mächtig und heiß ihn niemals erwartet, rann durch seine Seele.« Eine solche Sehnsucht nach häuslichem Glück kann trotz Abenteuerlust und Untreue wohl in menschlichen Tiefen wohnen, und sie ist es, die in diesen Traumbildern sich ihre Erfüllung schafft.[14]

Während Leo zum Beweis seiner Theorie ein Chopinnocturne spielt,

[14] Eine Identifizierung mit dem eigenen Vater mag wohl solcher Sehnsucht zugrunde liegen oder sie doch zum mindesten verstärken.

lehnt der alte Bösendorfer im gelben Überzieher an der Wand. Wie kommt diese stadtbekannte Persönlichkeit in Georgs Traum? Das heuristische Prinzip der psychoanalytischen Traumdeutung soll sich hier glänzend bewähren, nämlich der Glaube an die strengste Determiniertheit des Seelischen. Wir halten auch die Wortzahl des Träumers nicht für zufällig und wissen, wie oft ein Traum gerade durch Wortverbindungen Gemeinsamkeiten oder sonstige Beziehungen andeutet. Beachten wir hier die drei Adjektiva, die neben dem Eigennamen Bösendorfer stehen, »lang, hager und gütig«. Es ist keine Zufälligkeit, daß eine ähnliche Situation, wie diese im Traume, im Romane schon einmal vorkommt und einer andern Person dieselben Attribute, wie hier dem alten Bösendorfer, zugeschrieben werden. Im Salon der Ehrenberg nämlich spielt Georg den Damen eigene Kompositionen vor. Hofrat Wilt tritt ein und bittet, sich nicht stören zu lassen. »Dann blieb er mit dem grauen, kurz gesträubten Kopfhaar, überlegen, gütig und lang neben der Tür an der Wand gelehnt stehen...« Hofrat Wilt wird hier im Traume durch den alten Bösendorfer vertreten. Sein Auftreten aber auf der Traumszene hat seine Bedeutung. Als Georg in einer Gesellschaft eigene Kompositionen vorspielt, äußerte sich der Hofrat sehr lobend, doch in solcher Form, daß Georg die Ironie durchfühlte. Er hat auch Georg einmal einen Dilettanten genannt, was den jungen Künstler empfindlich traf. Sollte Georg das nicht längst vergessen haben? Es zeigt sich wieder, daß eigentlich nichts in unserem Seelenleben, was irgendwie mit unserem Triebleben zusammenhängt, verlorengehen kann. Hofrat Wilt erscheint hier als Repräsentant des Konservativismus – er hatte Georgs Kompositionen gelobt, weil sie so melodiös und ohne Schwulst sind – gegenüber der radikalen, jungen Generation, die Leo und Georg vertreten: Wie zum Spott ist er, der alte, in seinen Jugendansichten Zurückgebliebene, der neuesten unerhörten Musiktheorie gegenübergestellt. Georg nimmt also jetzt, so viel verspätet, Rache an ihm. Wieso gerade der alte Bösendorfer zu der Ehre kommt, den Hofrat Wilt im Traum zu vertreten, ist erklärlich. Auch er ist ja ein Vertreter der alten, guten Musikperiode. Auch er ist der Typ des Altösterreichers, der, wie von Hofrat Wilt erzählt wird, an seinem Vaterland mit großer, wenn auch griesgrämiger Liebe hängt.

Georg verläßt mit Anna den Konzertsaal, gibt ihr den Theatermantel um die Schultern und sieht die Leute ringsum strenge an. Dieses »Strenge Anblicken« ist wohl hier ein Zug des Familienvaters: es be-

deutet die Würde und ist als Reflex einer kindlichen Anschauung zu verstehen, der die anscheinende oder wirkliche Strenge des väterlichen Blickes den größten Eindruck machte.
Tatsächlich hat Georg mit Anna sich oft in ähnlichen Situationen befunden, wenn er mit ihr ins Theater ging.
Dann saß er mit ihr im Wagen, küßte sie, empfand große Wonne dabei und dachte, könnt' es doch immer so sein.
Auch dieses Element hat seine Wurzeln in der Realität. Seine Wiederkehr im Traume ist gerechtfertigt als wunscherfüllend: denn Georg hat lange schon Annas durch die Schwangerschaft entstellten Körper nicht umarmt, und lange schon ist sie ihm nicht die Geliebte mehr in jenem Sinne, welchen das Wort im innigen Anfange ihrer Beziehungen hatte.
Plötzlich hielten sie vor dem Hause in Mariahilf. Oben am Fenster warteten schon viele Schüler und winkten.
Anna hat Georg gegenüber den Plan ausgesprochen, nach ihrer Genesung eine Musikschule zu gründen und sie zu führen, bis Georg sie – als seine Frau? – in seinen Aufenthaltsort rufe. Der Traum zeigt auch hier schon die Realisierung dieses Planes. Die Schule ist gegründet, viele Schüler erwarten Anna. Anna verabschiedete sich von Georg mit einem pfiffigen Gesicht und verschwand im Haustor.
Wir knüpfen an eine frühere Bemerkung, welche das Verhältnis zwischen Lehrer und Schüler in Parallele setzt, an, wenn wir hier noch eine andere Bedeutung suchen. Die erste wäre die Wunscherfüllung: Anna hat einen schönen Knaben geboren, hat dann ihre Musikschule errichtet, und Georg ist aller Zukunftssorgen für sie ledig. Ihr Verhältnis aber ist herzlich wie am ersten Tag. Eine zweite Determinierung ergibt sich aus jener schon oben erwähnten, heimlichen Sehnsucht Georgs nach einem glücklichen Familienleben. Die Schule ist dann Annas und Georgs Wohnhaus, und die Schüler bedeuten nichts weiter als ihre Kinder.[15] Es sieht so aus, als wollte der Traum sagen: Ich bin glücklicher Familienvater, Anna hat mir noch viele Kinder geboren. Annas pfiffiges Gesicht würde dieser Auffassung nicht widersprechen, wie denn der

15 Eine dritte Determinierung der Schule ergibt sich aus der typischen Traumsymbolik, in der das Haus fast regelmäßig den weiblichen Körper darstellt. Anna wäre also nach dieser Auffassung mit vielen Kindern schwanger, welche Phantasie sich in das Gefüge einer infantilen Sexualtheorie leicht einreiht.

Dichter manchmal auf ihrem Gesicht ein reizvolles, »verschmitztes Lächeln« erscheinen läßt, wenn sich ihre Gedanken mit einer Zukunft an der Seite Georgs beschäftigen.

Es läßt sich nicht verkennen, daß die beiden Träume, die auch zeitlich aufeinanderfolgen, in einem gewissen Zusammenhang stehen. Sie geben die Zukunftshoffnungen und -befürchtungen Georgs, knüpfen an die Erinnerungen an das Verhältnis mit der schönen Frau, die er eben verlassen hat, an, und setzen Tagesgedanken, die sich mit Anna, die er bald sehen soll, und der bevorstehenden Stunde, der Geburt seines Kindes beschäftigen, fort.[16]

Zwanglos können wir hier die Analyse einer kleinen Vision anfügen, die Georg nach dem Tode seines Kindes hatte. »Und während er vor seinem Schreibtisch mit geschlossenen Augen hindämmerte, zwischen Schlafen und Wachen, sah er lauter schimmernde Kreuze ragen auf winzigen Hügeln, als wäre es ein Friedhof aus einer Spielereischachtel, und eine rötlich-gelbe Puppensonne glänzte darüber hin. Mit einmal aber bedeutete dies Bild den Friedhof von Cadenabbia. Georg saß wie ein kleiner Knabe auf der steinernen Umfassungsmauer und wandte plötzlich den Blick zur See hinab. Da trieb in einem langen, schmalen Kahn unter schwefelgelben Segeln, mit einem grünen Schal um die Schultern, bewegungslos auf der Ruderbank sitzend, eine Frau, deren Antlitz zu erkennen er sich vergeblich und beinahe schmerzlich bemühte.« Diese Vision schließt sich an Gedanken, die in Georg über das Sterben seines Kindes, über Zufälligkeit und Notwendigkeit des Todes überhaupt auftauchen. Das erste Bild zeigt einen Friedhof wie aus einer Spielereischachtel. Es ist der Friedhof, wo der kleine Knabe begraben sein wird. Schon früher einmal hatte Georg, als er sich das Haus vorstellte, wo der kleine Felician zur Welt kommen sollte, ein kleines Häuschen, das wie ein Spielzeug aussah, vor sich gesehen. Das jetzige hypnagogische Phänomen ist nichts als eine Vergegenständlichung von Georgs Todesgedanken. Wir nennen ähnliche Bildungen »materiale Phänomene«.[17]

Der Friedhof von Cadenabbia, in den sich dieser verwandelt, ist die

16 In diesen beiden Träumen erscheint auch der unentstellte Text von Georgs Zwangsgedanken.

17 Vgl. Herb. Silberers Arbeiten über Symbolik im Jahrbuch für psychoanalytische und psychopathologische Forschungen [1909, 1911 a, 1911 b, 1912].

Ruhestätte von Nürnbergers Schwester. Georg hat ihn auf der Italienreise, die er mit Anna unternahm, besucht. Er hat seine Kinder- und Knabenjahre in Italien verlebt, deshalb zeigt ihn das Bild auch als Knaben auf der Umfassungsmauer.

Es muß irgendwelche Gemeinsamkeit zwischen den beiden Toten, die in den zwei Friedhöfen ruhen, bestehen. Wir gelangen damit wieder zu den Reflexionen zurück, von denen die kleine Vision ihren Ausgang nahm. Reflexionen, die in alte, ewige Menschheitsfragen hineinragen. Warum muß der eine gleich nach der Geburt sterben, der andere in früher Jugend und der dritte: »nach langem Ermatten und spätem Erkalten?« Das Kind Georgs mußte, nachdem es einen Atemzug gemacht, die Welt verlassen, und die Schwester Nürnbergers, eine junge, schöne Schauspielerin, mußte sterben, als sie eben die Spitze ihrer Kunst zu erreichen schien. Das Gemeinsame zwischen den beiden Toten besteht also in der Tragik und der unbegriffenen Notwendigkeit ihres frühen Sterbens.

Überraschend kommt nun das Bild einer Frau in die Vision. Beachten wir auch hier den Ausdruck. »Da trieb, in einem langen schmalen Kahn unter schwefelgelben Segeln mit einem grünen Schal um die Schultern, bewegungslos auf der Ruderbank sitzend, eine Frau...«

Georg hatte während seiner Erholungsreise mit einer Gesellschaft einen Ausflug gemacht. Bald war man am See. »Ein Kahn trieb am Ufer hin im Frühsonnenschein, und auf der Ruderbank saß die geliebte Frau, den grünseidenen Schal um die Schultern.« Es ist jene Frau, mit der Georg Anna untreu wurde, die hier in der Vision erscheint; darüber ist kein Zweifel möglich. Doch wie kommt sie in diesen Zusammenhang? Wir haben erfahren, daß Georg sich heimlich Vorwürfe wegen seiner Untreue macht, wie wenn sie schuld an dem Tode seines Kindes wäre. Der Gedanke ist allmählich immer stärker geworden und hat eine zwangsartige Intensität in Georgs Seele erreicht. Kurz vor der Vision hatte er ein Gespräch mit Anna gehabt. Dabei hatte sich Anna gleichgültig nach Else Ehrenberg erkundigt. In Georg aber war bei der Frage ein Mißtrauen wach geworden: »Er wußte, daß sie nicht an Else dachte, sondern an eine ganz andere. Und er fragte sich: meint sie etwa – das sei schuld?« Wir sehen hier, wie dieses Mißtrauen auf die immer stärker werdenden Zwangsvorstellungen Georgs zurückgeht. Jene Frau erscheint seelisch ganz berechtigt in Georgs Vision: denn seiner Ansicht nach ist es ja sein Verhältnis zu ihr, das den Tod seines Kindes verschul-

det hat. Wir verstehen nun auch, warum ihre Gestalt für Georg unerkennbar ist, sie ist ja mit peinlichen Gedanken verknüpft. Er bemüht sich schmerzlich, ihr Gesicht zu sehen: noch immer ist die Sehnsucht nach ihr in ihm wach und wird von seinem zensurierenden Bewußtsein verfolgt und zurückgedrängt. Der schmerzliche Affekt ist für uns aus dem Bemühen, die geliebte Frau zu vergessen, erklärt.
Wir haben in diesem Versuche, Träume, die nur erdichtet wurden, so der Analyse unterzogen, als wären sie in Wahrheit und von lebenden Personen geträumt worden. Überall hat es sich erwiesen, daß der Traum ein vollwertiges seelisches Produkt ist, das Sinn und Absicht besitzt. Wir haben wie bei wirklichen Träumen beobachten können, daß die Traumbildung von »Tagesresten« unerledigter Gedanken des Wachlebens ausgeht, um mit ihrer Hilfe und ihrem Material Wünsche, die mit dem moralischen Bewußtsein der Personen nicht verträglich waren, als erfüllt zu zeigen, Affekten, denen aus irgendwelchen Gründen die Abfuhr unmöglich gemacht wurde, freie Bahn zu schaffen.

Freunde

> Wenn ein Mensch sich ins Bett legt, haben fast alle seine Freunde einen geheimen Wunsch, ihn sterben zu sehen: die einen, um zu konstatieren, er habe eine schwächere Gesundheit gehabt als sie, die anderen in der uninteressierten Hoffnung, einen Todeskampf zu studieren.
>
> *Baudelaire*, Paralipomena und Tagebücher

Es gibt Dinge zwischen Himmel und Erde, von denen sich nur unsere Schulweisheit etwas träumen läßt. Dazu gehört die Einfachheit unserer Freundschaftsgefühle. Die Dichter, welche seit jeher der wissenschaftlichen Psychologie vorausgeeilt sind, haben auch die in der Freundschaft wirkende Gefühlsambivalenz zum Ausdrucke gebracht. (Der feine Menschenkenner Rochefoucauld versichert: »Il y a quelque chose dans l'adversité de nos meilleurs amis, qui ne nous deplaît pas.«[1])

Eher als bei der Liebe wird man sich an den Gedanken gewöhnen können, daß in der Freundschaft auch Unterströmungen feindseliger Art vorhanden sind. Denn die Freunde sind in den meisten Fällen unbewußte Rivalen (das gilt für die Liebe ebenso wie für das übrige Leben). Schnitzler hat den Schriftsteller Rademacher als Nebenbuhler seines berühmten Freundes Weihgast, nicht nur im Beruf, sondern auch in der Liebe sein lassen. Ebenso hat der Junggeselle die Frauen seiner Freunde besessen (»Der Tod des Junggesellen«), und Korsakow und Mauer im »Weiten Land« sind die minder glücklichen Bewerber um Liebesobjekte, welche ihr Freund Hofreiter erringt.

Manche seltsame Äußerung, die wir aus dem Munde der Schnitzlerschen Gestalten vernehmen, und manche Gefühle, die zu ihrem eigenen Erstaunen in ihnen auftauchen, werden wir nur durch die Annahme der

[1] Man braucht nur an Ibsens »John Gabriel Borkman« zu erinnern, um zu erkennen, daß dergleichen Einsicht nicht vereinzelt dasteht.

ambivalenten Einstellung zum Freunde verstehen können. Heinrich erklärt Georg Wergenthin, daß der Kritiker Rapp kein Glück habe. »Bei allen seinen Freunden, denen er vor zehn Jahren Erfolg prophezeit hat, trifft es nun wirklich ein. Er wird es auch Gleißner nicht verzeihen, daß der ihn nicht enttäuscht hat.« Mit Recht behauptet Heinrich, daß die Gefühlslage Rapps mit dem Worte neidisch zu bezeichnen zu einfach wäre. Rapp spürt wohl selbst, daß er mindestens ebensolche Fähigkeiten hat wie Gleißner, daß ihm aber die Gabe des Aussprechens, der Objektivation versagt ist. Das Gefühl des Neides beruht also bei ihm auf einem Vergleich mit dem eigenen Ich, welches noch immer eine starke Libidobesetzung hat. Im tiefsten Grund bietet die narzißtische Einstellung, in welcher libidinöse und egoistische Triebkraft, deren Objekt das Ich ist, ununterscheidbar zusammenfließen, die Erklärung. Über Herrn von Salas Narzißmus, der so innig mit seinem Künstlertum zusammenhängt, haben wir schon gesprochen. Wir begreifen von diesem Gesichtspunkte aus auch, daß er eigentlich keine Freunde hat, wie er gesteht. »Und wenn ich sie habe, verleugne ich sie.« Julian Fichtner ist eher intim mit ihm als er mit dem Künstler. Sala erschöpft die Natur dieser Freundschaft mit den halb scherzhaften, halb ernsten Worten: »Wir bringen einander die Stichworte so geschickt – finden Sie nicht? Es gibt pathetische Leute, die solche Beziehungen Freundschaft nennen.« Einander die Stichworte geschickt bringen, das war auch die Signatur der Freundschaft zwischen Anatol und Max. Doch daneben schien es, als wäre dieser Zusammenhang nur von des Dichters Gnaden zum affektvoll-witzigen Dialog hergestellt. Jetzt enthüllt er sich als ein wesentlicher und innerlich begründeter. Als eine der Wurzeln für die zwiespältige Einstellung zum Freunde muß uns die narzißtische Libidobesetzung des Ichs gelten.

Doch in den freundschaftlichen Beziehungen gibt es geradezu Haßregungen. Rademacher in »Die letzten Masken« behauptet, daß die Glut, mit der man ein geliebtes Wesen erwartet, nichts gegen seine Sehnsucht nach Weihgast bedeutet, gegen die Sehnsucht nach dem Jugendfreunde, »den man haßt, den man sein ganzes Leben gehaßt hat, und dem man vergessen hat, es zu sagen«. Diese Feindschaft gegen die Freunde tritt nach dem Tode des Junggesellen in der gleichnamigen Novelle besonders deutlich hervor. Denn das Testament hat den Sinn, seinen Freunden das Leben zu vergiften, und ist »im Gefühle herzlichsten Behagens« geschrieben. Trotzdem hat der Tote seine Freunde in seiner Art alle recht gern gehabt. Die Unterströmungen von Feindseligkeit sind indessen doppelseitig, das zeigt nicht nur die Gleichgültigkeit des Arztes, sondern besser noch das verachtungsvolle Gehaben des Dichters gegen den toten Freund, ehe er noch weiß, welchen Schimpf er ihm angetan. »Denn oft hatte er mit der Frage gespielt, wer von seinen näheren Bekannten bestimmt sein mochte, als der Erste den letzten Weg zu gehen.« Wir werden nicht daran zweifeln, daß ein Todeswunsch sich hinter dieser allgemein gestellten Frage verbirgt.

Wir gelangen zu einem weiteren Detail in diesen Beziehungen, wenn wir konstatieren, daß die feindseligen Regungen oft in der auftauchenden, wenn auch schnell unterdrückten Schadenfreude eine Ausbruchstelle finden. Natter, der Freund Hofreiters, wird gebeten, als Sekundant in dem Duelle Hofreiter – Otto Aigner zu funktionieren. Seine Zusage zeigt deutlich seinen Haß gegen den Freund: »Gern. Der Herr Fähnrich schießt gewiß nicht schlecht.«

Das Janusgesicht der Zeit

Die Zeit ist nur ein leerer Raum, dem Begebenheiten, Gedanken und Empfindungen erst Inhalt geben.
W. v. Humboldt, Briefe an eine Freundin

Immer wieder drängt sich den Gestalten der Schnitzlerischen Dichtung die Unsicherheit ihres Zeitgefühles auf. Von dem komplizierten Problem, das hier zu erörtern wäre, sei ein schmales Segment abgeschnitten.

Wir werden auf das ungewöhnliche Zeitgefühl der Personen Schnitzlers erst dadurch aufmerksam, daß sie selbst es oft bemerken, und daß ihnen überhaupt die Zeit zum Problem wird. Wenn ich hier eine Vermutung wagen darf, die ihre bedeutendste Bestätigung in der Neurosenpsychologie findet, so wäre es die, daß die so intensive Beschäftigung mit dem Zeitproblem in innigem Zusammenhange mit dem Todesgedanken stehe. Man könnte sagen, daß sie von hier ausgeht und in dieses Ziel zurückläuft. Beachten wir nur, daß der uralte Herr im »Jungen Medardus« am Friedhofe Betrachtungen anstellt, welche wie hämische Glossen zur Weltordnung anmuten. So viele junge und liebenswerte Menschen sind gestorben, und er überlebt alle. Eine tragikomische Ironie liegt darin, daß der lebenslustige Alte Zeuge des Leichenbegängnisses eines jungen Liebespaares ist, und daß seine kleine Urenkelin von einem Granatsplitter getroffen wird, während er verschont bleibt. Wie er, so zeigt auch Maries Vater eine unverhohlene Schadenfreude, als er die blühenden Reiter seines Regimentes in den sicheren Tod traben sieht. Herr von Sala erzählt von einem alten, noch ehrgeizigen Schauspieler: »Übrigens kenn ich einen, der dreiundachtzig Jahre alt ist; er hat zwei Frauen begraben, sieben Kinder, von den Enkeln ganz zu geschweigen.«[1]

[1] Dr. Hanns Sachs hat in dem erwähnten Aufsatz auf die auffallende Übereinstimmung dieser Erzählung mit dem Bilde des uralten Herrn im »Medardus« hingewiesen. Der

Hier wird also der Zusammenhang zwischen den beiden Themen durch einen Vergleich des Alters der Toten oder zum Tode Bestimmten mit dem eigenen Alter gebildet. Eine ähnliche Brücke schlägt der Gedanke an den eigenen Tod; naturgemäß verschwindet das eigentlich Theoretische der Betrachtung, und affektive Momente gewinnen Macht und Einfluß.

Die bestimmte Frist, die Felix (»Sterben«) noch zu leben hat, ist es, welche sein ganzes Dasein, seine Sorgen und Wünsche, verändert. Ohnmächtig muß er zusehen, wie die Zeit verrinnt, die ihn dem Ende näher bringt, und alle Vorsätze, sie zum Lebensgenuß zu nützen, versinken in der unablässig bohrenden Angst. Der Held im »Großen Wurstl« wundert sich wie er über sein verändertes Zeitgefühl, und der Räsonneur spricht dazu:

»Den Frühling seh ich lachen und winken,
er will uns doch zu kurz bedünken –
doch der, dem nur gehört ein Tag,
weiß nicht, was er beginnen mag.«

Jugend und Alter wird bei Schnitzler nicht durch die Zahl gelebter Jahre bestimmt, sondern durch die Todesnähe. Der junge Offizier, der am Morgen in den Tod reitet, erscheint alt. Katharina (»Ruf des Lebens«) hat ihn zum letzten Male geküßt, er wird kein Weib mehr in die Arme schließen: »Er war jung vor einer Stunde, uralt ist er mit einem Male.« Filippo Loschi gibt Beatrice vor dem Todesentschluß zu bedenken:

»... ein hundertjähriger Greis ist jünger,
an Hoffnung reicher, als wir beide sind –«

uralte Herr berichtet nämlich: »Ich bin dreiundneunzig... Mir sind gar viele schon g'storben... Dann meine Frau vor fünfundfünfzig. Dann meine zweite, das war aber schon eher eine Gemahlin, vor vierzig. Dann fünf Söhne und drei Töchter und so ungefähr dreißig Enkelkinder.« Mit Recht schließt Dr. Sachs jede Zufälligkeit der Motivähnlichkeit aus und beruft sich auf die seelische Bedingtheit auch des Details im dichterischen Schaffen: »Die Übereinstimmung ist nicht zu verkennen. In der späteren Fassung ist ein Kind hinzugekommen – ebenso wie im ›Tod des Junggesellen‹, wo aus zweien drei wurden, wie hier aus sieben acht – und ein Jahrzehnt des Lebensalters. Sonst ist alles vollkommen gleich geblieben, obwohl der Dichter das Vorbild kaum vor Augen gehabt hat und nicht bestrebt war, es möglichst getreu zu wiederholen.«

Deshalb entschwindet der Tote in Zeit-Fernen, in die wir ihm nicht folgen können. Der junge Herr in »Abschied« weiß, daß die Geliebte vor einer halben Stunde gestorben ist, und doch kommt es ihm so lange vor, daß sie gelebt hat. »In tausend Jahren wird sie dem Leben nicht ferner sein als jetzt.«

Weil eine so große Kluft zwischen Leben und Tod gähnt, über die kein Steg führt, kann der Gedanke an die Nachwelt, an die Zeit nach unserem Sterben nicht wesenhaft werden. Wir können ihn oft nicht einmal zu Ende denken, denn unwillkürlich versetzen wir noch immer unser Ich als gegenwärtig in diese Zeit. Die Erkenntnis der Todesstunde durchleuchtet blitzschnell die Lächerlichkeit des Begriffes Nachwelt: »Nachwelt gibt's auch nur für die Lebendigen.« Rademacher, der in »Die letzten Masken« diese Worte spricht, ist sich bewußt, daß er nichts mehr, weder in Haß noch in Liebe, mit den Leuten zu schaffen hat, die morgen noch auf der Welt sind. Albrecht im »Ruf des Lebens« spricht dieselbe Ansicht aus: »Es kommt nichts nach uns. Wenn die Sonne herunterstürzt in Millionen Jahren, klingt's uns gerade so laut wie die Nachrede des Feldvikars an unserer Gruft. Nichts kommt nach uns. Alles stirbt mit uns. Unser eigener Mörder, während er uns noch den Dolch ins Herz gräbt, stirbt mit uns.«

Unter den Neurotikern, welche eine so eigenartige Stellung zur Zeit haben, gibt es einen Teil mit ganz ausgeprägtem Symptomenkomplex, welchem die diagnostische Bestimmung Zwangsneurose zugewiesen ist; mit Erstaunen nimmt man wahr, daß das reiche Gedankenleben dieser Kranken zu einem großen Teil vom Zeitproblem ausgefüllt ist. Sie beschäftigen sich mit Fragen ganz allgemeiner Natur über die eigene Lebensdauer, über die anderer, über die Unsterblichkeit etc. Auch sie weisen jene Unsicherheit des Zeitgefühles auf. Einer dieser Kranken, der an Waschzwang litt, hatte die Zeit von acht Uhr abends bis vier Uhr früh dazu verwendet, sich die Hände zu waschen, und behauptete fest, daß er höchstens eine halbe Stunde im Badezimmer gewesen sei. Derselbe erzählte mir einen Tagtraum, der auffällig Gedankenzügen Schnitzlerscher Personen wie Felix, Herzog Bentivoglio und anderer ähnelt. Der Inhalt dieser Phantasie ist etwa folgender: Was ich wohl machen würde, wenn mir ein Arzt sagte, daß ich nur noch einige Monate zu leben habe? Ich würde mich ausleben, Gemeinheiten begehen, Mädchen verführen, so oft als es irgend möglich

ist, koitieren. (Motiv der durch die Todesaussicht vertieften Lebenslust.)
Alle weitverzweigten und bedeutende intellektuelle Arbeit fordernden Gedanken der Zwangsneurotiker sind, soweit sie sich um das Zeitproblem drehen, durchaus allgemeiner Art. Die Psychoanalyse konnte indessen zeigen, daß sie von einem ganz speziellen Gedanken ausgingen, der später verdrängt wurde, und erst nach einiger Zeit ihre verschwommene Form angenommen haben, weil der für diese Krankheit charakteristische Zweifel sich immer mehr verschiebt und weitere Kreise zieht. Der Ausgangspunkt für die sonderbar intensive Beschäftigung mit dem Zeitproblem war in den meisten Fällen ein Todeswunsch, der sich gegen teure Personen der Umgebung richtete. Daher stammt das beständige Grübeln über die Lebensdauer der anderen, dem der Affekt später entzogen wurde, so daß es sich rein theoretisch und philosophisch gebärdete. Daher auch die Gedanken an den eigenen Tod, denn er ist ja der Kern der Unheilserwartung, welche diese Neurotiker wie zur Sühne an ihre einstigen bösen Wünsche mit sich herumtragen. Sehen wir nun zu, ob wir nicht in den seelischen Mechanismen der Personen Schnitzlers manchmal noch deutlich den Ursprung des Verhältnisses zur Zeit finden können. Für Marie im »Ruf des Lebens« ist das schrecklichste Wort »Zu spät«, denn mit diesem steigt die Erinnerung auf, daß sie durch die Pflege ihres bösen Vaters allen Lebensgenuß versäumt hat. Ihre Todeswünsche sind besonders klar geworden. Der Dichter in »Der Tod des Junggesellen« hat sich oft die Frage vorgelegt, wer von den Freunden als der erste sterben müsse. Hier ist der Todeswunsch schon verborgener, in seiner Fassung undurchdringlicher. Der Puppenspieler Georg verrät uns deutlich, wo seine Zeitauffassung ihre Wurzeln hat: »Nur eines beweist, daß man alt ist – der Tod. Alt sind nicht die Hundertjährigen; alt sind, die morgen sterben müssen. Diese junge Dame ist uralt, wenn sie an der nächsten Ecke zusammenstürzt.« Er habe Grund, mit solchen Bemerkungen vorsichtig zu sein, sie könnten sich kraft der »Allmacht der Gedanken« verwirklichen. Nun folgt in dem Einakter die Erzählung von dem Eisenbahnabenteuer Georgs, das wir schon früher auf Todeswünsche zurückführen konnten. So manches trennt zwar die Personen der Dichtung Schnitzlers von den manifesten Zwangsneurotikern; doch tragen wir nicht alle die Keime der Neurosenbildung in uns? Die oft zwanghaften Denkvorgänge seiner Helden werden, wie

die der Neurotiker, durch Verallgemeinerung aus ihren speziellen Beziehungen gelöst und dadurch ihr Ursprung unkenntlich gemacht.[2] Vergleichen wir ihre Stellung zum Zeitproblem und zum Aberglauben, so ergibt sich eine überraschende Parallele. Von den Zwangsneurotikern sagt Freud[3]: »Ihre Gedanken beschäftigen sich unaufhörlich mit der Lebensdauer und der Todesmöglichkeit anderer, ihre abergläubischen Neigungen hatten zuerst keinen andern Inhalt und haben vielleicht überhaupt keine andere Herkunft.« Es ist bewundernswürdig, daß der Dichter, mit den spezielleren Untersuchungen der Freudschen Analyse der Zwangsneurose unvertraut, in seinem Werke oft bis zur Aufdeckung dieses Ursprunges vorgedrungen ist.

2 Eine spezielle Verknüpfung des Todeswunsches mit dem Zeitproblem ergibt sich aus Gedanken über Lebensdauer und Tod des Vaters, der hemmend den Weg des Sohnes kreuzt.

3 Bemerkungen über einen Fall von Zwangsneurose. Jahrbuch für psychoanalytische und psychopathologische Forschungen, Bd. 1 1909. [1909d].

Von der Gerechtigkeit des Dramatikers

Und wenn sie sagen: ›Ich bin gerecht!‹ so klingt es immer gleich wie ›Ich bin gerächt.‹
Nietzsche, Also sprach Zarathustra

»Sie werden schon darauf kommen, lieber Heinrich, daß es mit der Gerechtigkeit im Drama nicht geht.« Diese Worte sagt Nürnberger seinem Freunde, nachdem dieser ihm seine politische Tragödie vorgelesen hat. Es sieht so aus, als habe der Dichter die Einwände, die man gegen seinen »Professor Bernhardi« machen würde, vorweggenommen. Überall darf man gerecht sein, behauptet Nürnberger, nur im Drama nicht.

Es ist eine ästhetische Frage, ob die Einwände gerechtfertigt sind, wir wollen sie sorgsam vermeiden und uns an das Psychologische halten: Ein Thema wirklich erledigen kann nach Nürnberger »eben nur einer, der den Mut oder die Einfalt oder das Temperament hat, Partei zu ergreifen«. Das ist ein geistreiches und hübsches Wort und doch eine intellektuelle Maske für Tieferliegendes, für Gefühlsvorgänge.

Stellen wir uns vor, Heinrich Bermanns Drama sei wirklich der »Professor Bernhardi«; die Grundlinien sind ja dieselben. Es ist darin Licht und Schatten gleichmäßig verteilt; man spürt eine im Anfange entschlossen zugreifende Hand, die sich gegen das christlich-soziale Gesindel der Residenz zur Faust ballt. Doch die Faust schlägt nicht zu. Denn ihr Besitzer fragt sich: Hat nicht auch die andere Partei recht? Muß man nicht die Sache von allen Seiten betrachten? Und nun kommt ihm plötzlich sein Held nicht tragisch, sondern komisch vor. Er ist gerecht. Rein intellektuelle Fragestellungen bewegen ihn scheinbar zu dieser Anschauung.

Woher stammt diese Gerechtigkeit, und wie kam sie zustande? Versenken wir uns in Heinrichs Charakterzüge, so dürfte uns der seelische Weg, den sie gegangen, klarer werden. Georg sagt einmal dem Freunde, der überall etwas Tragikomisches findet, das rühre daher, weil er eigentlich ziemlich herzlos sei. Sicher ist das Urteil zu hart. Diese Art der intellektuellen Optik hat vielmehr darin ihren Grund, daß Heinrich allen Menschen und Dingen eine besonders ausgeprägte ambivalente Einstellung entgegenbringt. Liebe und Haß sind bei ihm nicht Gegenpole, sondern eines. Die beiden Triebe fühlt er nicht gesondert, sondern vereinigt in seiner Brust. Die Parallele mit den Zwangsneurotikern ist in seiner Analyse wohl angebracht. Auch sie spüren Haß und Liebe – wie er in höchster Intensität – gegen dieselbe Person. Dadurch entsteht bei ihnen eine unerledigte seelische Situation, eine psychische Stauung. Sie werden unentschlossen, zweifeln an allem, weil sie dem eigenen Gefühle nicht trauen können. Es entwickelt sich bei ihnen eine Sucht, alle Dinge von allen möglichen Seiten zu betrachten, eine zwanghafte Neigung zur Prüfung als Abwehrsymptom. Beachtet man einen dieser Psychoneurotiker längere Zeit, so fällt vor allem seine übergroße Gewissenhaftigkeit und seine Angst, jemandem Unrecht zuzufügen, auf. Die Psychoanalyse hat nun unwiderlegbar erwiesen, daß hier großartige seelische Reaktionsbildungen vorliegen, die den ursprünglicheren Haßregungen gleich Dämmen vorgelagert werden. Dringt man bis zu diesem Punkte vor, so könnte es den Anschein erwecken, als wäre das Primäre und Intensivste in der Seele der Zwangsneurotiker der Haß, Haß gegen die Eltern, gegen die Geliebte, gegen die Freunde. Erst der weitere Verlauf des psychoanalytischen Verfahrens zeigt, wie sich die feindseligen und haßerfüllten Regungen aus der Ambivalenz der Kinderzeit ableiten. Die scheinbare Rücksicht, Güte und Gerechtigkeit der Zwangsneurotiker kommen also Schutzmaßregeln gleich, die im Kampf zwischen bewußter Verwerfung und unbewußter Bejahung von Triebregungen entstehen. Die Liebe kann sich nicht ganz dem Objekt zuwenden, weil der unbewußte Haß ihren Strom hemmt, und es kann auch nicht zur völligen Entfaltung der feindseligen Strömung kommen, weil die zärtlichen Regungen sie mit Erfolg zur Stagnation bringen und außerdem die zensurierende Instanz des Seelenlebens eine Stromsperre bilden.

Hieraus erwächst uns das Verständnis der triebhaften Fundierung der Gerechtigkeit Heinrichs. Sie ist wie bei den Zwangsneurotikern ein Abwehrsymptom und hindert die Parteinahme. Aus der Ambivalenz der Gefühlsregungen stammend, gibt sie ihr zugleich den adäquatesten Ausdruck. Denn Heinrich kann dem Vater nicht ganz recht geben, weil

die ursprünglichen feindseligen Regungen sich gegen ihn kehrten, und er kann nicht die volle Wucht des Hasses auf die von ihm zu schildernden boshaften Gegner des Vaters niedersausen lassen, weil sie in verdrängten Impulsen seines eigenen Inneren eine heimliche Unterstützung finden. Die Liebe und Anhänglichkeit zum Vater bringt ihn aber wieder in schroffen Gegensatz zu ihnen.
Ich ahne, daß manche Leser hier Einwände machen werden, wenn sie die Gerechtigkeit als Reaktionsleistung und zugleich als Ausdrucksform der inneren Gefühlsambivalenz bezeichnet finden. Ich meine, daß die Gerechtigkeit dadurch wenig von ihrem geistigen und sittlichen Gehalt einbüßt, und dann, es handelt sich ja hier nur um die Gerechtigkeit dieses Heinrich Bermann. Auch hier könnten vielleicht manche unserer Analyse die Geltung absprechen. In diesem Falle müßte ich zu einem letzten verzweifelten Mittel greifen und einen Gewährsmann zu Hilfe rufen, der den Dichter sehr gut kennt und bedeutend mehr psychologischen Scharfsinn als ich besitzt: nämlich Heinrich Bermann selbst. Hören wir nur, was er über seine Gerechtigkeit zu sagen hat: »Wissen Sie, Nürnberger, es ging vielleicht auch mit der Gerechtigkeit. Ich glaub, ich hab nur nicht die richtige. In Wirklichkeit hab ich nämlich gar keine Lust, gerecht zu sein. Ich stell mir's sogar wunderschön vor, ungerecht zu sein. Ich glaube, es wäre die allergesündeste Seelengymnastik, die man nur treiben könnte. Es muß so wohl tun, die Menschen, deren Ansichten man bekämpft, auch wirklich hassen zu können. Es erspart einem gewiß sehr viel innere Kraft, die man viel besser auf den Kampf selbst verwenden könnte. Ja, wenn man noch die Gerechtigkeit des Herzens hätte. Ich hab sie aber nur da«, und er deutete auf seine Stirn. »Ich stehe auch nicht über den Parteien, sondern ich bin gewissermaßen bei allen oder gegen alle. Ich hab nicht die göttliche Gerechtigkeit, sondern die dialektische.«

Angewandte Seelenkunde

> »Und die meisten Menschen ahnen nicht einmal, was sie alles wissen, in der Tiefe ihrer Seele wissen, ohne sich's einzugestehen.«
>
> *Der Weg ins Freie*

Die Art, Schnitzlers Gefühle zu zergliedern und ihren verborgenen Zusammenhängen nachzuforschen, ist die psychoanalytische.

Dies will hier an einigen kleineren Zügen gezeigt werden. Es erscheint als bedeutsam, daß Schnitzler in der Zeit, als er noch praktischer Arzt war, eine Studie über »Funktionelle Aphonie und deren Behandlung durch Hypnose und Suggestion« schrieb. Man sieht, daß die Hypnose, die im Erstlingswerk des Dichters und im »Paracelsus« verwertet ist, zuerst für Schnitzler wissenschaftliches Interesse besaß und erst später auf ihre Rolle im Alltagsleben hin betrachtet wurde. Im »Anatol« findet sich noch eine Spur dieses Ursprunges. Nicht wenig verwundert vernehmen wir nämlich, daß der Lebejüngling Anatol von der Hypnose sagt: »Das Große an der Sache ist die wissenschaftliche Verwertung. Aber ach, allzuweit sind wir ja doch nicht.« Es klingt noch etwas wie das Staunen und die Freude über die Entdeckung der Hypnose im ersten Dialog zwischen Max und Anatol an. In der »Wiener klinischen Rundschau«, deren Redakteur der Vater des Dichters war, hat der junge Arzt mehrere Werke über Hypnotismus, besonders die »Neuen Studien über Hypnotismus, Suggestion und Psychotherapie« von M. Bernheim [1] referiert. In diesen und anderen Referaten (über Charcots Vorträge,[2] »Die sexuelle Hygiene und ihre ethischen Konsequenzen« von Dr. v. Ribbing) wird es immer deutlicher, daß sich der Mediziner für die seelischen Erkrankungen besonders interessiert, ja daß er geneigt ist, der psychischen Ent-

1 Übersetzt und herausgegeben von Sigmund Freud, Wien, Deuticke 1892 [s. Urban 1974]

2 Ebenda

wicklung der Krankheiten mehr Aufmerksamkeit zu schenken als der physiologischen. Zugleich tritt manchmal schon das Interessengebiet des sich schriftstellerisch Betätigenden hervor, so, wenn er sich gegen die moralisierende Auffassung Ribbings wendet und die »Modernen« (damals Zola, Strindberg, Maupassant) verteidigt. Noch in dem jungen Dr. Berthold Stauber ist die psychologische Seite betont, denn er schreibt ein Buch mit dem Titel »Vorläufige Bemerkungen zu einer Physiognomik der Krankheiten«.

Wenn im »Anatol« die medizinischen Kenntnisse des Dichters verwertet sind, so nicht minder im »Paracelsus«. Denn Paracelsus heilt, wie Cyprian erzählt, das Töchterchen des Drechslermeisters, das plötzlich stumm ward, durch Hypnose. Die wissenschaftliche Kenntnis des Dichters ist auf seinen Helden übergegangen, die hypnotische Therapie der »funktionellen Aphonie« in seiner Dichtung verwertet.

Wichtig erscheint die Rolle, welche die Dichtung dem Aussprechen der Erinnerungen, die so oft in den Neurosen pathogen werden, zuweist. Sie ist hier (bewußt?) in prinzipieller Übereinstimmung mit der psychoanalytischen Forschung: Der Hexenmeister Paracelsus fragt Justina:

> »Scheut ihr Erinnerung?
> Man kann ihr besser nicht die Schauer nehmen,
> als wenn man sie zum Leben wieder weckt.«

Uneingestandene, verborgene Regungen erhebt nun Paracelsus durch die Hypnose ins Bewußtsein, und Justina fühlt sich durch ihre bewußte Verwerfung nun befreit. Der geniale Begründer der Psychoanalyse mußte später die Hypnose fallenlassen und ersetzte sie durch die Assoziationen der Kranken, welche ihn die pathogenen Ereignisse und Erinnerungen ebensogut durchschauen ließen. Auch Schnitzler hat, wie wir ausgeführt haben, an die Stelle der in der Hypnose abgelegten Beichte das freie Geständnis, die Beichte vorgestellter Sünden gesetzt.

Freud hat darauf hingewiesen, daß Schnitzler in »Paracelsus« einer tiefen Einsicht in den seelischen Mechanismus der Krankheitsmotive einen sehr richtigen Ausdruck gegeben hat.[3] Die schöne Schwester Cyprians ›Cäcilia‹ leidet an Kopfschmerz und Melancholie. Paracelsus bietet sich an, sie zu heilen. Doch sie will nicht geheilt werden. »Ich bin

[3] Sammlung kleiner Schriften zur Neurosenlehre. 2. Folge. 2. Aufl. [1911] S. 36. [1905e, S. 203]

gesund... auch hab' ich einen Arzt.« Er kann ihr Hilfe bringen, auch ohne daß er sie um Ursachen ihrer Krankheit fragt; er verspricht ihr, daß sie fortan lachen und vergnügt sein wird: »Nein, nein«, ruft Cäcilia, »ich will nicht lachen und vergnügt sein.« Sie will auch nicht heiter sein, denn sie will ihre Krankheit behalten. Paracelsus spricht nun mit richtiger Erkenntnis den Grund ihrer Weigerung aus:

»Es scheint, das Leid, mein Kind, das Euch bedrückt,
ist so durchtränkt von einem jungen Glück,
daß Ihr nicht um die Welt es missen möchtet.«

Cäcilia ist in den Junker Anselm verliebt, der sich um die Gunst Justinas bewirbt. Diese Liebe macht ihr Glück und ihr Leid aus und ist die Ursache ihrer Krankheit. Auch Anatol wünscht nicht, von seinen krankhaften Eigenschaften geheilt zu werden. Dem Freunde, der ihm »Werde gesund« zuruft, erklärt er: »Es ist ja möglich, daß ich die Fähigkeiten dazu hätte. Mir fehlt aber das weit Wichtigere, das Bedürfnis! Ich fühle, wie viel mehr mir verloren ginge, wenn ich mich eines schönen Tages ›stark‹ fände.«

In beiden Fällen erkennen wir ein deutliches Widerstreben gegen das Gesundwerden, welches die Psychoanalyse bei dem Nervösen entdeckt und auf den »Krankheitsgewinn« zurückgeführt hat. Freud hat dem Krankheitsgewinne in der Neurosenbildung einen großen Platz eingeräumt. Er ist in jeder seelischen Störung erkennbar. Das Symptom ist gewiß für den Patienten zuerst ein unwillkommener Gast.[4] »Es hat anfangs keine nützliche Verwendung im psychischen Haushalt, aber sehr häufig gelangt es sekundär zu einer solchen, irgendeine psychische Strömung findet es bequem, sich des Symptomes zu bedienen, und damit ist dieses zu einer Sekundärfunktion gelangt und im Seelenleben wie verankert. Wer den Kranken gesund machen will, stößt dann zu seinem Erstaunen auf einen großen Widerstand, der ihn belehrt, daß es dem Kranken mit der Absicht, das Leiden aufzugeben, nicht so ganz, so voll ernst ist.« Im Falle Anatols und Cäcilias hält das Unbewußte die Krankheitssymptome fest, damit die Patienten nicht um den Krankheitsgewinn kommen.

Noch ein Thema, das unterirdisch alle Werke Schnitzlers durchklingt

[4] Sammlung kleiner Schriften zur Neurosenlehre, 2. Folge, 2. Aufl. [1911] S. 36. [1905e, S. 203]

und gelegentlich zum Ausdrucke kommt, muß hier gestreift werden, weil es die innigsten Beziehungen zu den von der Psychoanalyse aufgestellten Axiomen besitzt. Es ist dies die Vorbildlichkeit des psychosexuellen Lebens für die ganze übrige Einstellung des Individuums zum eigenen Schicksal und zur Umwelt. Georg im »Puppenspieler« ist von dieser Überzeugung ausgegangen, als er Eduard an jenem vergangenen Abend ein schönes Mädchen zuführte. Damals hat der Armselige die ersten glühenden Liebesworte gehört, er, der immer klagte, er sei zum Glück nicht geschaffen und bestimmt, seine Jugend ungeliebt zu verbringen. Eduard muß Georg recht geben, wenn dieser behauptet, daß der Frühlingsabend ihn gänzlich umgewandelt habe. Georg vermutet, daß Eduard damals den Lebensmut getrunken habe, der ihn jetzt erfüllt. »Denn damals, gesteh es, hast du zum ersten Male empfunden, daß du auch imstande bist, Glück zu geben, Glück zu empfangen... Wäre jene Stunde nicht gewesen, du wärst wohl dein Lebtag der verschüchterte, armselige Bursch geblieben, als den ich dich kannte. Vielleicht hättest du nicht einmal den Mut gefunden, um ein Weib zu werben.« Nicht die Worte Eduards, sondern vielmehr die Tatsachen geben Georgs Auffassung recht. Eine ähnliche Puppenspielerrolle spielt auch der tapfere Cassian; sein Vetter Martin hat Sophie zur Liebsten genommen, um in ihren Armen Selbstvertrauen fürs Leben und für die Liebe zu gewinnen. Den stärksten Ausdruck gibt Friedrich Hofreiter (»Das weite Land«) dem gewichtigen Einfluß der Sexualität, ihrem Primat in einem Gespräche mit Adele Natter[5]: »Wenn man Zeit hat und in der Laune ist, baut man Fabriken, erobert Länder, schreibt Symphonien, wird Millionär... aber glaube mir, das ist doch alles nur Nebensache. Die Hauptsache seid ihr – ihr – ihr!« Die Psychoanalyse hat ein psychosexuelles Grundgesetz aufgestellt, welches die Vorbildlichkeit des Sexuallebens für die übrige Lebensgestaltung umfaßt. Unabhängig von ihr ist der Dichter zu derselben Einsicht vorgedrungen. Eduard und Cassian waren ängstlich und unsicher, solange sie nicht geliebt wurden; sie beweisen Entschlossenheit und Tatkraft im Leben, sobald ein günstiges Geschick – auch in Gestalt eines Puppenspielers – ihnen die Geliebte schenkt.

[5] Ganz im Sinne Friedrich Hofreiters läßt Shakespeare seinen Romeo ausrufen: »Hang up philosophy! Unless philosophy makes a Juliet.«

Unbewußtes im dichterischen Schaffen

> »Als die Aufgabe meines Lebens betrachte ich die Symbolisierung des Innern.«
>
> *Hebbel*

Der narzißtische Anteil hat uns vielfach im Liebesleben der Schnitzlerschen Gestalten beschäftigt. Er war besonders stark in den Künstlern entwickelt. Wir sagten, daß sich von hier aus die Dichtung als Ersatz eines Kinderglaubens und -wunsches verstehen lasse: nämlich reale Macht auszuüben; das dichterische Spiel mit Menschenseelen ist ein Surrogat des Spielens und Unterwerfens wirklicher Menschen. Von zwei Seiten kommt uns eine Bestätigung unserer Anschauung und führt uns tiefer hinab in die unbewußten Vorgänge der dichterischen Produktion.

Das Künstlertum ersetzt und verdeckt die Realisierung der aus der narzißtischen Einstellung entsprungenen Wünsche. Was wir anderen Menschen, im Leben stehend, von unserem Narzißmus zu spüren bekommen, entwickelt sich besonders im gesellschaftlichen Verkehr: Wir suchen andere anzuziehen, ihnen durch unsere persönlichen Eigenschaften zu imponieren. Der extreme Typ solcher Bewahrung des Narzißmus ist der Weltmann, der durch Eleganz, Schönheit, Leichtsinn gefallen will. Ihm steht auf der anderen Seite der Künstler gegenüber, der seinen Narzißmus in seiner Produktion ersetzt. Natürlich kann auch der Künstler Weltmann sein; immerhin nur in gewissem Grade, weil seine Besonderheiten und seine Verdrängungen ihn aus der Sozietät herauszuziehen suchen und er in der Phantasie Befriedigung zu genießen vermag. Namentlich bei herannahendem Alter bietet ihm gerade seine Dichtung Ersatz für manches, das ihm im Leben entgleitet. Sie ist ihm Trost und Triebbefriedigung zugleich. Die Künstler in Schnitzlers Romanen und Dramen sprechen ähnliche Gedankenzüge aus. In den späteren Werken des Dichters werden sie gerne dem Weltmenschen oder ihrer eigenen etwas stürmischen Vergangenheit gegenübergestellt, und ihre notwendige Resignation wird von ihnen bald wehmütig, bald stolz hervorgehoben. Was wir als Weltmann bezeichneten, ist häufig durch das Attribut »schön« bei Schnitzler gekennzeichnet, was wieder auf die exquisite narzißtische Natur zurückführt. (Ersetzt und ergänzt durch die Eigenschaft des Verführerischen.) Heinrich Bermann behauptet, daß Leute, deren hauptsächliche Eigenschaft es ist, schön zu sein, besser dran sind als andere, die nur begabt sind. »Wenn man nämlich schön ist, so ist man es immer, während die Begabten doch mindestens neun Zehntel ihrer Existenz ohne Spur von Talent verbringen.« Auch Georg tröstet mit ähnlichen Argumenten den Lebemann Stanzides.

Stanzides will den Vorzug seiner Art von Menschen nicht gelten lassen, denn das künstlerische Talent dauere länger, bilde sich mit den Jahren weiter aus und erreiche sogar oft im Alter seine höchste Vollkommenheit, während er und seinesgleichen mit den Jahren unbedingt zurückgingen, und das beginne schon früh. Man wird unschwer in dergleichen Diskussionen den Niederschlag von Gedankenreihen des Dichters erkennen, der die Jugend langsam schwinden fühlt. Die zwei Personen entsprechen zwei seelischen Strömungen in ihm, welche verschiedene Ausbildungen der narzißtischen Einstellung vertreten. Ganz klar wird das in jener Gestalt, welche an der Wende der zwei hier abzugrenzenden Epochen steht: Julian Fichtner. Denn in ihm ist die alte unsublimiertere Form der Libidobesetzung des Ich noch lebendig, und er wehrt sich nun gegen den Abstieg. »Mein Leben ist bis zu einer gewissen Epoche wie in einem Rausch von Zärtlichkeit und Leidenschaft, ja von Macht dahingeflossen. Und damit geht es zu Ende.« Es graut ihm, wenn er an das Kommende denkt, und er fragt sich: »Soll wirklich von aller Glut, mit der ich die Welt umfaßt habe, nichts übrig bleiben als eine Art törichter Grimm, daß es nun vorbei sei – daß ich, ich menschlichen Gesetzen so gut unterworfen sein muß als ein anderer?« Auch Salas Einwand, daß es ja mancherlei anderes gebe, was übrig bleibe, wenn die Genüsse der Jugend verschwinden, weist er entschieden zurück. Hier sehen wir noch, was in Georg und Stanzides gespalten uns entgegentrat, in einer Person vereinigt. Denn der Künstler fühlt ja mit stürmischem Widerstreben oder müdem Sichfügen dasselbe Entschwinden, dasselbe Entgleiten. Der Rausch von Macht, den der Narzißmus der Jugend ihm gewährte, geht vorüber, und nun gilt es, Ersatz zu suchen. Er kann nicht mehr wie früher über lebendiger Menschen Schicksale in Liebe und Haß entscheiden, und deshalb tröstet er sich im erhöhten Bewußtsein seiner Kunst. Sie gibt ihm nun eine Scheinbefriedigung: sie bewahrt ihm wenigstens in seiner Phantasie die Macht, die er früher im Leben schalten ließ, sie spielt das Schicksal, wenn auch nur in seinen Schöpfungen, und er reißt wirklich Menschen durch ihre Wirkung mit sich fort: die Kunst als die sublimierteste Form der narzißtischen Entfaltung. Der Erzähler der Weissagung, den »bei allmählich schwindender Jugend« nichts in die Heimat zurückruft, spürt eine nur mühsam zurückgedrängte Genugtuung darüber, daß er der Vollstrecker eines höheren Willens ist. Der von uns vermutete Zusammenhang nimmt festere Formen an, wenn der Dichter (»Griechische Tänzerin«) versichert, er habe die sonderbare Empfindung, daß eigentlich nicht Samodeski selbst so schöne Werke schaffe, »sondern irgend etwas anderes in ihm, irgend etwas Unbegreifliches, Glühendes, Dämonisches meinethalben, das ganz bestimmt erlöschen wird, wenn er einmal aufhören wird, jung und geliebt zu sein«.

Die Machtentfaltung im Kunstwerke und seine Wirkung bildet für den Künstler das Surrogat für das entschwindende lebendige Wirken der Persönlichkeit. In sie rettet sich nun die Ichbesetzung.

Freilich tritt dieser ganze Vorgang im Alter besonders hervor und hat dann sein Pendant in der Reue, auch das übrige Leben nicht mit ganzer Liebeskraft gelebt, sondern immer einen großen Teil in der künstlerischen Produktion sublimiert zu haben. (Ibsen: »Wenn wir Toten erwachen«.) Denn die dichterische Betätigung ist an sich nur der Ersatz für die Tat, für die völlige Triebbefriedigung, welche uns das Leben versagt und die Kultur verbietet.

Das Kind, dessen Wünsche auf reale Hindernisse stoßen, muß dennoch seinen Machtwahn nicht aufgeben. Denn es besitzt die Gabe, sich die Wunscherfüllung auf einem anderen Wege zu verschaffen: auf dem der halluzinatorischen Befriedigung. Das dem menschlichen Seelenleben eingepflanzte Luststreben hat hier einen Notausgang geschaffen. Es steht dem Kinde auch dann noch, wenn es die Beschränktheit seines Machtbereiches eingesehen hat, eine Möglichkeit offen, seinen Wünschen eine Surrogatbefriedigung zu bieten: das Spiel. Der Sinn aller kindlichen Spiele ist die Imitation der Großen, also wieder der Wunsch, groß zu sein und, nach kindlicher Anschauung, die dem Kinde versagte Machtfülle wieder zu gewinnen. Zugleich erfüllen die Spiele dunkle sexuelle Begierden durch die Nachahmung der Erwachsenen. (Papa- und Mamaspiele.) Wenn man glaubt, daß dem Kinde das Spiel nicht ernst ist, ist man einem entschiedenen Aberglauben verfallen: man beachte nur, welche Affektbeträge das Kind dem Spiele widmet. Doch die Kinder werden zu Erwachsenen, das Leben stellt erhöhte Ansprüche an sie und zwingt sie, einem großen Teil ihrer Wünsche zu entsagen. Es wäre nun falsch, wenn man sich vorstellen wollte, daß der Mensch so ohne weiteres auf eine einmal genossene Lust verzichtet. Er erhält das, was das Leben ihm versagt, nun im Tagtraum. Es läßt sich bei jedem Dichter leicht nachweisen – und die Dichter selbst gestehen es ja ein –, daß seine künstlerische Betätigung vom Tagtraume ausgehe. Wir alle haben solche Tagesphantasien, wenn wir sie auch sorgsam verheimlichen; die psychologisch noch ziemlich rätselhafte Gabe des Künstlers befähigt ihn nur dazu, seine Tagträume zu gestalten und sie so umzugestalten, daß wir Lust daraus ziehen. Eine Reihe von Bedingungen, die hier nicht näher zu erörtern sind, müssen zu diesem Zwecke erfüllt werden.[1] Im allgemeinen schämen sich die Kinder nicht, zu spielen; wir Erwachsene hüten uns aber sehr, unsere Tagträume irgend jemandem zu verraten. Dafür sind zwei wesentliche Gründe vorhanden: Wir schämen uns, überhaupt zu träumen, weil das Leben von uns das Handeln erwartet, und unsere Träume sind meistens nicht so harmloser Natur, daß wir von ihnen zu erzählen Lust hätten. Auch die Spiele des Kindes erweisen sich als vorwiegend ehrgeizige und erotische; aber ihm fehlt die Einsicht des Verbotenen, während in späterer Zeit die Kulturanforderungen und gewisse Veränderungen im Organismus uns zwingen, unsere Wünsche zu verdrängen und zu verbergen. Greifen wir das Beispiel eines Tagtraumes auf, das uns ein günstiger Zufall – oder vielmehr die psychische Determiniertheit des Dichters – in »Frau Berta Garlan« finden ließ. Bevor Berta nach Wien fährt, um das langersehnte Wiedersehen mit dem Jugendgeliebten zu feiern, liegt sie mit offenen Augen im Bette und flüstert vor sich, als wollte sie sich an dem Worte berauschen: »Komm bald! Sie hörte ihn selbst das Wort sprechen, nicht mehr fern – nein – wie wenn er mit ihr im gleichen Raum wäre, seine Lippen hauchten es an den ihren: Komm bald! sagte

[1] Vgl. Freud: Der Dichter und das Phantasieren. Neue Revue 2. Märzheft 1908. [1908e]

er, aber es hieß: Sei mein! Sei mein! Und sie öffnete ihre Arme, als müßte sie sich vorbereiten, wie man einen Geliebten ans Herz drückt, und sie sagte: »›Ich liebe dich!‹ und hauchte einen Kuß in die Luft.« Berta halluziniert (wie ein Kind und wie ein Dichter) die herbeigesehnte Szene. Der Vergleich mit dem Dichter drängt sich auf, denn sie vereinigt in ihrer Phantasie ihre Person mit der des Geliebten; sie identifiziert sich mit ihm und bleibt doch sie selbst. Dieser seelische Mechanismus der Identifikation, wie er besonders stark in den Symptomen der Hysterie hervortritt, spielt in der Dichtung eine große Rolle. Dichten heißt nach einem schönen Worte Grillparzers »eigenes Dasein in fremdem leben«. Berta sieht sich in ihrem Wachtraum geliebt; ja, das ist sogar sein einziger Inhalt: sie beweist damit ihren exquisit hervortretenden Narzißmus. Die Art der Wunschbefriedigung, die ihr der Tagtraum gewährt, weist zurück auf eine dem Kindesleben eigene Periode der Sexualität, nämlich auf die autoerotische.

Wir wollen versuchen, Bertas Tagtraum mit den seelischen Vorgängen bei der dichterischen Produktion zu vergleichen. Er zeigt vor allem die Anpassung an ihre jetzige Lebenslage, die »Zeitmarke«, wie Freud sagt. Er entspringt dem Wunsch, Emil wiederzusehen, und dieser Wunsch ist ihr gegenwärtig stärkster. Ihre momentane Stimmung ist in hohem Grade von einer Erinnerung beeinflußt, die ihr den lange nicht gesehenen Jugendgeliebten zurückrief. Ihr Tagtraum wächst aus ihrer seelischen Spannung, greift auf eine vergangene Zeit über und schafft eine Situation, welche die Spannung löst. Dieselbe »Dreizeitigkeit« läßt sich im dichterischen Schaffen beobachten. Es knüpft an aktuelle Ereignisse an, deren Affektbesetzung wird durch die unbewußte Erinnerung an Situationen der früheren Zeit, namentlich der Kindheit, verstärkt und projiziert das Gewünschte in die Gegenwart. Dabei ist die autoerotische Form der Wunschbefriedigung (durch Phantasiegestaltung) wie im Tagtraum zu beobachten. Das wäre nur ein ziemlich grobes und ungefüges Schema der dichterischen Produktion. In Wahrheit sind die Vorgänge viel komplizierter.

Nehmen wir an, ein Dichter schildere einen jungen Mann, der seine Geliebte, die ihn an der Vereinigung mit einem anderen Liebesobjekt hindere, zu ermorden wünscht, d. h. trotz dem Widerstande, den das Ich diesem Wunsche entgegensetzt, taucht er aus dem Unbewußten auf. Wir werden vermuten, daß in dem Dichter selbst einmal gegen eine Geliebte eine feindselige Strömung auftauchte, welche sogar den

Todeswunsch gegen sie einschloß. Seine sittliche Kraft und sein moralisches Bewußtsein lassen ihn selbstverständlich den Wunsch unterdrücken. Doch das Spiel mit dem Gedanken bleibt nicht wie bei uns anderen Menschen sozial unwirksam. Es setzt sich in dichterische Produktion um. Im Kunstwerk werden die verdrängten Gedankenzüge bis zum Ende gebracht: die Geliebte wird wirklich ermordet. Der Impuls wird hier zur Tat. »Daß Shakespeare Mörder schuf, war seine Rettung, daß er nicht selbst Mörder zu werden brauchte«, sagt Hebbel. Friedrich Hofreiter (»Das weite Land«) huldigt einer ähnlichen Ansicht. Er stellt sich vor, »viele Dichter sind geborene Verbrecher – nur ohne die nötige Courage – oder Wüstlinge, die sich aber nicht gern in Unkosten stürzen...« Bis hierher konnten wir unser Schema bestätigen: Die Dichtung erwies sich als eine plastisch dargestellte Wunschbefriedigung verdrängter Regungen. Doch wie, wenn der Dichter nun die Reue, das Schuldgefühl und die Bestrafung seines Helden schildert? Er bleibt damit doch in dem uns gesteckten Rahmen. Denn er zeigt die Unheilserwartungen, welche dem verdrängten Wunsche folgen. Beim Neurotiker sind oft *nur* die Unheilserwartungen bewußt, während der Wunsch, für den sie die Buße darstellen, erst durch die Analyse bewußtseinsfähig wird. Was der Dichter in seinen Werken verbrochen, das sühnt er auch in seinem Werke. Hier liegt das Geheimnis der »tragischen Schuld« des Dramatikers. Es ist – bei der Verwandtschaft des Neurotikers und des Dramatikers – nicht müßig, darauf hinzuweisen, daß derselbe Kompromißcharakter das psychoneurotische Symptom auszeichnet. Versuch und Bestrafung, unbewußte Triebbejahung und bewußte Triebablehnung sind darin vereinigt.

Eine tiefere Einsicht in das künstlerische Schaffen ermöglicht uns die Verfolgung in seine Anfänge, seine Zwecke in der primitivsten Kunst. Die Kunst hat ursprünglich magische Tendenzen[2]: der Wilde, welcher ein schreckliches Tier malt, beschwört es, schützt sich vor der drohenden Gefahr. Diese Tendenzen sind unserem Bewußtsein verlorengegangen, doch sie behalten ihre unbewußte Geltung. Der Dichter, welcher den Mörder der Geliebten schildert, beschwört die in ihm drängende Versuchung und wehrt die ihr entsprechende Strafe ab. Da-

[2] Vgl. Freud: Animismus, Magie und Allmacht der Gedanken. Imago 1913. [1912–1913, S. 93–121]

durch erreicht er eine Lösung seiner psychischen Stauung, er hat sich wenigstens für eine gewisse Zeit von der Macht des Wunsches und der folgenden Unheilserwartung befreit.

Einen Einwand müssen wir hier erledigen; es ist leicht geschehen. Der Dichter schildert ja oft nicht einen Helden, sondern mehrere. Wir verweisen auf den Mechanismus der Projektion und der Spaltung. Das Ich wird in mehrere Partial-Ichs zerlegt, und die in der eigenen Seele wahrgenommenen Konfliktströmungen sind in der Dichtung durch mehrere Personen vertreten.

Die psychoanalytische Forschung hat es uns leicht gemacht, die tiefe Wirkung der Kunstbetätigung auf den Schaffenden selbst zu verstehen.

Die Dichter wie die Wilden und die Neurotiker überschätzen die psychische Aktion. Sie räumen ihr den gleichen Platz wie der wirklichen Tat ein. Hier entspringt ja die »Allmacht der Gedanken« der Psychoneurotiker. Der Glaube an diese Macht führt uns auf das Stadium des Narzißmus zurück, wo das Kind sich durch die Verliebtheit in sich selbst eine solche Machtfülle zutraute. Er hat seine Wurzeln in der Sexualisierung der Denkvorgänge. Beim Dichter (und beim Neurotiker) ist ein großer Teil dieser primitiven Organisation als konstitutionelles Moment geblieben. Durch die früh einsetzende Sexualverdrängung wird andererseits bewirkt, daß die Denkvorgänge von neuem sexualisiert werden. Die libidinöse Überbesetzung des Denkens äußert sich nach Freud eben in dem »intellektuellen Narzißmus« des Dichters.

An einem speziellen Beispiele wollen wir nun zu zeigen versuchen, wie diese primitive Einstellung im dichterischen Schaffen ihre Wirkung entfaltet. Die Rolle des Wortes wird sich dazu besonders eignen; denn das Wort ist ja das Material des Poeten. Wir konnten beobachten, wie die Worte »Komm bald« in Frau Bertas Tagtraum gleichsam die Wunschsituation in ihrer Phantasie heraufzauberte. Johanna (»Einsame Weg«) ging es mit vielen Worten sonderbar. »Gefahr, das war ein Tiger mit weitaufgesperrtem Rachen – Liebe, das war ein Page mit blonden Locken, der vor einer Dame kniet – der Tod war ein schöner Jüngling mit schwarzen Flügeln und einem Schwerte in der Hand – und Ruhm war Schall von Trompeten, Menschen, die sich verneigen, und ein blumenbestreuter Weg. Damals konnte man freilich über alles reden, Felix. Aber jetzt sieht alles anders aus... Ruhm und Liebe und Tod und die weite Welt.« Johanna spricht hier von vergangenen Zeiten, die Macht des Wortes ist jetzt verblaßt. Doch nach des Meisters Eschenbachers Worten ist sie noch immer das Herrschende bei Medardus, der »kaum geschaffen ist, andres zu erleben als den Klang von Worten: Er hält ein Frauenzimmer in den Armen... und ihn umsäuselt flötenhaft und süß das Wort Liebe... und er fühlt einmal sein selig oder unselig Ende nahen – und das Wort Tod wird ihn umdröhnen wie mit dunkeln Glocken«. Eine solche Wortbehandlung ist dadurch bedingt, daß diesen Menschen das Wort seine ursprüngliche Vorstellungsfülle behalten hat. Dem Kinde ist nämlich das Wort nicht etwas so Wesenloses wie uns Erwachsenen, sondern es ist gleichsam das bezeichnete Ding selbst, so daß es bei ähnlich klingenden Worten glaubt, daß eine weitgehende Übereinstimmung der damit bezeichneten Dinge vorhanden ist. Dieselbe Dingbedeutung legen die Wilden und die Neurotiker dem Worte bei.[3] Vorstellungsgefühle und Affektbesetzung des Wortes zeichnen ebenso den Dichter aus. Sie spielt auch bei uns Alltagsmenschen noch eine nicht geringe Rolle, nämlich überall dort, wo sich das unbewußte Affektleben störend oder produzierend Durchbruch verschafft, z. B. im Versprechen, Verlesen, im Witz, im Traum und in den Symbolhandlungen.

Wollen wir versuchen, von diesen unseren Erkenntnissen aus den Vorgang der dichterischen Produktion zu verstehen. Nehmen wir an, der Künstler gehe spazieren und beschäftige sich mit persönlichsten Angelegenheiten im Gedanken. Erwartungen, Sorgen oder Wünsche besetzen die psychische Oberfläche und werden durch Nachschübe aus den unbewußten Tiefen ergänzt und vertieft. Diese Gedankenprozesse finden keine befriedigende Lösung oder werden nur zu einer vorläufigen Lösung gebracht. Die psychische Spannung bleibt infolgedessen bestehen. Und nun tauchen im Dichter Bilder auf, welche scheinbar weit ab von den ihn früher beschäftigenden Themen liegen, in Wirklichkeit aber deren in die Zukunft projizierte Fortsetzung sind. In ihnen wird die Wunscherfüllung verwirklicht, die seelischen Möglichkeiten realisiert. Das Bewußtsein wird nun korrigierend und objektivierend eingreifen, es wird die egozentrische Umhüllung abstreifen und die Formung des Stoffes leiten. Der Künstler liebt beispielsweise eine Frau,

[3] Vgl. Freud: Traumdeutung [1900 a] und »Über einige Übereinstimmungen im Seelenleben der Wilden und der Neurotiker«. Imago 1912. 4. [1912–1913]

und doch hindert ihn etwas in seinem Innern, die Libidobesetzung des Ich und die Freiheitssehnsucht, sein Schicksal für immer an sie zu knüpfen. Die Sehnsucht nach dem Zusammensein mit ihr erhält durch die Aussicht auf die zu erwartende Philistrosität und Enge des Familienlebens – ich spreche immer vom Standpunkt des Künstlers aus – eine unangenehm empfundene Beigabe. Auf der anderen Seite lockt ein ungebundenes Künstlerleben, neue Abenteuer liegen im Schoße der Zeit, aber auch die Einsamkeit verdüstert diese Aussicht und verstärkt die Sehnsucht nach einem geordneten, ruhigen Dasein. Aus dieser ambivalenten Gefühlslage entspringen nun Bilder, welche die Alternative fortführen. Erwartungen, Befürchtungen und Hoffnungen haben sich in der Phantasie schon verwirklicht, beide Entscheidungen sind gefällt worden und zwar durch den Mechanismus der Spaltung ermöglicht. Auf der einen Seite ist der Künstler Familienvater und hat eine wenig künstlerische Laufbahn hinter sich, der Wunsch nach einem ruhigen und von der Liebe durchwärmten Leben ist erfüllt; auf der anderen ist er Bummler und Künstler, fühlt sich einsam und genießt doch alle Freuden der Freiheit und des Künstlertumes. Beide Möglichkeitsverwirklichungen werden einander gegenübergestellt, um eine Auseinandersetzung zwischen ihnen zu entfalten. Man wird erraten haben, daß der Plan des »Puppenspielers« mir hier vorschwebte. Es wird darin noch deutlich, daß auch die Verwirklichung der Situation Anna–Eduard von dem Künstler Georg erhofft und gefürchtet wurde: an jenen kleinen Zügen nämlich, daß Anna Georg geliebt und sie ihn in das bürgerliche Leben retten wollte (an ihrer Seite würde er ein ähnliches Dasein wie Eduard führen), und daß Georg selbst verheiratet war und seine Ehe unglücklich endete.

Nun wird uns hoffentlich auch der Beweis dafür gelingen, daß des Dichters Stoffwahl – ist es denn eine Wahl? – seelisch bis auf Details determiniert ist. Denn die Möglichkeiten des »Puppenspielers« bilden den wesentlichen Inhalt des »Weg ins Freie«. Wer kann noch glauben, daß die beiden Hauptpersonen hier wie dort zufällig dieselben Namen Anna und Georg führen? Wie der Puppenspieler, so hat sich auch Georg von Wergenthin in der Alternative: bürgerliches Familienleben und künstlerische Ungebundenheit zu entscheiden. So weit geht die seelische Bestimmtheit der Stoffgestaltung, daß auch Georg Merklin einen Sohn mit Irene hatte, und daß dieser Sohn starb. Der Künstler faßt gerade diesen Tod als Zeichen dafür auf, daß das Schicksal ihn vom Alltagsleben und -sorgen fernhalten wollte. Am Tode des Kindes als Symbol der unbewußten Gegenströmung in Georg Wergenthins Seele scheitert auch die dauernde Vereinigung der Liebenden im »Weg ins Freie«. Auf der Suche nach einer Wohnung für Anna streckt ein Kind die Händchen nach Georg aus, der darüber ein wenig gerührt ist. Nürnberger erkannte daran, daß Georg an eigene Hoffnungen denken mußte. Der Sohn des Ehepaares Eduard/Anna wird von Georg Merklin in die Höhe gehoben und geküßt, und der Puppenspieler erklärt diesen »rührsamen Einfall« durch die Erinnerung an das eigene Kind. Der kleine Knabe des Ehepaares führt den Namen Georg, so wie der Sohn Annas und Georgs im »Weg ins Freie« den Namen von Georgs Bruder führen sollte. Das bürgerliche Familienbild, das Georg von Wergenthin vor sich auftauchen läßt, und aus dem ihm ein Hauch von Langeweile entgegenweht, sieht Georg Merklin wirklich vor sich. Georg sieht sich »in einem sehr bürgerlichen Haus unter dem bescheidenen Licht einer Hängelampe beim Abendessen sitzen, zwischen Frau und Kind«. Die geträumte Familienszene beschreibt Georg Merklin, da sie bei Eduard in genau denselben Zügen (Abendessen zwischen Frau und Kind in einem sehr bürgerlichen Heim) verwirklicht ist: »Wie ihr nun da in einem behaglichen Heim haust; die Lampe hängt überm Tisch; ein Kind wächst euch heran...« Eduard ist mit seiner Oboe nach Boston gegangen, um sich eine Existenz zu schaffen, und Anna ist ihm nachgekommen und seine Frau geworden. Der alte Dr. Stauber erzählt Georg von einem Vetter, der als Violinspieler nach Boston gegangen ist und dort sein Auskommen hat, und in Georgs Traum kehrt eine ähnliche Situation wieder, als wäre diese Reise die Repräsentantin des bürgerlichen Familienlebens und der gesicherten Existenz. Sogar kleinere Züge sind in beiden Arbeiten variiert: Georg weint sich in Annas Schoß über den an ihr begangenen Betrug aus, wie umgekehrt im Puppenspieler Anna bei Eduard. Der Puppenspieler hat die beiden in einer Augenblickslaune füreinander bestimmt, so wie Frau Ehrenberg Georg und Anna im »Weg ins Freie«. Es ist kaum anzunehmen, daß Schnitzler sich all dieser Motivwiederholungen bewußt war. Das eigentlich Produktive des dichterischen Schaffens bleibt eben im unbewußten Seelenleben. Wir sind in allen unseren Handlungen und Gedanken wie von einem dichten Netz umschlossen, das zu durchbrechen uns unmöglich ist; auch der Dichter. Es gibt keine Flucht, keinen Ausweg:

»And a magic voice and verse
hath baptized thee with a curse
and the spirit of the air
hath begirt thee with a suare.«
(Byron)

Schlußwort

Der Psychologe, der eines Dichters Werk betrachtet, gleiche dem Taucher und suche die Kostbarkeiten der Tiefe. Er überlasse es anderen, das Wellengekräusel und den Wogenprall zu bewundern. Bei tiefsinnigen Dichtungen geschieht es regelmäßig, daß man hineinlegt, was nicht darin liegt. Warum? Weil es nicht gelingt, herauszuholen, was daran liegt.
Wir brauchen eine neue Literaturbetrachtung, der Stoffgeschichte, literarische Tradition usw. nur als Präludien zur seelischen Analyse dienen. Der Kritiker wird Menschen sehen, welche zufällig Dichter sind, leidend wie wir alle unter den Unzulänglichkeiten dieses Daseins, wollend, kämpfend, siegend und besiegt. Er wird eher nach Grundgefühlen als nach Grundgedanken suchen, aus denen Werke entstehen. Er wird die Willenszüge, die Wünsche, die Strebungen, die bewußt und noch mehr unbewußt in diesen Werken heraufkommen, deuten müssen. Warum griff dieser Dichter zu diesem Stoff? Besser gefragt: Warum wurde er von diesem Stoff ergriffen? Der fundamentale Irrtum aller Literarhistoriker und Kritiker: sie glauben, wenn sie nur Richtungen und Bewegungen unterscheiden, Beeinflussungen hervorheben, Merkmale herausfinden, dann hätten sie die Tiefe erreicht. Und ahnen im geringsten nicht, daß sie eben vom Nichts zur Oberfläche vorgedrungen sind: eine vornehme Handlangerarbeit. Wesentlicher als die Zusammenhänge zwischen Vorgänger und Epigone ist das Aufzeigen seelischer Beziehungen. Als das einzig Wahre und Wirkliche bleibt das Typisch-Menschliche, das psychische Erleben der Erdenwesen, ihr Siegen und Unterliegen, ihr Leiden und Seligsein. Der Einblick in die bewegte Seele des einzelnen sagt mir mehr, als alle Bewegungen des Ganzen mir jemals werden sagen können. Literaturbetrachtung sei im wesentlichen angewandte Seelenkunde. Der Kritiker sei ein Psychologe. Er wird das Menschliche auch in seinen Verzerrungen erkennen müssen. Ein Psychologe, der etwa nicht begreifen könnte, wie die Frau

eines weltfremden Philosophen zur Xanthippe wurde, müßte sich begraben lassen. Die Arbeit des Literarhistorikers sei seelische Tiefenforschung. Er wird oft suchen müssen, was sich hinter der Fassade eines Werkes verbirgt, und uns sagen müssen, warum es sich verbirgt.
Viele neue Fragen drängen sich hier auf, neue Horizonte werden sichtbar. Geschlechtsleben und Kunst scheinen sich zu fliehen und sind erstaunt, einander immer wieder zu begegnen. Vielleicht ist Liebe und Kunst das, was zeugt, und das, was schafft, nichts als ein Hendiadyoin unserer besten Menschenkräfte.
Bei aller methodischen Verschiedenheit, die Wissenschaft und Dichtung trennt, steht der Dichter dem Psychoanalytiker nahe. Er hat im wesentlichen dieselbe Aufgabe: er wecket der dunkeln Gefühle Gewalt, die im Herzen wunderbar schliefen.

Literaturverzeichnis

Baur, U./Goldschnigg, D. (1973): Vom ›Törless‹ zum ›Mann ohne Eigenschaften‹. Grazer Musil-Symposion 1972. = Musil-Studien Bd. 4. München

Beharriell, Fr. (1951): Arthur Schnitzler's Range of Theme. In: Monatshefte, 43/VII, 1951, S. 301

Berlin, J. B./Lindken, H. U. (1983): Theodor Reiks unveröffentlichte Briefe an Arthur Schnitzler, unter Berücksichtigung einiger Briefe Reiks an Richard Beer-Hofmann. In: Literatur und Kritik, 173/174, S. 182–197

Cremerius, J. (1979): Robert Musil. Das Dilemma eines Schriftstellers vom Typus ›poeta doctus‹ nach Freud. In: Psyche, 33, S. 733–772

Feldman, A. B. (1953): Reik and the Interpretation of Literature. In: R. Lindner (Hg.): Explorations in Psychoanalysis. Essays in honor of Theodor Reik. Julian Press, New York, S. 97–115

Fischer, J. M. (Hg.) (1980): Psychoanalytische Literaturinterpretation. Aufsätze aus ›Imago. Zeitschrift für Anwendung der Psychoanalyse auf die Geisteswissenschaften‹ (1912–1937). Tübingen

Freud, S. (1900 a): Die Traumdeutung. G. W., Bd. 2/3; Studienausgabe, Bd. 2

– (1901 b): Zur Psychopathologie des Alltagslebens. G. W., Bd. 4

– (1905 d): Drei Abhandlungen zur Sexualtheorie. G. W., Bd. 5; Studienausgabe, Bd. 5

– (1905 e): Bruchstück einer Hysterie-Analyse. G. W., Bd. 5, S. 161; Studienausgabe, Bd. 6, S. 83

– (1908 e): Der Dichter und das Phantasieren. G. W., Bd. 7, S. 211; Studienausgabe, Bd. 10, S. 169

– (1909 d): Bemerkungen über einen Fall von Zwangsneurose. G. W., Bd. 7, S. 379; Studienausgabe, Bd. 7, S. 31

– (1910 h): Über einen besonderen Typus der Objektwahl beim Manne (Beiträge zur Psychologie des Liebeslebens I). G. W., Bd. 8, S. 65; Studienausgabe, Bd. 5, S. 185

– (1911 c): Psychoanalytische Bemerkungen über einen autobiographisch beschriebenen Fall von Paranoia (Dementia paranoides). G. W., Bd. 8, S. 239; Studienausgabe, Bd. 7, S. 133

– (1912 b): Zur Dynamik der Übertragung. G. W., Bd. 8, S. 363; Studienausgabe, Ergänzungsband, S. 157

– (1912–1913): Totem und Tabu, in vier Teilen unter dem Titel ›Über einige Übereinstimmungen im Seelenleben der Wilden und der Neurotiker‹ veröffentlicht in ›Imago‹. G. W., Bd. 9; Studienausgabe, Bd. 9, S. 287

– (1926 e): Die Frage der Laienanalyse. G. W., Bd. 14, S. 207; Studienausgabe, Ergänzungsband, S. 271

– (1986): Briefe an Wilhelm Fließ 1887–1904. Frankfurt/M.
Jens, W. (1992): Arthur Schnitzler. Die Erzählungen. In: Einspruch. Reden gegen Vorurteile. München, S. 165–176
Nunberg, H./Federn, E. (Hg.) (1979): Protokolle der Wiener Psychoanalytischen Vereinigung, Bd. III: 1910–1911. Frankfurt/M.
– (1981): Protokolle der Wiener Psychoanalytischen Vereinigung, Bd. IV: 1912–1918. Frankfurt/M.
Perlman, M. L. (1987): Arthur Schnitzler. Stuttgart (Sammlung Metzler, Bd. 239)
Pfeiffer, J. (1989): Literaturpsychologie 1945–1987. Eine systematische und annotierte Bibliographie. Würzburg
– (1991): Literaturpsychologie 1987–1990. Eine systematische und annotierte Bibliographie. Erste Fortsetzung und Nachträge. In: Freiburger literaturpsychologische Gespräche. Bd. 10, hg. von J. Cremerius u. a., Würzburg, S. 221–308
Rank, O. (1912): Das Inzest-Motiv in Dichtung und Sage. Grundzüge einer Psychologie des dichterischen Schaffens. Nachdruck Darmstadt 1974
Reik, Th. (1911 a): Flauberts Jugendregungen. In: Pan, Nr. 3
– (1911 b): Der liebende Flaubert. In: Pan, Nr. 4
– (1911 c): Aus Gustav Flauberts Werken. In: Zentralblatt für Psychoanalyse, Bd. 1, S. 501–503
– (1912 a): Dichtung und Psychoanalyse. In: Pan, Bd. 2, S. 519–526 (Nachdruck in: Urban, 1973, S. 11–18)
– (1912 b): Arthur Schnitzler vor dem Anatol. In: Pan, Bd. 2, S. 899–905
– (1912 c): Aus einem Brief Descartes'. In: Zentralblatt für Psychoanalyse, Bd. 2, S. 225–226
– (1912 d): Kriemhilds Traum. In: Zentralblatt für Psychoanalyse, Bd. 2, S. 416–417
– (1912 e): Flaubert und seine ›Versuchung des Heiligen Antonius‹. Ein Beitrag zur Künstlerpsychologie, mit einer Vorrede von Alfred Kerr. Minden
– (1912 f): Richard Beer-Hofmann. Leipzig
– (1913 a): Die »Allmacht der Gedanken« bei Arthur Schnitzler. In: Imago, Bd. 2, S. 319–335
– (1913 b): Arthur Schnitzler als Psycholog. Minden
– (1913 c): Das Geschlechterverhältnis bei Schnitzler. In: Die neue Generation. März
– (1913 d): Aus dem Leben Guy de Maupassants. In: Imago, Bd. 2, S. 519–521
– (1913 e): Psychoanalytische Bemerkungen über den zynischen Witz. In: Imago, Bd. 2, S. 573–588
– (1913 f): Zwei Träume Flauberts. In: Zentralblatt für Psychoanalyse, Bd. 3, S. 222–224
– (1913 g): Aus Theodor Fontanes Werken. In: Zentralblatt für Psychoanalyse, Bd. 3, S. 259
– (1914 a): Ästhetik, Literatur und Kunst. In: Jahrbuch für psychoanalytische Forschungen, Bd. 6, S. 387–392
– (1914 b): Sprachwissenschaft. In: Jahrbuch für psychoanalytische Forschungen, Bd. 6, S. 383–386
– (1914 c): Traum und Kunst. In: Maerz, 9. Mai
– (1914 d): Rezension: Arthur Schnitzler: Frau Beate und ihr Sohn. In: Imago, Bd. 3, S. 537–539

– (1914e): Der Krieg bei Arthur Schnitzler. In: Berliner Tageblatt, Beiblatt, Nr. 36, 7. September
– (1917): Eine Kindheitserinnerung des Alexander Dumas. In: Imago, Bd. 5, S. 128
– (1919a): Probleme der Religionspsychologie. I. Teil. Das Ritual. Mit einem Vorwort von Prof. Sigmund Freud. Leipzig, Wien, Zürich
– (1919b): Psychoanalytische Studien zur Bibelexegese: I. Jakobs Kampf. In: Imago, Bd. 5, S. 325–363
– (1919c): Das Werk Richard Beer-Hofmanns. Wien
– (1920): Ödipus und die Sphinx. In: Imago, Bd. 6, S. 95–131
– (1923): Der eigene und der fremde Gott. Zur Psychoanalyse der religiösen Entwicklung. Leipzig, Wien, Zürich
– (1925): Geständniszwang und Strafbedürfnis. Probleme der Psychoanalyse und der Kriminologie. Leipzig, Wien, Zürich
– (1926): Psychoanalyse und Mythos. In: Zeitschrift für psychoanalytische Pädagogik, Bd. 1, S. 175–185
– (1927a): Wie man Psychologe wird. Leipzig, Wien, Zürich
– (1927b): Dogma und Zwangsidee. Eine psychoanalytische Studie zur Entwicklung der Religion. In: Imago, Bd. 13, S. 247–382
– (1929a): Künstlerisches Schaffen und Witzarbeit. In: Imago, Bd. 15, S. 200–231 (Nachdruck in: Fischer 1980, S. 188–220)
– (1929b): Freuds Studie über Dostojewski. In: Imago, Bd. 15, S. 232–242
– (1929c): Warum verließ Goethe Friederike? Eine psychoanalytische Monographie. In: Imago, Bd. 15, S. 400–537
– (1934): Der Tod und die Liebe (In memoriam Arthur Schnitzler). In: Almanach der Psychoanalyse, S. 78–84
– (1952): The Secret Self. Psychoanalytic Experiences in Life and Literature. New York
Sachs, H. (1913): Die Motivgestaltung bei Arthur Schnitzler. In: Imago, Bd. 2, S. 302–318 (Nachdruck in: Fischer 1980, S. 85–103)
Schnitzler, A. (1967): Gesammelte Werke. Aphorismen und Betrachtungen. Hg. v. R. O. Weiss. Frankfurt/M.
– (1976): Über Psychoanalyse. In: Protokolle. Wiener Halbjahresschrift für Literatur, bildende Kunst und Musik. Heft 2, S. 277–284
– (1981): Tagebuch 1909–1912. Wien
– (1983): Tagebuch 1913–1916. Wien
– (1984): Briefe 1913–1931. Frankfurt/M.
– (1985): Tagebuch 1917–1919. Wien
– (1991): Tagebuch 1903–1908. Wien
Schönau, W. (1991): Einführung in die psychoanalytische Literaturwissenschaft. Stuttgart (= Sammlung Metzler, Bd. 259)
Silberer, H. (1909): Bericht über eine Methode, gewisse symbolische Halluzinations-Erscheinungen hervorzurufen und zu beobachten. In: Jahrbuch für psychoanalytische Forschungen. Bd. 1, S. 513–525
– (1911a): Symbolik des Erwachens und Schwellensymbolik überhaupt. In: Jahrbuch für psychoanalytische Forschungen, Bd. 3, S. 621–660
– (1911b): Über die Symbolbildung. In: Jahrbuch für psychoanalytische Forschungen. Bd. 3, S. 661–723

– (1912): Zur Symbolbildung. In: Jahrbuch für psychoanalytische Forschungen. Bd. 4, S. 607–683
Urban, B. (Hg.) (1973): Psychoanalyse und Literaturwissenschaft. Texte zur Geschichte ihrer Beziehungen. Tübingen
– (1974): Arthur Schnitzler und Sigmund Freud: Aus den Anfängen des »Doppelgängers«. Zur Differenzierung dichterischer Intuition und Umgebung der frühen Hysterieforschung. In: Germanisch-Romanische Monatsschrift. N. F., Bd. 24, S. 193–223
– (1975): Vier unveröffentlichte Briefe Arthur Schnitzlers an den Psychoanalytiker Theodor Reik. In: Modern Austrian Literature, Bd. 8, S. 236–247
– (1986): Kein »Literatengeschwätz« – »ins tiefere deutend«. Anmerkungen zu Arthur Schnitzlers und Hanns Sachs' Traumdeutung und Interpretationsarbeit. In: Phantasie und Deutung. Psychologisches Verstehen von Literatur und Film. Hg. von W. Mauser u. a., Würzburg 1986, S. 128–137
– (1994): Sigmund Freud: Der Wahn und die Träume in W. Jensens ›Gradiva‹, mit der Erzählung von Wilhelm Jensen. Herausgegeben und eingeleitet von Bernd Urban. Frankfurt/M. (= Fischer Taschenbuch Bd. 10455)
Urban, B./Cremerius, J. (Hg.) (1973): Sigmund Freud: Der Wahn und die Träume in W. Jensens ›Gradiva‹, mit der Erzählung von Wilhelm Jensen. Frankfurt/M. (= Fischer Taschenbuch Bd. 6172)
Urban, B./Kudszus, W. (Hg.) (1981): Psychoanalytische und psychopathologische Literaturinterpretation. Darmstadt
Wyatt, Fr. (1986): Literatur in der Psychoanalyse. In: Freiburger literaturpsychologische Gespräche 5, hg. von J. Cremerius u. a., Würzburg, S. 23–42

Verzeichnis der erwähnten Werke Arthur Schnitzlers